咖啡馆里的哈佛经济学

在轻松幽默中感悟经济学智慧，
掌握赚钱和成功法则！

闫 岩◎著

Kafei Guanlide
Hafo Jingjixue

台海出版社

图书在版编目(CIP)数据

咖啡馆里的哈佛经济学 / 闫岩著.--北京:台海
出版社,2014.6

ISBN 978-7-5168-0376-9

Ⅰ.①咖… Ⅱ.①闫… Ⅲ.①经济学–通俗读物
Ⅳ.①F0-49

中国版本图书馆 CIP 数据核字(2014)第 153250号

咖啡馆里的哈佛经济学

著　者:闫岩

责任编辑:俞滟荣

装帧设计:天下书装　　　　　　版式设计:通联图文

责任校对:宁　煜　　　　　　　责任印制:蔡　旭

出版发行:台海出版社

地　址:北京市朝阳区劲松南路1号，邮政编码：100021

电　话:010-64041652(发行,邮购)

传　真:010-84045799(总编室)

网　址:www.taimeng.org.cn/thcbs/default.htm

E-mail:thcbs@126.com

经　销:全国各地新华书店

印　刷:北京高岭印刷有限公司

本书如有破损、缺页、装订错误,请与本社联系调换

开　本:680×960　　　　1/16

字　数:210 千字　　　　　　印　张:17

版　次:2014 年 9 月第 1 版　　印　次:2014 年 9 月第 1 次印刷

书　号:ISBN 978-7-5168-0376-9

定　价:35.00 元

前　言

1

经济学并不是独立在生活之外的科学,正好相反,经济学的力量归根到底是生活的力量。

经济学大师约翰·梅纳德·凯恩斯曾经说过,经济学"不是一种教条,只是一种方法、一种心灵的器官、一种思维的技巧,帮助拥有它的人得出正确结论"。

同样,经济学家熊彼特也曾说过:"我们需要承认,经济学研究有着区别于其他学科的特殊困难之处,因为在这门学科中,相对于其他任何学科而言,普通常识比人们能够积累的科学知识要走得远得多。"

这就说明了不论是谁,多了解一些经济学常识对生活都是有好处的。

2

虽然说经济学和我们的生活密切相关,但是很多关于经济学的书都是十分难以理解的,人们因而本能地把经济学视为一种高深莫测,甚至有点枯燥的东西。

而本书并非大部头学术巨作,它只是一些经济常识加上生活小智慧。不同于传统经济学著作中充斥着艰涩的数学公式,本书中一个妙趣横生的生活事例,将经济学化繁复为精妙。当你阅读了这本书后,就会发现,其实经济学正生动地编织着生活的方方面面,而我们身边的大事小事都可以用经济学原理来一一破解。

比如,当面对商家疯狂的"跳楼价"时,如果具备一些经济学的常识,

1

懂得从成本与利润的角度分析这种现象,就会变得理性起来。

比如,当你在跳槽与否的十字路口上张望的时候,如果你了解机会成本和权衡取舍的原理之后,你的选择可能就会变得更加容易并且明智。

还有最常见的,人们最关心的问题——房价会不会降,股票会不会涨,身边的伴侣能否白头到老?人们常自命不凡地认为自己很聪明,但事实上,即便是像格林斯潘这样的金融高手也难免掉进非理性选择的陷阱,因为我们的身上存在着太多的人性弱点。所以,当我们知道了该如何根据经济学的方法进行理性选择的时候,我们还必须考虑到那些引诱我们做出不理性选择的人类身上固有的弱点。

而本书在以经济学视角来揭示这个世界本来面目的同时,也试图传递一种让我们面对人性弱点的方法。

3

总之,从日常生活中发现重要经济理论的例子举不胜举。就如在咖啡馆里喝一杯咖啡,也能体会哈佛大学的精神一样——无论看起来多么高深复杂的理论,其"原型"大部分都是非常简单纯粹的。

让我们多学习一些经济学的原理和规律,这样我们面对生活中的选择时就会更加清醒、客观,有更多的信心去克服各种困难,迎接各种挑战!

目 录
Contents

18岁之前，你的经济条件由你的父母决定。而等到18岁之后，贫穷还是富有，就由你自己负责了。

激起你的斗志，即便你的理想不是成为大富翁，只要你

想成为在经济上比较自由的人,就必须尽早积累经济知识,并把它们应用在日常生活中,享受拥有财富带给你的喜悦!

第三章　学些街头经济学,别让商家掏空你的口袋　　48

为什么在星巴克要买大杯咖啡才划算?有时候明明买贵了,你为什么还会感到高兴?积分卡真的能换得优惠吗?团购真的可以省钱吗……

这些都是日常生活中我们司空见惯的事情,你知道其中隐藏着最基本的经济学原理吗?经济学并不单单是学校课堂里讲的那些理论,而是实实在在发生在你我身边的事情。

第四章　辛苦一辈子攒几个钱,看看有什么办法让钱生钱　74

　　许多人辛苦一辈子才攒下那么几个小钱，没理由不动动脑筋仔细思考怎样利用它。该存银行还是去炒股？买商铺还是买黄金？这都不是那么简单的一回事。

　　其实，有专门的一门学问，用经济学的术语来讲叫投资学。无需研究那些运用高等经济学才能解开的投资学难题，我们可以用更简单便捷的方式，看看该如何理财，了解在理财过程中该遵守哪些规则。

第五章　陌生人经济学，让每一次感动都产生最大效益　95

如果一家餐厅，有十张限量版的赠券，哪些消费者可能会得到呢？其中一些人到底跟服务生说了什么，竟能在得到免费赠券的同时，还得到对方的珍贵礼物？

从陌生人那里得到实惠前，你首先应该做出怎样的反应？如果你先向一位陌生人给予积极的鼓励，那得到的回报是否也是积极的？

无论你从事什么行业，其实每个人都是销售员。画家销售美感、政治家销售政见、作家销售故事、发明家销售发明、男人销售自己的才华和魄力、女人销售自己的美丽和学识……人生何处不销售？正因如此，我们更应该活学活用经济学常识，不要拘泥于传统观念，许多时候，无形商品往往具有更高的价值！

第七章　不必拼狠劲，利己不损人——将经济学运用在办公室151

"优秀"已经是个相对过时的概念，在竞争激烈的职场，连"卓越"都变得岌岌可危。你的学历高，还有人的学历比你更高；你的资历长，还有人的资历比你更长；你的责任心强，还有人的责任心比你更强；你的销售业绩好，还有人的销售业绩比你更好……此时，我们若能认识并能够充分利用经济学知识为企业服务，那么无论你是老板，中层还是普通员工，你都可以做到"利己不损人"的资源最大化！

第八章　生命诚可贵,爱情价更高,而婚姻则是理性的投资　181

许多人认为,爱情是无私的,根本就不应该同讲究功利的经济学牵扯到一起。不可否认,爱情的出现,将在一定时间、一定程度上影响甚至改变人们的某些偏好(或许只是一种"移情偏好"),但是它并非免费的午餐,而是"有价"的。

当然,经济学家揭示出爱情的这一特征,是为了更好的维护爱情。如果我们不知道爱情"有价"的特性,那么,当爱情的神秘面纱被揭开,往往它就不容易持久。

第九章　金钱力≠幸福力,在经济学的思维中实现幸福　208

　　有首打油诗这样写道:"他人开宝马,我独骑单车。回顾
拉车人,顿觉好一些。"骑单车的人,看到有人开着宝马名车
从身边威风而过,心里很不是滋味,但当他回头看到身后还
有拉车卖煤球的人,心里顿时觉得豁然开朗。

　　马克思也说过:"马有大有小。只要邻居家的马比较小,
居民的一切社会要求就满足了。"显然,通过比较优势,个体
的幸福感得到了极大满足,这就是经济学中蕴涵的奥
秘——经济学中有比较优势的理论,而幸福的感觉可以从
比较中获得。

第十章　小数字、大秘密——看懂"经济规律"背后的含义　237

可以说,"经济规律"是一只看不见的手,它在默默地指挥着经济的运行和变化。我们可以不是经济学专家,但是不能不懂经济学常识,更不能不了解与我们日常生活息息相关的经济规律。

第一章

三分钟读懂经济学——经济学原来这么有趣

经济学并不意味着复杂的数学模型和演算公式,也并不仅仅充斥着晦涩的专业术语,让我们带你进入通俗易懂、简便快捷、生动形象的"经济学聊天室"吧!

1.吃第一个面包和第三个的差别

假如,给非常饥饿的人吃面包。在吃第一个的时候,他会感觉非常幸福。接着给他吃第二个、第三个……直到吃完第五个的时候他已经很撑了。如果我们还继续让他吃,相信他不但一点幸福的感觉都没有,甚至还会心生厌恶。

这就是"边际效应"最典型的案例。

经济学上说的"边际效应",有时又称为"边际贡献",是指其他投入固定不变时,连续地增加某一种投入,所新增的产出或收益反而会逐渐减少。也就是说,当增加的投入超过某一水平之后,新增的每一单位投入换来的产出量会下降。

消费者在逐次增加一个单位消费品的时候,带来的单位效用是逐渐递减的(虽然带来的总效用仍然是增加的)。我们向往某事物时,情绪投入越多,第一次接触到此事物时情感体验也越为强烈。但是,第二次接触时,会淡一些,第三次,会更淡……以此发展,我们接触该事物的次数越多,我们的情感体验也越为淡漠,一步步趋向乏味。一如霍曼斯所说:"某人在近期内重复获得相同报酬的次数越多,那么,这一报酬的追加部分对他的价值就越小。"

了解了边际效应的概念,你就可以尝试在实际生活中去运用它。

举例说,一杯水对井边的人来说,即使倒掉,他也毫不在乎。但是如果对于沙漠旅行者来说,水壶中剩下的最后一杯水,拥有了它,则如获甘泉玉液。

道理很简单,如果你给亿万富翁几千元,产生的作用就相当一杯水对井边的人。因此,给亿万富翁送去几千元,几乎等于做无用功。同理,给农民送去大米,很多时候也只能算锦上添花,一样产生不了多大效用。

人际交往中,有时需要主动去帮助对方,感情才能得以加深。有的人

为了讨好上司,付出了很多,可是却达不到效果。其实之所以效果不理想,往往是付出的方向有误。

事实上,每个人都有缺少的东西。虽然富人不缺钱,或许给他送一些钱起不到什么作用,但是可能他在精神方面却很匮乏,你便可以从这方面下功夫。

拿学生时代来说,帮助同学也是有讲究的。对于家庭经济困难的同学,你在经济上帮一下他,他一定会十分感激;对于学习差的同学,就应该在学习上帮助他。

归根结底,雪中送炭的关键是要看清楚,对方是否在雪中,自己才能把炭送出去。

不可否认,每个人都喜欢金钱,但是喜欢的程度有所不同。即使同一个人,在不同阶段,对金钱追求的程度也是不同的。一个人在贫穷的时候,可能愿意为了换取金钱而付出较大代价,而当他富有了之后,或许就不愿意再为之付出那么大代价了。因此,只有把金钱运用得当,才能产生效用最大化。

2.看电视的"适度时间"应该是多少?

如果电视是一件"好东西",那么看电视的适度时间应该是多久?如果炸面圈是种"好东西",那么应该吃多少个才恰到好处呢?如果棒球是一件"好东西",那么打多长时间的棒球才算适可而止呢……

对于这样一系列问题,经济学家回答说:任何一件东西的最佳均衡量,都是当边际收益等于边际成本时的那个消费量。换句话说,如果边际收益恰好等于边际成本,那么这个时候的消费量一点也不多、一点也不少,才可以说是"恰到好处";在这个消费量上停下来,就叫"适可而止"。

3

为了更好地理解问题，我们举个例子来说明。

假设你现在已经在电视机前坐了76分钟，目不转睛地观看着棒球比赛，现在要让你做出决定，是继续看下去呢还是关掉电视机？你如果能像经济学家一样思考，那么你就会这样琢磨问题：我再看下去，边际收益是大于还是小于边际成本呢？如果你觉得是"大于"，那你就会选择继续看下去；如果你回答是"小于"，你就会减少看电视的时间（少于76分钟，比如说70分钟、60分钟，等等）；如果你觉得既不"大于"也不"小于"，二者正好"相等"，那么你肯定就会在此停下来，不会选择再继续看下去。这样，76分钟就是你看电视的最优均衡时间。

尽管绝大多数活动有成本也会有收益，但有些活动似乎并非如此。比如，一个人用棒槌敲打自己的脑袋，似乎只有"成本"，很难说有什么"收益"（除非他想以此让别人误以为他是个傻子）。显然，这是一项零收益但有成本的活动。

那么，用棒槌敲打自己脑袋这件事，是不是也有一个"最优均衡次数"的选择问题呢？是敲打三下最佳呢，还是只击打一下就停止，或者一下也不敲击（零次）？很显然，如果按照边际成本等于边际收益的原则，正确的答案是零次。

回想一下，一个人继续从事一项活动，其前提条件是边际收益大于边际成本。

在这个棒打脑袋的例子中，由于只有成本而无收益，也就是说，成本大于零，收益为零，在这种情况下，边际收益绝不会大于边际成本。所以，用棒槌敲打自己脑袋的最优均衡量自然应该是零，即最佳选择答案是：你最好不要敲打自己的脑袋！

3.为什么工资永远追不上房价?

经常听到别人抱怨挣的钱越来越不够花,房子开始涨价,猪肉开始涨价,鸡蛋也开始涨价,吃菜吃不起,住房住不起,于是人们慨叹:钱越来越不值钱了。这就是经济学上的通货膨胀现象。

如今,通货膨胀成了人们最热门的话题之一。

"粮价涨了,油价涨了,猪肉价涨了,房价更是在涨……"可以说是涨声一片。这让敏感的老百姓渐渐紧张起来,办公室、菜市场、洗手间、公交车、网络论坛……关于涨价的讨论随处可见。那么,作为普通百姓,我们该怎样认识通货膨胀呢?

通货膨胀,就是货币相对贬值的意思。说得通俗一点,就是指在短期内钱不值钱了,一定数额的钱不能再买那么多的东西。假如以前,8元钱能买1斤猪肉,可是现在却需要15元才能买1斤猪肉。当这种物价上涨、货币贬值的现象普遍化,也就是说,不单是猪肉涨价了,你环顾四周,看到绝大部分商品的价格都上涨了,这就可以断定通货膨胀确实发生了。

通货膨胀,是由于流动性过剩造成的。一般在经济繁荣时期,大量的钱在市场上流动,不论是数量还是流通速度都比平时要快,货币的流动性大大加快。按照通行的经济学规则市场上所需要的货币总额等于市场上所有物品的价格总和除以货币流动速度,当货币总额增多的时候,货币流通速度加快,那么商品的价格就会高涨。这是因为繁荣的经济刺激了居民信心,吸引了资本的介入,使货币增加。

通货膨胀一般分为几种类型:

需求拉动型通货膨胀:这是最普遍的一种类型,也是最常见的。大多数通货膨胀是由需求拉动造成的,由于需求过度扩张,导致产品供不应求,物价上涨,货币贬值。比如房地产行业,在经济上升时期,由于自住房

和投机房需求加大从而导致房价上涨,房产业需要的资金比较大,属于经济里的龙头产业,房产业的价格上涨往往会拉动其他产业,从而导致GDP出现过度需求的局面。

关于这个类型的通货膨胀,经济学里有一个经典的故事:

一个人买粮食的时候认为粮食贵了,卖粮食的说,是因为面粉贵了;卖面粉的说,是因为油条和面包贵了;卖油条和面包的说,因为他们要吃猪肉,而猪肉太贵了,他们必须提高价格来增加收入;卖猪肉的说,因为生猪太贵了,所以肉贵;养猪的老大娘说,因为粮食贵了,所以生猪贵了。

这一个过程是循环的,找不到哪个环节是最初的根源,但是必定离不开需求的过度扩张。一个环节的过度会导致其他环节都提高价格,从而导致整个社会的价格上涨,也许是由于粮食稀缺造成的,也许是由于养猪的少了,但不管怎样,由于需求扩张而产生的物价上升直接带动了相关产业的提价。

成本推动型通货膨胀:这主要是由工资上涨引起的,工资本身具有刚性原则,只上涨不可跌,通常认为工资的降低会挫伤员工的积极性。由于工会力量的强大,工资和福利经常出现被人为拉动到超出社会承担能力的程度,由于发放工资过多导致货币发放超出实际需要,从而造成通货膨胀。这种通货膨胀一般在西方更容易出现,因为西方国家的工会属于比较独立的机构,他们只从工人的角度去考虑,不顾提高工资的社会成本是否会造成通货膨胀。此外,采购成本突然提高而造成的通货膨胀也属于成本推动型膨胀,比如1973年由于石油输出国联合垄断价格,导致石油价格猛涨,形成了世界性的通货膨胀。

利润拉动型通货膨胀:这主要是由于企业垄断或者是联合定价而导致企业利润增加,货币需求扩大,从而产生通货膨胀。这种通货膨胀是比较少见的,而且也不重要。

三种通货膨胀类型虽然不一样,但是一旦通货膨胀发生的时候,往往

是三种因素共同起作用造成的。原来一个产品只需要1元钱，现在产品没有变，而货币却增加了，一个产品需要2元钱了，所以原来的钱就不值钱了，无形之中，你手头的财富缩水了。市场上的钱太多了，这可能是需求增加后，投资增加造成的货币富裕，也可能是利润增长得太快，马上把利润转化成投资投放到市场上，也可能是银行又多放贷了货币。当通货膨胀发生的时候，你挣的工资就需要看它的购买力来核算工资的价值。

通货膨胀发生的时候，都是不知不觉的，你明显感觉到物价上升了，这就是通货膨胀了。通货膨胀是有周期性的，一般在经济繁荣的时候出现，然后伴随经济的衰退，出现通货紧缩现象。当需求扩张的时候，供不应求，价格上涨，价格上涨接着就又会供应过度，价格降低，需求下降，货币需求也随之减少，物价低迷，通货紧缩到来。与通货膨胀相反，原来一个产品需要1元钱，现在货币量减少了，也可能是货币流通速度变慢了，因为商品价格总额等于货币量乘以货币流通速度，这时候可能一个产品只需要8角了，物价低迷。

通货膨胀原因很复杂，但百姓唯一的感觉就是物价上涨，这也是对百姓最为不利的地方。面对通货膨胀，应该减少消费，积极理财，尽量使财富增值。但通货膨胀往往与通货紧缩是交替出现的，通货紧缩的时候可以增加消费，这时商品都是很便宜的。

4.美女和巫婆该要哪一个？

小时候曾看过一篇童话，童话里有一位英俊帅气又有才华的王子。有一天王子出去狩猎，他骑着高头大马，带着随从们在森林里转来转去，眼看天就要黑了，可他们只是打到了一些山鸡野兔之类的猎物。

王子感到很不开心，以他的射猎技艺，再凶狠的猎物也休想逃掉，可是天公不作美,他转了一天也没碰到什么大的猎物,根本谈不上展示自己的绝技。

随从们劝他先回皇宫,改天再来,也许运气会更好些。王子也认同下人们的提议,只觉得很不甘心,也很没面子。于是他决定多转一会儿,不为狩猎,全当散心。

走着走着,忽然前面有个黑影一跃而过,王子眼尖,看准了是一只斑斓猛虎,随即催马赶去。大家一起追了一程,下人们的骑术不及王子,早就跟散了。

王子也无暇顾及别人,只顾追赶猛虎。他和老虎的距离一点点逼近,王子忽然拔剑,一箭射出,只听"啊"的一声。王子感到奇怪,近前去看,不见猛虎,却见一个美女捂着右臂,右臂上插的正是自己那支箭。

鲜血从女子的伤口处不断流出,王子来不及多想,赶紧下马为女子包扎。

血终于止住了,女子起身道谢。王子疑惑地看着女子说,"我明明看到我射中的是一只老虎,怎么会是一个女子,告诉我,到底怎么回事?"

女子毫不隐瞒,说其实那只老虎就是她,她本是森林中的一位仙子,悠闲地在林中过着日子,可是前两天来了一位恶魔,恶魔想把她逐出森林,无奈之下,为了防身她变作猛虎,想要在今晚天黑之后逃出森林,没想到被王子射中。

王子听了很抱歉,就把女子带回皇宫。

日久生情,王子想娶女子为妻,在新婚之夜,女子忽然变成了一个巫婆。

她告诉王子,其实自己白天是个美女,晚上是个巫婆。当然,如果王子不喜欢,她也可以白天是巫婆,晚上变回美女陪着王子。这两种情况,王子可以任选其一。

这下王子不知如何是好了,晚上有美女相伴自然不错,可是白天的王妃居然是个巫婆,让他的面子往哪搁。但如果王妃白天是美女,晚上陪着自己的就只能是个巫婆。王子一时陷入两难境地。

鱼和熊掌不可兼得，对于王子来说，选择其中一种可能，就必须放弃另外一种可能。在经济学上，这叫做机会成本。

机会成本又称选择成本，是指作出一个选择后所丧失的不作该选择而可能获得的最大利益。也就是说，机会成本其实是为了得到一种东西而必须放弃的另一种东西。

机会成本反映了一个决策、一件事物的真正价值或收益。

比如你为了看一场电影而放弃一次舞会，那你看电影的机会成本就是一次舞会；为了打牌而放弃观看一场球赛，那打牌的机会成本就是看一场球赛；为了应酬而放弃了朋友间的一次聚会，那应酬的机会成本就是一次聚会。

当一个商家必须在投资房地产和投资股票中做出选择时，如果他选择投资房地产，就意味着放弃投资股票所获得的所有收益，反之亦然。

所以无论是普通大众还是投资商，在衡量机会成本时，不仅要看当前实际的成本，还要看到其背后隐藏的成本。

在经济发展过程中，曾出现过一个奇怪的现象：统计结果表明，当工资率上升的时候，人们愿意花更多的时间来工作；可是在工资率上升到某一个程度后，再继续往上升，人们的工作时间不是增加反而是减少了。

从机会成本的角度来看，人们休息的机会成本就是工作收入，当工资率上升的时候，人们闲暇的机会成本上升了，所以大多数的人会选择多工作。但是当收入已经足够高了（这时工作的时间也已经比较长了），这时闲暇相对来说就比较有吸引力了，闲暇的机会成本，即工作收入相对来说就低了，所以人们宁愿减少工作时间减少收入而去享受他们认为难得的闲暇时光。无论是选择多工作还是选择多休息都是人们将自己的效用最大化的选择。

自从有了人类，选择就随之出现，自从有了商业，机会也随之出现。机会成本运用得当，经济效益就会最优化，机会成本运用不好，就容易造成人力、物力、财力等方面的浪费。

比如一家服装厂,在布料供应有限时,用这批布料生产了一批童装,那它就不能用这批布料来生产女装,那么生产童装的机会成本就是指放弃生产女装的收益。如果恰恰童装市场看好,该厂生产的童装全部高价售出,那么当然是机会成本运用得好,也就是说,在面临两种收益选择时,这家服装厂选择了收益的一种。

又比如:某人决定开一家花店,开店需要投资购买商品和经营设施,需要花费时间和精力去经营。对这个人来说,开店的机会成本是他开店所需投资用于储蓄可得到的利息(或把所需投资用于其他用途可得到的收益),加上他不开店而从事其他工作可得到的工资。可偏偏那时花店生意不景气,甚至比不上打工者的工资收益,那这个人可能就会赔钱亏本。

对于个人而言,机会成本往往是我们做出一项决策时所要放弃的东西,而且常常要比我们预想中的多。以读研究生为例,现在的学校普遍收费过高,那么,你一年的学费、生活费和书本费之和是不是就是入学成本呢?当然不是,还不仅仅是这些。机会成本还必须包括你用于学习的时间的机会成本。如果你将学习时间用于工作,你可能会得到一笔可观的收入,只是你不得不放弃了。这样,我们就会发现读研的机会成本实际上就是"实际的花销"再加上"放弃的收入"。如果你在读研之前有一份不错的工作,我们就会发现你读研的机会成本将会变得更大。

不同的机会成本代表不同的方案,选择了一种方案,你就必须放弃其他方案的收益,因而机会成本的衡量需要眼光。只有用经济学的眼光看问题,才有可能使选择投资的利益最大化。

对于一个普通的消费者来说,在生活中存在着无数的选择,懂得了机会成本,我们就要选择收益最大的那种机会;而一个聪明的实干家,总会捕捉到各种有利时机,但在作出最后决定时,有必要估算一下每种选择背后的最大损益;一个优秀的经营团体,通过精细的衡量计算之后,更要懂得审时度势,敢于放弃和选择,这样才能在市场经济中胜出,立于不败之地。

5.两坨狗屎和一个亿的GDP

从前看到一个笑话。说是有两个经济学博士,走在路上看见路上有坨狗屎。甲对乙说,你要是能吃了它,我给你五千万。乙想,吃个狗屎有什么难? 这样就能得到五千万,太值了。于是就把狗屎吃掉了。甲只好给了乙五千万。甲越想越觉得不划算,就这么一坨狗屎就换了五千万,实在是亏大了。好在这时又看到了一坨狗屎,甲说,为了公平,我要是能吃掉它,你也应该给我五千万。乙没办法就同意了。

甲一口气就把狗屎吃了个精光,于是乙又拿了五千万给甲。两个人又往前走,一边走一边想,越想越觉得郁闷,什么事情都没发生,无端的就吃掉了两坨狗屎,实在想不通就去找他们的教授。教授一听原由,激动道,一个亿啊,一个亿啊,你们吃了两坨狗屎就为国民经济贡献了一个亿的GDP。

这本来只是一个笑话,但我们不妨这样来解读下,在我们的每一次选择之后,我们总是要付出行动,而每一次行动我们总是要作出投入,不管投入的是人力、物力、财力还是时间。当我们在作出下一个选择时,我们不可避免地会考虑到这些前期的投入,不管它还能不能收回,是否真的还有价值。最终,前期的投入就像万能胶一样,把我们粘在原来的道路上,无法作出新的选择,而且往往投入越大,把我们粘得越紧。

在经济学上,这种无法收回的前期投入叫做沉没成本。

沉没成本是指由于过去的决策已经发生了,而不能由现在或将来的任何决策改变的成本。也就是说,沉没成本是一种已经付出但又不能收回的成本。

比如你花了10块钱买了一张今晚的电影票，准备晚上去电影院看电影，可是临出门时突然下起了大雨。这时你该怎么办？如果你执意要去看这场电影，你不仅要来回打车，增加额外的支出，而且还可能面临着被大雨淋透而发烧感冒的风险，这样可能还要付出吃药打针的费用。这时，你最明智的选择是不去看这场电影。

一项已经发生的投入，无论如何也无法收回。面对无可挽回的损失，就应对它不再考虑。面对无法收回的沉没成本，明智的投资者会视其为没有发生。

比如英特尔公司 (Intel)2000年12月决定取消整个Timna芯片生产线就是一个明智的决定。

Timna是英特尔公司专为低端PC设计的整合型芯片。起初公司认为计算机将会通过高度集成的设计途径减少成本，所以做出这个项目决策。后来，受PC市场变化的影响，PC生产商采用了其他方法实现了成本的降低。可是英特尔公司已经投入了大量的资金和技术，如果停止就导致前期的所有投入付诸东流，但经过分析思考，公司果断决定，下马该项目，以避免更大的支出。

当前，市场及技术发展瞬息万变，投资决策失误在所难免。面对已经出现的投资失误，如何避免一错再错对企业来说才是真正的考验。

对于个人来说，不计较沉没成本也反映了一种向前看的心态。通常情况下，人们在决定是否继续去做一件事情的时候，不仅看重这件事对自己有没有益处，而且也会考虑过去是不是已经在这件事情上有过投入。他们往往会计算已有支出，如时间、金钱、精力等。其实当我们面对无可挽回的损失，就应该对它不再考虑，那么我们一定能在人生的道路上不断地作出新的选择，赢得一种更为积极的人生。

对于企业掌舵者来说，不计沉没成本体现了一种决断性。

一般来说,生产性支出所形成的沉没成本的损失相对较小,比如,由于不可避免的客观条件,库房的库存品报废等,这类沉没成本其实已经是准沉没成本。

而资本性支出尤其是项目投资形成的沉没成本,损失就要严重得多。对于某个项目投资来说,投资数额比较大,回收周期比较长,投资项目一旦起步,沉没成本就已经形成。当覆水难收时,投资者应果断停止投入,以免造成更大的损失。

大多数经济学家们认为,如果你是理性的,那就不该在作决策时考虑沉没成本。

放弃沉没成本固然是种果敢的决断,但如果在投资前能够全面考虑这一项目的风险,尽量避免沉没成本就是经营投资的更高境界了。这就要求企业有一套科学的投资决策体系,要求决策者从技术、财务、市场前景和产业发展方向等方面对项目做出准确判断。

6.鹬蚌相争,渔翁一定能得利吗?

苏代是战国时期有名的外交家,为保卫燕国,他去游说正要准备攻打燕国的赵惠文王。苏代对赵惠文王是这样说的:"我在来贵国的路上,看到这样一件事情。在河滩上,一个河蚌正在悠闲地晒着太阳。这时候有一只鹬鸟发现了它,便用嘴伸进张开的壳里要啄食河蚌的肉,受惊的河蚌急忙并起两壳夹住鹬的嘴。鹬鸟丝毫没有放弃的意思,死活也不肯松开自己的嘴。河蚌为了保住性命,只好拼命闭紧自己的壳。就这样,它们俩谁也不肯让一步,最终都累得筋疲力尽,无法动弹。这时,渔夫出现了,不费吹灰之力就把它们都捉了去。今天,燕赵两国如果兵戎相见,最终双方的军民都落得疲惫不堪。到那时,像渔夫一样捡便宜的,就是一直对燕赵两国虎视眈眈的强秦了。"

在一定的社会环境中，如果一个个体的行为不仅影响了他本人的利益，同时也影响了周围其他人的利益，那么，我们就将这个环境称之为"策略性环境"。

在这个环境中，我们要将环境中所有个体因素用策略性的眼光加以考虑，然后再采取行动。

举一个简单的例子，我们去商场买衣服。商场已经把衣服摆好并定好了价格，而买与不买的决定权完全在于我们自己。然而在市场上，并不是只有这家商场才有权利去决定卖什么，卖多少钱。在电子商务中，即使是非常普通的个体也能成为卖主，决定自己商品的价格和种类。

在我们决定自己的行为后，要把对手放在策略性环境之中，然后预测他在这种环境当中会对我们的行为做出什么样的反应和决定。如果我们可以对于将来要发生的事情做出准确的预测，这对当前应采取的对策有着非常重要的作用。

也就是说，在策略性环境中，经济学上考虑的是，每个人都在不停地预测将来要发生的事情，并尽可能地选择对自己最有利的行为。

现在我们回到"鹬蚌相争，渔翁得利"的故事上。我们可以整理一下，看看应该怎样去合理运用这种策略性的预测。有两个要点：

第一，从结果开始考虑，即不是去考虑当前应该去做哪些事情，而是考虑在策略性关系的最终局势中该如何去做，考虑完这个之后，再考虑在这之前该如何做。

我们先假设鹬鸟根本无法"预测"，也就是说鹬鸟根本就没有想到河蚌在被啄住时还能拼命抵抗，那么，它们俩被渔夫抓住的结局就无法避免。但实际上，鹬鸟当时应该怎样考虑呢？它应该想到：如果我去啄河蚌，它要是反抗，双方争斗起来，时间就会拖得太久，要是没有第三者出现的

话还好,如果这时候出现一个渔夫,那后果就不堪设想了。可惜鹬鸟并没有考虑到这种后果,所以最终只能让"渔翁得利"。

假设你本来要和朋友去看电影,但单位突然有事导致你没能去赴约。我们很难去预测这种突发事件的后果,所以无法赴约也是迫不得已的事情。在这种情况下,明智的人就会想到赶紧跟朋友联系,把事情说清楚,取消约会。凡事从结果开始考虑,可以将不该发生的事情防患于未然,这种做法就是"预测"得到充分应用的表现。

第二,不仅仅考虑自己的利害和动机,也要考虑对方的利害和动机。

我们现在假设,如果渔夫发现了鹬蚌之争,并没有立即去捉住它们,而是饶有兴趣地观看他们到底谁会赢,那么鹬鸟为了取得最后的胜利,意气风发地跟河蚌争斗也是情有可原的。但是,考虑一下渔夫的心理,毫无疑问,渔夫肯定是想要捉到这两只"猎物"的,所以完全可以预测渔夫不可能有耐心观看完这场"比赛"。

7.千差万别的理性经济人

清代小说《镜花缘》一书中杜撰了一个君子国。在君子国里,人人都大公无私,绝不存有半点儿私心。

君子国也有交易行为,但卖者却少要钱,而买者却要多给钱。下面是其中的一幕场景:

买东西的人说:"我向你买东西所付的钱已经很少了,你却说多,这是违心的说法。"

卖东西的人说:"我的货物既不新鲜,又很平常,不如别人家的好。我收你货价的一半,已经很过分了,怎么可能收你的全价呢?"

买东西的人说:"我能识别好坏货物,这样好的货物只收半价,太有失

15

公平了。"

卖东西的人又说："如果你真想买，就照前价减半，这样最公平。如果你还说这价格太低了，那你就到别的商家那儿去买，看还能不能买到比我这儿更贵的货物。"

他们争执不下，买东西的人给了全款，拿了一半的货物转身就走。卖东西的人坚决不让走，路人驻足观看，都说买东西的人"欺人不公"。最后，买东西的人拗不过大家，只好拿了上等货物与下等货物各一半儿才离开。

说到人的本性，我国古代圣贤孟子主张"性善论"，认为人性是善良的；荀子则主张"性恶论"，认为人性是邪恶的。千余年来，关于人性的本源究竟是善是恶的争论从来没有停止过。而在经济学世界中的人性假设则是理性经济人。

理性经济人，又称作"经济人假设"，经济学正是在理性经济人的假设下研究资源既定时的利益最大化问题：对个人是收入和效用最大化，对企业是利润最大化和企业资产价值最大化，对国家而言就是GDP和社会福利的最大化。换句话说，经济学认为所有人都是理性经济人，就是一切行为的目标只为个人利益最大化。因此，"君子国"中的人人利他的思想和行为是不会在现实经济生活中出现的。

理性经济人假定人的思考和行为都是目标理性的，唯一试图获得的经济好处就是物质性补偿的最大化。

亚当·斯密在《国富论》中的一段话对理性经济人有较为清晰的阐述："我们每天所需要的食物和饮料，不是出自屠户、酿酒家和面包师的恩惠，而是出于他们自利的打算。我们不说唤起他们利他心的话，而说唤起他们利己心的话；我们不说我们自己需要，而说对他们有好处。"

亚当·斯密的这段论述向我们表明：人和人之间是一种交换关系，能获得食物和饮料，是因为每个人都要获得自己最大的利益。

在经济学世界里，千差万别的人都是理性经济人：不懈地追求自身最大限度满足的理性的人。它包含两层意思：人是自利的，同时人又是理性

的。也就是说,每个人做事情都是为了有利于自己,并且每个人都知道做什么事情和怎样做事情才能有利于自己。

显然,经济人都是自利的,以自身利益的最大化作为自己的追求。当一个人在经济活动中面临若干不同的选择机会时,他总是倾向于选择能给自己带来更大经济利益的那种机会,即总是追求最大的利益。但有一点需要指出,自利并不完全等于自私。举个例子说,一个虔诚的基督教徒由于相信上帝,充满了行善的愿望,他人得到幸福时,他会觉得自己也幸福——他是自利的,但并不自私。

经济人的理性思维,就是每个人都知道自己的利益所在,都会用最好的办法去实现自己的利益。当然,这里的"理性"指的是有限理性。因为人不是全知全能的,人的行为受到各种因素的制约,如占有信息的多少、理智和聪明的程度以及外部条件的复杂多变使人难以驾驭等。但是,尽管如此,每个人还是会尽力作出最有利于自己的决策。趋利避害既是每个人的本能,也是理性使然。

在经济活动中,人人都是理性经济人。比如,人们都希望买到"物美价廉"的商品,绝不会希望买"质次价高"的商品,因为在经济活动中人会保持自利性和理性。

可能有人会有这样的疑问:如果人人都是理性经济人,都是理性且自利的,社会秩序会不会变得紊乱呢?以亚当·斯密为代表的经济学家给出了回答:"他追求自己的利益,往往能使他比在真正处于本意的情况下更有效地促进社会的利益。"也就是说,人人都是理性经济人,在客观上更有利于维护社会的秩序。

可以说,理性经济人是经济学的根基,没有理性经济人假设,就不能正确认识经济规律,也不可能制定切实可行的经济政策。但另一方面,我们也应该要看到理性经济人只是一种人性假设,在现实生活中,人不可能处处都以经济人的视角观察世界。如果一味把理性经济人的观点运用到一切生活准则中,生活将不可避免地有点儿变味。

经济学认为所有人都是理性经济人,并不是赞扬利己性,只是承认它是无法更改的人性。承认理性经济人的存在只是对人类趋利本性的一个认识和引导。在现实的经济活动中,我们不可能为了实现自身利益最大化就不择手段,我们必须遵循市场经济的规律以及法律制度的约束。

8.愚公移山成本高,收益低?

我国古代有一个"愚公移山"的故事。

愚公家门前有两座大山挡着路,他决心把山平掉,另一个"聪明"的智叟笑他太傻,认为不可能。愚公说:"我死了有儿子,儿子死了还有孙子,子子孙孙无穷无尽的,两座山终究会凿平。"后来因为他的行为感动天帝,所以天帝命大力神的两个儿子搬走两座山。这个故事比喻只要有毅力就可以成功。

但从经济学的角度来说,愚公移山绝对不是精明的经济学选择。从经济学的成本收益角度来看,挖山的成本过高,需要子子孙孙无数代的付出,收益仅仅是方便了愚公后代的出行。与搬家相比,移山显然是成本高、收益低。当然,作为一种精神,"愚公移山"代表着执著与坚持,受到了人们的尊重,这和经济学不能混为一谈。

经济学中,作出任何选择必须考虑成本与收益。经济学家讲求实际,做任何一件事情,不是为了表现什么精神,而是要获得某种利益,这种利益可以是个人的、群体的,也可以是整个社会的。要获得利益就必须进行成本收益计算。

愚公移山只是为了出行方便,而世世代代去挖太行和王屋这两座大山,这究竟值不值得呢?挖山是有成本的,且不说为了挖山所需要的镐、筐

等需要花费多少钱,仅就愚公一家人不从事任何有酬劳动,放弃的收入该有多少! 如果天帝没有将山移走,那愚公的后代可能直到现在还在挖山!

这就是愚公移山的预期成本。从成本收益的角度来说,很明显是成本过高而收益过小。进行经济活动前,我们必须首先学会计算成本。

比如说你打算开一家服装店,在计算成本时,你可能会考虑到店面的房租、进货的费用、借款的利息、付给雇员的工资、水电费、税金等。在扣除这些费用之后,你认为自己还会赚到钱。但这样的计算是不完全的,你漏掉了自己的工资,你垫付的资金的利息,还有开服装店的机会成本等。只有把这些成本也考虑在内,才能判断开服装店是否值得。

因为我们都是理性经济人,所以在做任何事情的时候,都要考虑付出多少成本和会获得多少收益。而要获得收益,就必须进行成本与收益的分析,如果成本大于收益,一般都是不会去做的。

人们虽然都知道成本效益的概念,却经常忽视从成本收益的角度看问题。几年前的央视春晚小品《装修》中,巩汉林怕装修工人偷工减料,宁愿花几十块钱坐出租车去买一根一毛钱的钉子。黄宏有一句经典台词:"就这脑袋,在我们农村就是叫驴给踢了!"但在现实生活中,真正作出类似选择的人并不在少数,付出成本太大而收益较小的选择比比皆是。因此,我们在作选择时,应学会从成本收益的角度思考问题。

9.“朝三暮四”和“朝四暮三”还是有区别的

《庄子·齐物论》中有个“朝三暮四”的故事:

宋国有一个很喜欢饲养猴子的人,名叫狙公。他家养了一大群猴子,时间长了,他能理解猴子的意思,猴子也懂得他的心意。狙公宁可减少全

家的食用，也要满足猴子的要求。然而过了不久，家里越来越穷困了，狙公必须要减少猴子吃栗子的数量。但狙公又怕猴子不顺从自己，就先欺骗猴子说："给你们的栗子，早上三个晚上四个，够吃了吗？"猴子一听，都站了起来，十分恼怒。过了一会儿，狙公又说："给你们的栗子，早上四个，晚上三个，这该够吃了吧？"猴子一听，一个个都趴在地上，非常高兴。

"朝三暮四"的成语故事原本是揭露狙公愚弄猴子的骗术，告诫人们要注重实际，防止被花言巧语所蒙骗。在这个故事里，因为栗子的总量并没有变化，所以猴子们的行为显得很愚蠢。实际上，我们从经济学的角度来看，可能得出的结论会大不一样。古人们认为总量是没有变化的，因此觉得早上三个晚上四个和早上四个晚上三个是完全一样的。其实不然，"朝三暮四"和"朝四暮三"还是有区别的，它们能给猴子带来不同的效用。那么，什么才是效用呢？

在经济学的发展史中，"效用"概念的出现无疑是一个突破。物品效用能满足人的欲望和需求。在经济学中，效用是用来衡量消费者从一组商品和服务之中获得的幸福或者满足的尺度。有了这种衡量尺度，我们就可以在谈论效用的增加或者降低的时候有所参考。

效用不同于物品本身的使用价值。使用价值产生于物品的属性，是客观的；效用则是消费者消费某种物品时的主观感受。

效用价值论强调了物对人的满足程度，而满足程度完全是主观的感觉，主观价值是客观交换价值的基础。物品的有用性和稀少性都是价值形成不可缺少的因素，都是主观价值的起源。例如在不同地点，人们对馒头的不同主观评价可以说明这个问题：

村子里住着一位穷人和一位富人，有一天村里突然发洪水了，穷人背着家里最贵重的东西——一袋馒头爬上了一棵树，富人背着家里最贵重的东西——一袋金子也爬上了这棵树。洪水没有消退的迹象。第一天，穷人吃了一个馒头，富人什么也没吃，眼睁睁地看着穷人吃。第二天，穷人又吃了一个馒头，富人的肚子已经直打鼓了。到了第三天，富人实在是忍不住了，于是富人对穷人说："我用一锭金子换你一个馒头。"在这个艰难时期，馒头对人的效用无疑比金子大。

经济学依赖一个基本的前提假定，即人们在作选择的时候倾向于选择在他们看来具有最高价值的那些物品和服务。效用是消费者的主观感觉，取决于消费者对这种物品的喜欢程度。消费者对某种物品越喜欢，这种物品带来的效用就越大，他就越愿意购买，需求也就越高。比如有人喜欢抽烟，那么香烟对于他而言效用就很高，但对于一位不愿意闻烟味的女士来说，香烟则属于效用很低甚至是负效用的物品。很显然，在作决定的时候，烟民自然会把香烟视为至宝，而女士们可能更钟情于化妆品或者衣服之类的东西。

10.郑人买履——交易成本实在是太高

《韩非子》里有一则"郑人买履"的故事。

有个郑国人，想要到集市上去买鞋子。早上在家里时量了自己的脚，把量好的尺码放在了自己的座位上。到了集市当他拿起鞋子的时候，才想起自己忘了带尺码，于是对卖鞋子的人说："我忘记带量好的尺码了。"于是就返回家去取量好的尺码。等到他再返回集市的时候，集市已经散了，最终没有买到鞋。有人问他说："你为什么不用你的脚试鞋呢？"他说："宁可相信量好的尺码，也不相信自己的脚。"

"郑人买履"的寓言意在讽刺那些固执己见、死守教条、不知变通、不懂得根据客观实际采取灵活对策的人。单从郑人买鞋的结果来看,他在集市与家之间往返两趟,浪费了大量的时间和精力,最终还是没有买到鞋子。用经济学的话来说,他的交易费用实在是太高了。

交易费用又称交易成本,最早由美国经济学家罗纳德·科斯提出。他在《企业的性质》一文中指出:交易成本是通过价格机制组织产生的,最明显的成本就是所有发现相对价格的成本,市场上发生的每一笔交易的谈判和签约费用,以及利用价格机制存在的其他方面的成本。

我们看生活中的一个例子:

小李对他的女儿视若掌上明珠,一天,女儿想吃饺子。于是,小李清早便去排队买饺子皮,没想到排队买饺子皮的人实在太多了,等了半天之后,终于轮到他了。等他买完饺子皮回家,再急急忙忙赶去上班,还是迟到了5分钟。如果直接能购买不用排队,就不用承担迟到的损失了。小李买饺子皮排队所花的时间和迟到所受到的损失,就是他的交易成本。

学术界一般认为交易费用分为广义交易费用和狭义交易费用两种。广义交易费用即为了冲破一切阻碍,达成交易所需要的有形及无形的成本。狭义交易费用是指市场交易费用,即外生交易费用。包括搜索费用、谈判费用以及履约费用。

总体而言,可将交易成本区分为以下几项:

商品信息与交易对象信息的搜集,在琳琅满目的商品种类中寻找到自己所需要的,必定要付出一定的时间或精力,这是搜寻成本。

取得交易对象信息和与交易对象进行信息交换所需的成本,这是信息成本。

交易成本还包括议价成本,针对契约、价格、品质讨价还价的成本。在讨价还价中,所耽误的时间应计算在内,当然还有双方调整适应不良的谈判成本。

此外还有决策成本,即进行相关决策与签订契约所需的内部成本。

交易发生后,违约时也要付出一定的成本。

在生活中,我们每个人为了实现自己的交易行为,都需以不同的形式支付交易成本。

如果你是一个烟民,明明知道楼下小商店香烟的价钱比商场里要贵5毛钱,但你还是在楼下小商店里购买。虽然我们可能根本没有注意到交易成本的概念,其实这个行为本身已经包含了交易成本。

我们简单来分析一下:在楼下小商店里买香烟,虽然贵5毛钱,但你只需下楼就能买到香烟。倘若去商场,你要乘车,或要多走很长时间的路,其中所消耗的时间是你并不愿意支付的。多花5毛钱,为自己节省了时间和精力,对于绝大多数人来说是很合算的。也就是说,楼下小商店在定价的时候,已经将你的交易成本算进去了。

交易成本是人与人之间交易时所必需的成本。对于不同的人来说,其自身的交易成本是不同的。在菜市场上可以看到不少老太太与小商贩为几毛钱而讨价还价。这是因为老太太已经退休,她用来讨价还价的时间并不能用作别处,如果能买到便宜的蔬菜,就是降低了自己的生活成本。但是如果放到年轻人身上,贵几毛钱就贵几毛钱吧,有讨价还价的时间还不如多挣点钱呢。

11.从"田忌赛马"中学习资源配置

《史记》中记载了"田忌赛马"的故事:

田忌经常与齐王及诸公子赛马,设重金赌注。但每次田忌和齐王赛马都会输,原因是田忌的马比齐王的马稍逊一筹。孙膑通过观察发现,齐王和田忌的马大致可分为上、中、下三等,于是,孙膑对田忌说:"您只管下大

赌注,我能让您取胜。"田忌相信并答应了他,与齐王和诸公子用千金来赌胜。比赛即将开始,孙膑说:"现在用您的下等马对付他们的上等马,用您的上等马对付他们的中等马,用您的中等马对付他们的下等马。"三场比赛过后,田忌一场落败而两场得胜,最终赢得齐王的千金赌注。

后来,田忌把孙膑推荐给齐王。齐王向他请教兵法后,就请他当自己的老师,孙膑的才学有了更宽广的用武之地。

同样是三匹马,由于选择的配置方法不同,结果也大不相同。田忌的马要比齐王的马低劣,在这样的不利条件下,孙膑只是利用选择配置的不同就赢得了比赛。在作选择的过程中,我们应该学习"田忌赛马"中孙膑权衡取舍的智慧。

从某种意义上来说,经济学就是关于资源配置的学问。美国经济学家保罗·萨缪尔森说:"经济学研究人与社会如何作出最终抉择,在使用或者不使用货币的情况下,来使用可以有其他用途的稀缺的生产性资源,在现在或将来生产产品,并把产品分配给各个成员以供消费之用。它分析改进资源配置形式可能付出的代价和可能产生的效益。"因此,学会"权衡取舍",才能作出适合的决策,获得最大收益。

人的欲望是无限的,但用于满足欲望的资源是有限的,所以,要决定用什么资源去满足那些欲望。这就涉及到资源配置的问题。资源配置的实质是权衡取舍,即在取舍之间实现利益的最大化。

"权衡取舍"的情况随处可见,与人们的生活息息相关。例如,你有买一套衣服的预算,但同时看中了两套各具特色的衣服,究竟选择哪一套?你攒了一笔钱,准备添置新的家具,是买一套组合柜呢,还是买一台录像机?你大学快毕业了,是攻读研究生继续深造,还是去工作赚钱?两个男人都很喜欢你,你是选择有钱的,还是选择有才的……作这些决策的过程其实就是在"权衡取舍"的过程。

如果几种选择之间优劣分明,作出取舍再容易不过。

比如,有两家公司,情况差不多,一个答应付你每月2000元工资,另一

个答应付你2500元工资,应该去哪家公司是不言自明的。但如果都愿付你2500元工资,你就很难判断去哪一家更好,这时我们就要费心权衡。在甲、乙两公司均愿意每月付给你2500元工资的例子中,如果你接受了甲公司的工作,在你得到每月2500元工资的同时,你就会失掉乙公司每月付你2500元的机会,正因为这样,所以我们在作权衡时才会感到为难。

其实每个人都会面临"权衡取舍",大致上体现如下的规律:每个人都会自然地作出趋利避害的决策,选择对自己利益最大化的结果;人们会清楚认识到自己面临的选择的约束条件,以尽可能实现自己付出的代价最小化。"权衡取舍"的情况越多,意味着人们的选择和自由度越大。

现代社会可供选择的对象太多,我们该如何选择,也是在考验我们的"权衡取舍"智慧。商业社会有很多人患有"选择型恐惧症",就是因为自己的选择一再失误,从而不敢再去选择了。因此,"权衡取舍"是一门高深的学问,懂得以经济学的思维思考问题,对于我们的选择必将有所裨益。

第二章

不懂经济学,18岁以后的未来将无比艰辛

18岁之前,你的经济条件由你的父母决定。而等到18岁之后,贫穷还是富有,就由你自己负责了。

激起你的斗志, 即便你的理想不是成为大富翁,只要你想成为在经济上比较自由的人,就必须尽早积累经济知识,并把它们应用在日常生活中,享受拥有财富带给你的喜悦!

1.贝尔效应——想着成功,成功的景象就会在内心形成

贝尔效应的提出者是美国布道家、学者贝尔。他认为,不论环境如何,在我们的生命里,均潜伏着改变现时环境的力量。如果你满怀信心,积极地想着成功的景象,那么世界就会变成你想要的模样。你可以达到成功的顶峰,也可以在庸庸碌碌中悲叹。而这一切不同,仅仅取决于你是否有成功的信念!

很多事情我们做不成,并不一定是因为它们难,而在于我们不敢做。

英国前首相威廉·皮特还是一个孩子时,就相信自己一定能成就一番伟业。在成长过程中,无论他身在何处,无论他做些什么,不管是在上学、工作还是娱乐,他从未放弃过对自己的信心,不断地告诉自己应该成功,应该出人头地。这种自信的观念在他身体的每一个细胞中生根发芽,并鼓励着他锲而不舍、坚忍不拔地朝着自己的人生目标——做一个公正睿智的政治家前进。22岁那年,他就进入了国会;第二年,他就当上了财政大臣;到25岁时,他已经坐上了英国首相的宝座。凭着一股要成功的信念,威廉·皮特完成了自己的飞跃。

英国作家夏洛蒂很小就认定自己会成为伟大的作家。中学毕业后,她开始向成为伟大作家的道路努力。当她向父亲透露这一想法时,父亲却说:写作这条路太难走了,你还是安心教书吧。她给当时的桂冠诗人罗伯特·骚塞写信,两个多月后,她日日夜夜期待的回信这样说:文学领域有很大的风险,你那习惯性的遐想,可能会让你思绪混乱,这个职业对你并不合适。但是夏洛蒂对自己在文学方面的才华太自信了,不管有多少人在文

坛上挣扎，她坚信自己会脱颖而出。她要让自己的作品出版。终于，她先后写出了长篇小说《教师》、《简·爱》，成为了公认的著名作家。

也许有人认为这是以偏概全，会说成功哪会那么容易。可事实是，只要你相信，成功真的没有想象的那么难。1965年，一位韩国学生到剑桥大学主修心理学。在喝下午茶的时候，他常到学校的咖啡厅或茶座听一些成功人士聊天。这些成功人士包括诺贝尔奖获得者、某一些领域的学术权威和一些创造了经济神话的人。这些人幽默风趣，举重若轻，把自己的成功都看得非常自然和顺理成章。时间长了，他发现，在国内时，他被一些成功人士欺骗了。那些人为了让正在创业的人知难而退，普遍把自己的创业艰辛夸大了，也就是说，他们在用自己的成功经历吓唬那些还没有取得成功的人。

其实，人世中的许多事，只要想做，并相信自己能成功，那么你就能做成。所以，对那些说你不会成功、你生来就不是成功者的料、成功不是为你准备的等等闲言碎语，你完全可以置之不理，你只需用行动来证明自己的能力。想着成功，你的内心就会形成为成功而奋斗的无穷动力。不管遇到什么困难，都要坚信自己一定能成功，那么，最终你也一定会成功。要知道，你来到世间就是为了取得成功！

2.昨天是张作废的支票，明天是尚未兑现的期票，只有今天是现金

按照经济学的观点，昨天是张作废的支票，明天是尚未兑现的期票，只有今天才是现金，才具有流通价值。

在生活中，有过许许多多这样的日子：我们常常为昨天的失落，念念

不忘，耿耿于怀；又常常为明天的美丽，意气风发，热血沸腾。然而，或许你觉察不到，就在这埋怨与幻想中，就在这追悔与兴奋中，我们失去了最宝贵也最容易逝去的今天。昨天是失去的今天，明天是未来的今天。只有今天，才是我们真实地拥有着的。

中外无数成功人士的实例证明，只有把握好今天，才能走出昨天，开创明天。

影片《阿甘正传》曾荣获过1995年第67届奥斯卡最佳影片、最佳男主角、最佳导演、最佳剧本改编、最佳剪辑、最佳视觉效果等六项大奖。它向我们讲述的就是主人公阿甘只把握今天，从而创造了自己人生中一个又一个辉煌的故事。

阿甘是个智商只有75的低能儿。但是在母亲的关怀和鼓励下，他很早就走出了自卑的阴影，并且执著地把握着每天的生活。当在学校里面遭到了同学的欺侮时，他用奔跑来应对他们。而正是这种奔跑，使他顺利地跑进了一所学校的橄榄球场。在橄榄球赛中，他从不想自己是个低能儿，而只管在每场球赛中用最快的步子甩掉对手，这种执著把他送进了大学，并成为了大学的橄榄球巨星，受到了肯尼迪总统的接见。

在入伍去了越南的战场后，阿甘不管别人对战争有多么的仇视，他只认为自己应该做好的就是今天的事，因而对国内的高昂反战情绪毫不理会。同样，执著又成就了他，他作为英雄受到了约翰逊总统的接见。

阿甘有一个从小就青梅竹马的玩伴珍妮，两人也互相喜欢。但珍妮更向往一种有激情的生活，这是阿甘不能给她的，于是她出走了。阿甘很爱珍妮，她的出走让阿甘很伤心，但阿甘并没有就此放弃把握自己的生活。他依然按自己的想法，按部就班地做着一件又一件的事情。他从不想自己的明天会怎样，只是每天坚持做着自认为该做的事。而恰恰是这种放松的心态，让他取得了无数成就：他先是成为了美国的乒乓球巨星，直接参与了中美两国的乒乓外交活动，并受到了总统的接见；后来，他又成为了一个捕虾公司的老板，并成为了百万富翁；有一天，珍妮回来了，在和阿甘共同生活了一段日子后,她又走了。阿甘突然觉得自己想跑,于是他开始奔跑,这一跑就横越了整个美国,他又一次成了名人。正是凭着这种只把握今天的执著,阿甘创造了自己人生的辉煌。

在美国华尔街的股票市场交易所,依文斯工业公司是一家保持了长久生命力的公司。但你可知道,公司的创始人爱德华·依文斯曾因为绝望而差点自杀?

爱德华·依文斯生长在一个贫苦的家庭里,起先靠卖报来赚钱,然后在一家杂货店当店员。八年之后,他才鼓起勇气开始自己的事业。然后,厄运降临了——他替一个朋友背负了一张面额很大的支票,而那个朋友破产了。祸不单行。不久,那家存着他全部财产的大银行垮了,他不但损失了所有的钱,还负债16万美元。他经受不住这样的打击,开始生起奇怪的病来:有一天,他走在路上的时候,昏倒在路边,以后就再也不能走路了。最后医生告诉他,他只有两个礼拜好活了。想着只有几天好活了,他突然感觉到生命是那么的宝贵。于是,他放松了下来,好好把握着自己的每一天。

奇迹出现了。两个礼拜后依文斯并没有死,六个礼拜以后,他又能回去工作了。经过这场生死的考验,他明白了患得患失是无济于事的,对一个人来说最重要的就是要把握住当下。他以前一年曾赚过两万块钱,可是现在能找到一个礼拜三十块钱的工作,就已经很高兴了。正是这种心态,使得爱德华·依文斯的事业发展非常快。不到几年,他已是依文斯工业公司的董事长了。也正是因为学会了只生活在今天的道理,爱德华·依文斯取得了人生的胜利。

昨天属于死神,明天属于上帝,惟有今天属于我们。把握好今天,我们才拥有一个真实的自己。充分珍惜和利用好每一个今天,我们才能挣脱昨天的痛苦,踏平一路的坎坷,耕耘今天的希望,收获明天的喜悦。

3.因果定律——任何一种结果的出现，都不是偶然

"因果定律"是由著名哲学家苏格拉底提出的，又称为因果法则，指无论哪一方面的成功或失败都不是偶然的，而是有着一定因果关系的必然，即每件事情的发生都有某个理由，每个结果都有特定的原因。这个法则非常深奥且具极大影响力，以致世人将其称之为人类命运的"铁律"，心理学家将其归纳为：种瓜得瓜，种豆得豆，种下什么样的因，就得到什么样的果。

因果定律说明的是，发生在你生活中的任何一件事情的结果，必定有一个或多个与其相伴而生的原因，简单说就是人们每天都生活在因果定律之中。从天体运行、四季轮回，到小河叮咚、大地回春；从花草树木、鱼虾成群，到红杏枝头、山峦叠起……这一切都和因果定律息息相关，也可以说是因果定律运行的结果。

因果定律以最简单的形式告诉人们，如果生活中你为自己设定了想要得到的结果，你就需要追溯前人，看一看那些得到这个结果的人是怎么样做的，并为这个结果不停地努力、付出。如果你能够做和成功人士同样多的事情，你获得的结果也将和他们同样多。这不是奇迹，而是一个很自然的规律。

拿破仑·希尔曾被邀请到一所大学做演讲，他受到了热烈的欢迎，当校方付给他100美元的酬劳时，他说此行不虚，因此婉言拒绝了该项报酬。

后来那所大学的校长，将这件事情动情地说给了他的学生，校长说："我在这所大学待了20年，期间我曾邀请过很多人士给学生们发表演讲，但这是我碰到的第一个拒绝接受演讲酬金的人，他说他在演讲中收获的东西足以胜过他演讲的酬劳。事实上，这个拒绝酬金的人是一家大型杂志的总编，所以，我建议你们去订阅他的杂志，因为，他身上的美德以及能

力,是你们在书本中学不到的,也是将来踏入社会后必须用到的。"

后来,拿破仑·希尔主编的《希尔的黄金定律》由此获得了这些学生6000多美元的订阅费,并在日后的发展中,获得这所大学的学生以及他们的朋友50000多美元的订阅费。

有的人一生获得无数次成功,有的人连一次成功的滋味都没品尝过。你是否想过为什么会出现这种截然不同的结果?失败的人抱怨自己的运气差,甚至将其推脱给客观条件或外在因素;成功人士在总结经验时,经常要提到自己的聪明才智和好运气,但同时也强调了极为重要的一点——吃得苦中苦,方为人上人,这是多么重要的一点,它有力地向人们诠释了因果定律的关系。

古语言:"一分耕耘,一分收获。"这是生命运行的必然衍生。只有辛勤耕耘、矢志不移的人才能得到应有的尊重、地位、名利和成功。知道这个道理后,相信那些失败的人在抱怨自己运气差的同时,一定也会总结一下自己曾经的付出是否足够多。

任何一种结果的出现都不是偶然。当你环顾生活中的各个方面,你会发现健康、收入、业绩、事业、家庭、人际关系……你目光所能及的一切都是过去耕耘的因所带来的果。

世上的任何事情都遵循着这样的道理。例如,如果你想拥有很多的财富,你必须时刻想着赚钱,时刻研究如何赚钱,时刻尽全力为此付出,这样你的钱包才会鼓鼓。如果你想拥有智慧,你就必须播下渴求知识、追求真理、运用真理的种子,这样你的脑中才会蓄满智慧。

爱默生说过,"因与果,手段与目的,种子与果实,是不可分割的,因为果早就酝酿在因中,目的存在于手段之前,果实则包含在种子中。大自然法则是:从事工作,你将拥有权力,但不工作的人,将没有权力。"所以,你要得到某样东西,一定要付出更多的努力,把与该事情相关的每一件事都做好,这样你才能从该事情中得到丰厚的回报,付出越多才能收获越多。

4.世界上最先进的运输系统设计,由两匹马屁股的宽度决定?

美国经济学家道格拉斯·诺思提出:"一旦人们做了某种选择,就好比走上了一条不归之路,惯性的力量会使这一选择不断自我强化,并让你不能轻易走出去。"道格拉斯·诺思用"路径依赖"理论成功地阐释了经济制度的演进规律,从而获得了1993年的诺贝尔经济学奖。

诺思认为,路径依赖类似于物理学中的"惯性",一旦进入某一路径(无论是"好"的还是"坏"的)就可能对这种路径产生依赖。某一路径的既定方向会在以后发展中得到自我强化。人们过去做出的选择决定了他们现在及未来可能的选择。好的路径会对企业起到正反馈的作用,通过惯性和冲力,产生飞轮效应,企业发展因而进入良性循环;不好的路径会对企业起到负反馈的作用,就如厄运循环,企业可能会被锁定在某种无效率的状态下而导致停滞。而这些选择一旦进入锁定状态,想要脱身就会变得十分困难。

在现实生活中,路径依赖现象无处不在。一个著名的例子是:

现代铁路两条铁轨之间的标准距离是四英尺又八点五英寸,为什么采用这个标准呢? 原来,早期的铁路是由建电车的人所设计的,而四英尺又八点五英寸正是电车所用的轮距标准。那么,电车的标准又是从哪里来的呢?最先造电车的人以前是造马车的,所以电车的标准是沿用马车的轮距标准。马车又为什么要用这个轮距标准呢?因为古罗马人军队战车的宽度就是四英尺又八点五英寸。罗马人为什么以四英尺又八点五英寸为战车的轮距宽度呢? 原因很简单,这是牵引一辆战车的两匹马屁股的宽度。

有趣的是,美国航天飞机燃料箱的两旁有两个火箭推进器,因为这些推进器造好之后要用火车运送,路上又要通过一些隧道,而这些隧道的宽度只比火车轨道宽一点,因此火箭助推器的宽度由铁轨的宽度所决定。所以,今天世界上最先进的运输系统的设计,在两千年前便由两匹马的屁股宽度决定了!

人们关于习惯的一切理论都可以用"路径依赖"来解释。它告诉我们,要想路径依赖的负面效应不发生,那么在最开始的时候就要找准一个正确的方向。每个人都有自己的基本思维模式,这种模式很大程度上会决定你以后的人生道路。

在国际IT行业中,戴尔电脑是一个财富的神话。戴尔计算机公司从1984年成立时的1000美元,发展到2001年销售额达到310亿美元,是一段颇富传奇色彩的经历。戴尔公司有两大法宝:"直接销售模式"和"市场细分"方式。而据戴尔的创始人麦克尔·戴尔透露,他早在少年时就已经奠定了这两大法宝的基础。

戴尔12岁那年,进行了人生的第一次生意冒险——为了省钱,酷爱集邮的他不想再从拍卖会上卖邮票,而是通过说服自己一个同样喜欢集邮的邻居把邮票委托给他,然后在专业刊物上刊登卖邮票的广告。出乎意料地,他赚到了2000美元,第一次尝到了抛弃中间人,"直接接触"的好处。有了第一次,就再也忘不掉了。后来,戴尔的创业一直和这种"直接销售"模式分不开。

上初中时,戴尔就已经开始做电脑生意了。他自己买来零部件,组装后再卖掉。在这个过程中,他发现一台售价3000美元的IBM个人电脑,零部件只要六七百美元就能买到。而当时大部分经营电脑的人并不太懂电脑,不能为顾客提供技术支持,更不可能按顾客的需要提供合适的电脑。这就让戴尔产生了灵感:抛弃中间商,自己改装电脑,不但有价格上的优势,还有品质和服务上的优势,能够根据顾客的直接要求提供不同功能的电脑。

这样，后来风靡世界的"直接销售"和"市场细分"模式就诞生了。其核心就是：真正按照顾客的要求来设计制造产品，并把它在尽可能短的时间内直接送到顾客手上。

此后，戴尔便凭借着他发现的这种模式，一路做下去。从1984年戴尔退学开设自己的公司，到2002年排名《财富》杂志全球500强中的第131位，其间不到20年时间，戴尔公司成了全世界最著名的公司之一。正是初次做生意时的正确路径选择，奠定了后来戴尔事业成功的基础。

孔子曰："少成若天性，习惯如自然。"在职业生涯中，我们无法摆脱这种路径依赖，一旦我们选择了自己的"马屁股"，我们的人生轨道可能就只有四英尺又八点五英寸宽。以后我们即便对这个宽度不满意，可能也已经很难改变它了。我们唯一可以做的，就是在开始时慎重选择"马屁股"的宽度。

5.奥卡姆剃刀定律——将复杂的对象简单化

奥卡姆剃刀是由14世纪英格兰圣方济各会修士威廉提出来的一个原理。他出生在英格兰萨里郡的奥卡姆镇。威廉曾在巴黎大学和牛津大学学习，知识渊博，能言善辩，被人称为"驳不倒的博士"。

威廉曾写下了大量的著作，但都影响不大。但他却提出了这样的一个原理：如无必要，勿增实体。其含义是：只承认一个个确实存在的东西，凡干扰这一具体存在的空洞的普遍性概念都是无用的累赘和废话，应当一律取消。他利用这个原理证明了许多结论，包括"通过思辨不能得出上帝存在的结论"。这使他不受罗马教皇的欢迎。不久，他被教皇作为异教徒关进了监狱，为的是不使他的思想得到传播。在狱中过了四五年，他找到机会逃了出来，并投靠了教皇的死敌——巴伐利亚的王爷。他对王爷说："你用剑来保卫我，我用笔来保卫你。"正是这次成功的越狱，成就了威廉的威名。他的格言"如无必要，勿增实体"也得到了广泛的传播。这一似乎偏激独断的思维方式，后来被人们称为"奥卡姆剃刀"定律。

奥卡姆剃刀定律的出发点就是：大自然不做任何多余的事。如果你有两个原理，它们都能解释观测到的事实，那么你应该使用简单的那个，直到发现更多的证据。对于现象最简单的解释往往比复杂的解释更正确。一句话：把烦琐累赘一刀砍掉，让事情保持简单！

"奥卡姆剃刀"是最公平的刀，无论科学家还是普通人，谁能有勇气拿起它，谁就是成功的人。这把剃刀出鞘以后，一个又一个科学家，如哥白尼、牛顿、爱因斯坦等，都在"削"去理论或客观事实上的累赘之后，"剃"出了精炼得无法再精炼的科学结论。每一个人都解决过最复杂的问题，但都是首先使用奥卡姆剃刀将复杂的对象剃成最简单的对象，然后再着手解决问题。

经过数百年的岁月，奥卡姆剃刀已被历史磨得越来越快，它早已超越了原来狭窄的领域，具有了更广泛、丰富和深刻的意义。

通用电气公司前董事长杰克·韦尔奇也是深得威廉的真传。他用一把锐利的剃刀剪去了通用电气身上背负了很久的官僚习气，使通用能够轻装上阵，取得巨大的成功。

在美国企业界，很久以来存在着一种传统认识，即经理们的工作就是在低层和高层管理者之间互相发出便函，到处举办高层会议，确保工厂里和其他地方一样运行正常。一句话，经理就是监督部下正常工作。但是在1981年出任通用电气公司总裁的杰克·韦尔奇排斥这些做法，他认为采取这种方式的经理们是些官僚管理者，是历史遗留问题。而对于陈旧的传统，杰克·韦尔奇历来深恶痛绝。

通用电气是一家多元化公司，拥有众多的事业部和成千上万的员工，如何有效地管理这些员工，使他们达到尽可能高的生产率，是杰克·韦尔

奇一直苦苦思索的问题。他认为，过多的管理促成了懈怠、拖拉的官僚习气，会把一家好端端的公司毁掉。最后他总结出一个在他看来是最正确而且也必将行之有效的结论：管理越少，公司情况越好。

从接手主持通用电气的那一刻起，韦尔奇就认为这是一个官僚作风很严重的地方。控制和监督在管理工作中的比例太高了。他决定让主管们改变他们的管理风格。

韦尔奇想要从自己的字典里淘汰掉"经理"一词，原因在于它意味着"控制而不是帮助，复杂化而不是简单化，其行为更像统治者而不是加速器"。"一些经理们，"韦尔奇说，"把经营决策搞得毫无意义的复杂与琐碎。他们将管理等同于高深复杂，认为听起来比任何人都聪明就是管理。他们不懂得去激励人。我不喜欢'管理'所带有的特征——控制、抑制人们，使他们处于黑暗中，将他们的时间浪费在琐事和汇报上。紧盯住他们。你无法使人们产生自信。"

相反，韦尔奇非常钟爱"领导者"这个词。在他看来，领导者应是那些可以清楚地告诉人们如何做得更好，并且能够描绘出远景构想来激发人们努力的那种人。管理者们互相交谈，互相留言。而领导者跟他们的员工谈话，与他们的员工交谈，使员工们脑海中充满美好的景象，使他们在自己都认为不可能的地位层次上行事，然后领导者们只要让开道路就行了。

正是在这些想法的指导下，韦尔奇向通用电气公司的官僚习气宣战了：简化管理部门；加强上下级沟通，变管理为激励、引导；要求公司所有的关键决策者了解所有同样关键的实际情况……在韦尔奇神奇剃刀的剪裁下，通用保持了连续20年的辉煌战绩。

别以为"奥卡姆剃刀"只放在天才的身边，其实，它无处不在，只是有待人们把它拿起。只要我们勇敢地拿起"奥卡姆剃刀"，把复杂的事情简单化，你就会发现人生其实很简单，成功离你其实也并不远。

6.隧道视野效应——视野开阔,方能看得高远

一个人若身处隧道,他看到的就只是前后非常狭窄的视野。

先看下面的故事:

美国的一个摄制组,想拍一部中国农民生活的记录片。于是他们来到中国某地农村,找到一位柿农,说要买他1000个柿子,请他把这些柿子从树上摘下来,并演示一下贮存的过程,谈好的价钱是1000个柿子给20美元。

柿农很高兴地同意了。于是他找来一个帮手,一人爬到柿子树上,用绑有弯钩的长杆,看准长得好的柿子用劲一拧,柿子就掉了下来。下面的一个人就从草丛里把柿子找了出来,捡到一个竹筐里。柿子不断地掉下来,滚得到处都是。下面的人则手脚飞快地把它们不断地捡到竹筐里,同时还不忘高声大嗓地和树上的人拉着家常。在一边的美国人觉得这很有趣,自然全都拍了下来。接着又拍了他们贮存柿子的过程。

美国人付了钱就准备离开,那位收了钱的柿农却一把拉住他们说:"你们怎么不把买的柿子带走呢?"美国人说不好带,也不需要带,他们买这些柿子的目的已经达到了,这些柿子还是请他自己留着。

"天底下哪有这样便宜的事情呢?"那位柿农心里想。看着美国人远去的背影,柿农摇摇头感叹道:"没想到世界上还有这样的傻瓜!"

那位柿农不知道,他的1000个柿子虽然原地没动地就卖了20美元,但那几位美国人拍的他们采摘和贮存柿子的记录片,拿到美国去却可以卖更多更多的钱。他也不知道,在那几个美国人眼里,他的那些柿子并不值钱,值钱的是他们的那种独特有趣的采摘、贮存柿子的生产生活方式。

　　柿农的蝇头小利比起那几个美国人眼中的利益来说实在不算什么。在企业的投资构成中，我们的决策者是像文中的柿农一样只看到眼前的比较直接的"小利益"还是能把眼光放长远一些，发现更大，但可能比较隐蔽的"大利益"呢？

　　现在的麦当劳，已经发展成为全世界快餐业的巨无霸。可你知道吗，这并不是它的创始人麦当劳兄弟的功劳。将麦当劳一手做大的，是另一个叫瑞·克罗克的人。

　　克罗克是一个一生坎坷的人，年过五十后还事业无成，做着一门小小的生意——推销奶昔机器。一次偶然的机会，他发现业务报表上有一家叫麦当劳的汽车餐厅，一口气订购了八台奶昔机器。他认定这是一家不一般的店，立刻动身前往观看。他发现，这家餐厅的生意很是红火。克罗克敏锐地意识到，随着社会生活节奏的加快，麦当劳这样的快餐店会越来越受到人们的青睐。于是，他立即找到了餐厅老板麦当劳兄弟，要求合伙与他们做生意。克罗克向他们陈述了自己的想法，告诉他们要是去别的城市开几家分店的话，将会大大提高现在的营业额，并自告奋勇为他们开路，只要他们提供资金。但麦当劳兄弟并不感兴趣，他们已经很满足了。因为当时凭着这一个店，一年就已经能够稳赚25万美元，这在当时不是个小数字。不过，他们同意让克罗克加入进来，帮他们料理生意。

　　克罗克进入快餐店后，很快就掌握了经营快餐店的一套办法。他曾多次建议麦当劳兄弟改善营业环境，以吸引更多的顾客；并提出配制份饭、轻便包装、送饭上门等一系列经营方法，以扩大业务范围，增加服务种类，获取更多的营业收入。由于克罗克经营有道，为店里招徕了不少顾客，生意越做越好。这使麦当劳兄弟对他极为看重，对他更加信赖。餐馆名义上仍是麦氏兄弟的，但实际上餐馆的经营管理、决策权慢慢已经完全掌握在克罗克的手中了。

　　与此同时，克罗克不忘做大麦当劳的想法，建议麦氏兄弟在全国各地开设连锁店。在克罗克的努力下，6年之后，麦当劳在全美国的连锁店达到

39

200多家,克罗克已经看到了一个快餐帝国的前景。

通过与麦氏兄弟的合作,他发现这两个人目光短浅,跟他们长期合作不会有太大发展前途。想着快餐帝国的广阔前景,克罗克决定买下麦当劳,自己独自单干。

1961年的一个晚上,克罗克与麦氏兄弟进行了一次很艰难的谈判。起初,克罗克先提出较为苛刻的条件,对方坚决不答应,克罗克稍作让步后,双方又经过激烈的讨价还价,最终克罗克答应以270万美元的现金,买下麦当劳餐馆。麦氏兄弟尽管有种种忧虑与不安,但面对如此诱人的价格,他们终于动心了。"270万美元,整整270万美元呀!这么优惠的价格,傻瓜才会不接受呢!"双方就此达成协议,并很快进行了产权交割,办理了有关移交手续。

这件事在当时引起了巨大的轰动,而快餐馆也借众人之口,深入人心,大大提高了其在美国的知名度。1968年麦当劳有1000家店铺,1978年就达5000家。经过40余年的发展,目前麦当劳已有7万多家店铺,遍布全球100多个国家和地区,几乎达到了每四小时开一家新店的速度。1965年4月15日,麦当劳公司股票上市时,每股为225元,不到一个月就涨了一倍。20年后,股价约为原来的175倍。

麦当劳兄弟创立了麦当劳,最后却又失去了麦当劳,他们可以经营好一个店,却没有战略的眼光,看不到未来的趋势,所以经营了25年,一个店还是一个店,直到克罗克的出现,才把麦当劳打造成了一个王国。

识时务者为俊杰。一件事情,重要的不只是现在怎样,还有将来会怎样。看清了它的将来,坚定不移地去做,事业就已经成功了一半。

做个聪明的经济人,在放弃微小利益的同时,获得更大的利益!

7.特里法则——要勇于承认错误

美国田纳西银行前总经理L.特里认为："正视错误，你会得到错误以外的东西。"

吃五谷生百病，人不是神，总有自己的缺点，谁都难免会犯一些错误。当我们犯错误的时候，脑子里往往会出现想隐瞒自己错误的想法，害怕承认之后会很没面子。

其实，承认错误并不是什么丢脸的事。反之，在某种意义上，它还是一种具有"英雄色彩"的行为。因为错误承认得越及时，就越容易得到改正和补救。而且，由自己主动认错也比别人提出批评后再认错更容易得到别人的谅解。更何况一次错误并不会毁掉你今后的道路，真正会阻碍你的，是那不愿承担责任，不愿改正错误的态度。

新墨西哥州阿布库克市的布鲁士·哈威，错误地核准付给一位请病假的员工全薪。在他发现这项错误之后，就告诉这位员工并且解释说必须纠正这项错误，他要在下次薪水支票中减去多付的薪水金额。这位员工说这样做会给他带来严重的财务问题，因此请求分期扣回多领的薪水。但这样哈威必须先获得他上级的批准。

"我知道这样做，"哈威说，"一定会使老板大为不满。在我考虑如何以更好的方式来处理这种状况的时候，我了解到这一切的混乱都是我的错误，我必须在老板面前承认。"

于是，哈威找到老板，说明了详情并承认了错误。老板听后大发脾气，先是指责人事部门和会计部门的疏忽，后又责怪办公室的另外两个同事，这期间，哈威则反复解释说这是他的错误，不干别人的事。最后老板看着他说："好吧，这是你的错误。现在把这个问题解决吧。"这项错误被改正过

来，并没有给任何人带来麻烦。自那以后，老板更加看重哈威了。

勇于承认错误，为哈威赢得了老板的信任。其实，一个人有勇气承认自己的错误同时，也可以获得某种程度的满足感。这不单单可以清除罪恶感和自我卫护的气氛，而且有助于解决这项错误所制造的问题。

勇于承认错误和失败也是企业生存的法则。市场不是两军对垒的战场，企业也不是军队。承认失败，许多时候可以避免更大的市场损失，可以重新调整自己的市场策略，也就可以重新取得市场机会。

我们再看看世界那些百年企业的发展历史，它们没有一个未曾经历过失败，重要的是他们都能够从失败中重新站起来。

肯德基无疑是个成功的企业。殊不知肯德基在进军香港时也曾经历过惨重的失败。1973年肯德基将目光瞄准了香港，同年6月，第一家肯德基店在香港开业，1974年数量已达到11家。声势浩大的广告宣传，加上独特的烹调方法和配方，使得顾客们都很乐于一试，可以说肯德基在香港前途光明。但是，到了1974年9月，肯德基公司突然宣布多家快餐店停业，仅剩四家还硬撑着门面，1975年2月，首批进入香港的肯德基差不多全军覆没，纷纷停业关门。

达尔文曾经说过："任何改正都是进步。"歌德也说过："最大的幸福在于我们的缺点得到纠正和我们的错误得到补救。"敢于承认错误，汲取教训，我们才能以崭新的面貌去迎接更加激烈的竞争和挑战！

8.卡贝定理——在未学会放弃之前,你将很难懂得什么是争取

美国电话电报公司前总经理卡贝指出:"在未学会放弃之前,你将很难懂得什么是争取。"

现代社会似乎为我们描绘了一幅幅风和日丽、欣欣向荣的财富画卷,而一个个诗情画意、神乎其神的成功故事,则更令我们激情冲动、意乱情迷。于是,在众多的致命诱惑面前,太多的人忘却了理性的分析和选择,忘却了放弃,而任凭欲望的野马在陷阱密布的商界里纵横驰骋。殊不知,"放弃"也是一种战略智慧。学会了放弃,你也就学会了争取。

成立于1881年的日本钟表企业精工舍,是一家世界闻名的大企业。它生产的石英表、"精工·拉萨尔"金表远销世界各地,其手表的销售量长期位于世界第一的位置。它能取得这样的成功,完全取决于其第三任总经理服部正次的放弃战略。

1945年,服部正次就任精工舍第三任总经理。当时的日本还处在战争破坏后的满目疮痍中。精工舍步伐疲惫,征程未洗。而这时,有"钟表王国"之称的瑞士,由于没有受到二战的破坏影响,其手表一下子占据了钟表行业的主要市场。精工舍面临着巨大的生存危机!

服部正次并不为困难所吓倒,他沉着冷静,制定了"不着急,不停步"的战略,着重从质量上下手,开始了赶超钟表王国的步伐。10多年过去了,服部正次带领的精工舍取得了长足的进展,但仍然无法与瑞士表分庭抗礼。整个20世纪60年代,瑞士年产各类钟表1亿只左右,行销世界150多个国家和地区,世界市场的占有额也达到了50%—80%之间。有"表中之王"美誉的劳力士和浪琴、欧米茄、天俊等瑞士名贵手表,依然是各国达官贵

人、富商巨贾等人财富地位的象征。无论精工舍在质量上怎样下功夫,都无法赶上瑞士表的质量标准!

怎么办?是继续寻求质量上的突破,还是别走他径?服部正次思量着。他看到,要想在质量上超过有深厚制表传统的瑞士,那几乎是不可能的。服部正次认为精工舍该换个活法了,他要带领精工舍另走新路。经过慎重的考虑,服部正次决定放弃在机械表制造上和瑞士表的较劲,转而在新产品的开发上做文章。

经过几年的努力,服部正次带领他的科研人员成功地研制出了一种新产品——石英电子表!与机械表相比,石英表的最大优势就是走时准确。表中之王的劳力士月误差在100秒左右,而石英表的误差却不超过15秒。1970年,石英电子表开始投放市场,立即引起了钟表界和整个世界的轰动。到70年代后期,精工舍的手表销售量就跃居到了世界首位。

在电子表市场牢牢站稳了脚跟后,1980年,精工舍收购了瑞士以制作高级钟表著称的"珍妮·拉萨尔"公司,转而向机械表王国发起了进攻。不久,以钻石、黄金为主要材料的高级"精工·拉萨尔"表开始投放市场,马上得到了消费者的认可,成为了人们心中高质量高品质的象征。

放弃战略使精工舍取得了巨大的成功。在风云变幻的商场,这种例子不胜枚举。摩托罗拉公司放弃了制造,将制造中心托付给新加坡和中国,它赢得了自己在研发和市场的战略制高点。同样,"买卖的松下"和"服务的IBM"放弃了"统一于技术"的战略导向,而日立、索尼、本田、惠普等则放弃了"统一于市场"的战略努力。放弃是一种基于战略的价值判断,是一种有进有退、以退为进、以守为攻、张弛有度的战略智慧。

面对战略选择的诸多困境,选择放弃需要更大的勇气和胆识,需要非凡的毅力和智慧。因此,企业家应勇于摆脱成功光环阴影的羁绊,把企业的利益作为最高利益,把企业的可持续发展作为终极追求。面对"灯红酒绿"的规模、利润等诸多诱惑,企业家同样要能够耐得住寂寞,多一些耐心和耐力,少一些焦灼和浮躁。太多的经验教训告诉我们:成功的企业是不

断地进行理性的放弃才获得了持久的成功，而失败的企业则因错误的坚持才导致了最终的失败。

9.杜根定律——如果你只接受最好的，你最后得到的往往也是最好的

美国职业橄榄球联会前主席D. 杜根提出：“如果你只接受最好的，你最后得到的往往也是最好的，只要你有信心。”

有一个人经常出差，经常买不到对号入座的车票。可是无论长途短途，无论车上多挤，他总能找到座位。

他的办法其实很简单，就是耐心地一节车厢一节车厢找过去。这个办法听上去似乎并不高明，但却很管用。每次，他都做好了从第一节车厢走到最后一节车厢的准备，可是每次他都用不着走到最后就会发现空位。他说，这是因为像他这样锲而不舍找座位的乘客实在不多。经常是在他落座的车厢里尚余若干座位，而在其他车厢的过道和车厢接头处，居然人满为患。

他说，大多数乘客轻易就被一两节车厢拥挤的表面现象迷惑了，不大细想在数十次停靠之中，从火车十几个车门上上下下的流动中蕴藏着不少提供座位的机会；或者即便想到了，他们也没有那一份寻找的耐心。眼前一方小小立足之地很容易让大多数人满足，为了一两个座位背负着行囊挤来挤去，有些人也许会觉得不值得。他们同样会担心，万一找不到座位，回头连个好好站着的地方也会失去。与生活中一些安于现状不思进取害怕失败的人，永远只能滞留在没有成功的起点上一样，这些不愿主动寻找座位的乘客大多只能在上车时的落脚之处一直站到下车。

自信、执著、富有远见、勤于实践，会让你握有一张人生之旅的永远坐票。

　　有"世界第一CEO"之称的前通用电气公司董事长杰克·韦尔奇出生在一个典型的美国中产阶级家庭。父母结婚16年后才有了这个独生子，父亲为波士顿与缅因铁路公司工作，早出晚归，所以培养孩子的任务就落在了母亲的肩上。

　　与其他独生子女母亲不太一样的是，她对儿子的关心更主要体现在提升他的能力和意志上。杰克非常尊敬乃至崇拜母亲："她是一位非常有权威性的母亲，总是让我觉得自己什么都能干，是我母亲训练了我，要我学习独立。每次当我的行为稍有越轨，她就一鞭子把我抽回来，但通常都是正面而且有建设性的，还能促使我振作起来。她向来不说什么多余的话，总是那么坚决，那么积极，那么豪迈。我总是对她心服口服。"

　　母亲教给杰克3门非常重要的功课：坦率的沟通，面对现实，并且主宰自己的命运，这是母亲始终保持的理念。日后证明，在杰克的管理生涯中，这种禀赋被发挥得淋漓尽致。

　　要掌握自己的命运就必须树立自信。尽管杰克到了成年还略带口吃，可母亲说这算不了什么缺陷，只不过是想的比说的快些罢了。结果，略带口吃的毛病并没有阻碍杰克的发展，而实际上注意到这个弱点的人大都对他产生了某种敬意。美国全国广播公司新闻部总裁迈克尔对他十分敬佩，甚至开玩笑地说："他真有力量，真有效率，我恨不得自己也口吃。"

　　在韦尔奇看来，我们所经历的一切都会成为我们信心建立的基石。当你被选为一支球队的队长时，当你在球场中选队员时，你就掌握了这支队伍。然后事情就这么发生了——渐渐地，你会习惯这些经验，而且人们也会信任你，给予你善意的回应。

　　韦尔奇的中学成绩可以保证他进入美国最好的大学，但因种种原因而事与愿违，他只进了麻州大学。开始他感到非常沮丧，但进入大学之后，沮丧就变成了庆幸。

　　"如果当时我选择了麻省理工学院，那我就会被昔日的伙伴们打压，永远没有出头的一天，然而这所较小的州立大学，让我获得了许多自信。

我非常相信一个人所经历的一切，都会成为建立自信的基石：包括母亲的支持，运动，上学，取得学位。"事实证明杰克是麻州大学最顶尖的学生，看来没有到麻省理工学院就读也未必是坏事。

担任杰克大学班主任的威廉当时也看出了杰克成功的初期征兆："是他的双眼，他总是很自信，他痛恨失败，即使在足球比赛中也一样。"

"自信"在日后成为了通用电气的核心价值观之一。杰克说："所有的管理都是围绕'自信'展开的。"韦尔奇1981年成为历史上最年轻的CEO。17年来，公司的市场价值从原来的120亿美元，升到了如今的超过4000亿美元，而且一直被公认为是管理最优秀和最受推崇的公司之一。

对事业怀有信心，相信自己，乃是获得成功不可或缺的前提。当然其他因素也非常重要，但最基本的条件，是激励自己达到所希望的目标的积极态度。

第三章

学些街头经济学，别让商家掏空你的口袋

为什么在星巴克要买大杯咖啡才划算？有时候明明买贵了，你为什么还会感到高兴？积分卡真的能换得优惠吗？团购真的可以省钱吗……

这些都是日常生活中我们司空见惯的事情，你知道其中隐藏着最基本的经济学原理吗？经济学并不单单是学校课堂里讲的那些理论，而是实实在在发生在你我身边的事情。

1.明明买贵了,你为什么还感到高兴?

若水是个喜欢收藏挂物饰品的女孩儿。有一次,她出差去北京,工作闲余出去逛街,看到一对可爱的瓷娃娃,雪白的底色没有一点瑕疵,圆溜溜的大眼睛还会眨呀眨的,乌黑的头发上扎着几根彩带。既可以摆放在床头还可以挂起来欣赏。

"哇,真漂亮!"若水情不自禁地大喊。她飞快地跑到柜台前,可是忽然间又犹豫了:"这么漂亮的瓷娃娃,一定贵得要死,大概要一千块吧,我可怜的钱包会又一次挨饿了。"

她转身走开,但走到门口又觉得遗憾,她想,"好不容易来一次北京,不买就没机会了。"于是转身走回去问售货员:"那对瓷娃娃多少钱?"

"500元。"售货员很有礼貌地回答。

"这么便宜?"若水想,她刚要开口说买下来时,售货员又接着说:"看你这么喜欢,我们又快到下班时间了,你要真想买的话,450元你拿走算了。"

"啊!"若水开心得差点跳起来,赶紧付了钱,高高兴兴地走了。

但是,其实这对瓷娃娃的进价只有100元,售货员开出500元的价位,看顾客不说话,还以为若水在犹豫呢,于是又主动降低了50元。

可是,对于若水来说,她却觉得大赚了一笔,只因为比她预计的一千块便宜了许多。这个意外收获绝对会让她美上好几天。

在经济学上,若水的这种收获叫做消费者剩余。

消费者剩余的概念,是纽约大学教授马歇尔在《经济学原理》一书中提出来的。它是指消费者心理预期支付与实际支付的价格之间的差额。

消费者愿意付出的最高价格并不一定等于供求双方决定的市场价格。

消费者剩余可以用下列方法来计算：

消费者剩余=买者的预期价格－买者的实际支付。

如前文中若水愿意为那个瓷娃娃支付1000元，但最后却以450元的价格买下来，无论实际成本是多少，若水的消费者剩余就是1000-450=550（元）。

值得注意的是，消费者剩余只是消费者的一种心理感觉，是人们从购买中得到的一种满足剩余，而并非实际收入的增加。比如在一次纪念品拍卖会上有一枚勋章，小李的心理预期价格是200元，最后竞拍时却以180元的价格拿到手，小李就觉得自己赚了20元。

实际上这20元并非小李的真正收入，而是一种满足感。

"消费者剩余"作为一种额外效用，可以给人们带来福利感和满足感。然而正是这种满足感和福利感，对消费者来说，就如同亚当·斯密所说的"看不见的手"一样，左右着消费者的购买行为，从而影响着市场上的需求。

事实上，不论人们是否意识到，在现实的买卖行为中都存在着这样两种价格：一是由收入和偏好决定的消费者价格；二是由市场供求关系决定的市场价格。前者遵循着边际效用递减规律，而后者则遵循着供求规律；前者之和体现了消费者获得的效用之和的总量（对同一物品的购买），后者则体现了消费为获得一定的效用总量所实际支付的货币总量。消费者价格与市场价格之差，就是体现消费者满足感和福利感的"消费者剩余"。

因此，当消费者以低于消费者价格购买到自己所需要的商品时，心里就会生出一种划算的感觉，甚至有一种占了便宜的窃喜。当这种便宜感很大、很强烈时，消费者的购买行为完全可能再继续下去，直至购买

到该商品这种"便宜感"减弱、消失为止。这也是为什么人们会对价格变得便宜的商品自然多买的原因所在。当我们明白了消费者价格和市场价格之间的关系后，我们就可以解释虚假广告和不法商家雇佣"托"来害人的"原理"。

我们在理解"消费者剩余"时应注意：在购买商品过程中，每个购买者都希望以低于自己支付意愿的价格买到商品，而拒绝以高于意愿支付的价格购买该商品。因此商家常常会利用消费者的这种心理，将商品标价提高，留出消费者剩余的空间，以此来获得丰厚的盈利。

2.羊群效应——有选择地相信外界的信息

法国科学家亨利·法布尔曾做过一个实验：他把很多松毛虫放在一只花盆的边缘，使其首尾相接连成一圈，然后又在花盆的不远处撒了一些松叶。一连七天七夜，没有任何一只松毛虫吃到松叶。它们只是一直一个跟一个地绕着花盆一圈又一圈地走，直到饥饿劳累而死。

松毛虫如此，而作为万物灵长的人类有时也同样难以摆脱这种心理。

20世纪末，网络经济一路飙升，所有的投资家都在跑马圈地卖概念，IT业的CEO们义无反顾地往前冲，结果形成了一股网络潮。2001年，泡沫破灭，大家这才发现在狂热的市场氛围下，获利的只是领头羊，其余跟风的都成了牺牲者。

这就是"羊群效应"，羊群里必然有两种羊：一种从众的，一种出众的。前者总是看着别人干什么他就干什么，后者却能发挥主观能动性，虽然也有可能只是偶然脱离了羊群，但是，他们因为善于发挥主观能动性，所以总能最先找到水草丰美的地方吃个饱，而其他的羊群跟上的时候就只有

吃草根,或者连草根都没得吃了。

例如在商场上,由于对信息掌握不充分或缺乏了解,投资者很难对市场未来的不确定性做出合理的预期,往往是通过观察周围人群的行为而提取信息,在这种信息的不断传递中,许多人的信息将大致相同且彼此强化,从而产生从众行为。投资者就可以利用这种"羊群效应"总结出自己的市场预期。所以你会发现,市场上新产生的商品不见得是大家所离不开的,只是因为有人在造势,培养出了一部分消费者,跟从的人越来越多,商品才有了市场。这也是为什么商品需要做广告的原因。

社会心理学家研究发现,影响从众心理的最重要因素是持某种意见的人数多少,而不是这个意见本身。正如鲁迅所说的那样,"世上本没有路,走得人多了也就成了路"。有的事情不见得是对的,但是多数人认为是对的也就成了对的。所以,生活中才会有很多人盲目屈服于常态,而失去独立的机会。有些很有能力的人因为害怕成为出头的椽子,一生都埋没于世俗当中。

羊群效应告诉我们:对外界的信息要有选择地去相信,凡事要有自己的判断和立场,决不能盲目跟从、盲目轻信。

中国人的从众心理很严重,最普遍的现象就是,当你走在大街上的时候,经常会发现很多人穿着同一款式的衣服,有的人穿着也许很合适,十分符合自身的气质特征,而有些人只是在东施效颦,跟从的结果并没有自己想象中的那么完美,相反,可能只会自爆其短。

所谓从众心理就是消费者在进行消费品的选择时,不是以自己的主观目标为依据,而是为消费的风气、时代的潮流等所左右,以求与社会达到同步的一种心理状态。常常表现为对高档消费品或时装的消费,与同事和邻居攀比,进行并不急需的或负债消费;或对一些廉价商品,因经不住销售者的折扣诱惑,随大众进行不必要的消费。

莉莉有一个匪夷所思的习惯:她会根据当季的流行趋势,列出一张清单,把货品按需求的急缓分为H、M、L三个级别。莉莉的解释是:"面对商

场的低价诱惑，没有事先准备，正常人都会屈服。要冷静，先买最需要的；需要但不是马上要用的，就留在年末打折力度最大的时候再一起买入；可买可不买的，那就等到有余钱时纯属改善生活。绝不因为看上去便宜就随便往清单上加东西，不需要的东西买回去等于浪费了钱。商场促销是因为有抛货的需求，'买多少送多少券'相当于把货品打包出售，面对低价诱惑，消费者能坚持只买自己需要的，不买商家准备打包卖给我的就是对自己权益的最大保护了。"

除了冷静，莉莉还十分勤于算数。"每次节假日商场打折之前，我都会根据商场的打折广告，把清单上的货品做排列组合，看看哪些拼在一起最便宜。还可以上网搜搜'黄牛'行情，经常会有7到8折的'黄牛'券。要是买一送一型促销，就马上叫上朋友一起去商场拼货。"

跟从并不见得就是完全错误的，人类因为有某些固定的特征才会区别于其他群体，但是，跟从需要智慧，生存需要个性。只有具有个性的事物才会成为引领一个时代的特征。如果你没有引领一个时代的勇气，即使是要跟从也应擦亮眼睛，看清楚之后再做决定。

3.示范效应——你买，我也跟着买的"盲目消费"

相信大家在日常生活中可能常常会见到这种现象：当你的邻居或者同事购买了某种商品，引得其他人非常羡慕的时候，你也会跟着购买这种商品，而这种商品对你来说也许并不实用。

其实，人们的消费行为不但会受收入水平的影响，同时也会受其他人主要是那些收入与之相近的人的消费行为的影响。这就是示范效应在起作用。

"示范效应"这个名词最早是心理学家对人类行为进行研究所总结出来的,如今它已经被经济学家们广泛地用于研究人的经济行为,特别是人类的消费行为。

然而,示范效应往往是双向的,这就是所谓"坏"榜样和"好"榜样所起的影响。从动态上看,示范效应最终会使少数成为主流。

那么人们为什么最终会形成这种主流趋势呢?

从诺贝尔经济学奖获得者加利·伯克尔的著作《重口味的经济学分析》的理论中,可以得到解释。

说起来很有趣,伯氏理论的获得竟和他经常陪太太去餐馆密切相关。当时,在加利福尼亚有两家海鲜餐馆。伯克尔发现他太太有一个非常奇怪的行为,就是在两家餐馆中,她总是选择座位被占满的那家。而在伯克尔看来,两家餐馆的质量完全一样,差别仅仅在于,其中一家餐馆人多,而另一家客人少得可怜。

为什么会出现这种情况呢?经过细心的观察研究,伯克尔得出了后来获诺贝尔奖的基础理论之一:理性的人们支持他们自己的生活方式,也就是说,是否理性取决于生活的方式……因此,不可能存在一个其行动对于每个人都是理性的行动集。也就是说,消费者对某些商品的需求,取决于其他消费者对这些商品的需求,简称"消费的示范效应"。

有一次出差的时候,小刘与另一个部门的同事小张结伴而行。小张是一位性格活泼开朗的女孩,结识小张,也让小刘觉得这次枯燥的出差有了新的乐趣。出差的间隙,小刘和小张少不了安排在空闲的时间到当地的商场去购物,小张的出手大方也对小刘有过不小的触动。

"平时一般购物,我都喜欢挑选一些中等价位的商品,服饰一般都是价位在几百元左右的二线品牌,很少有四位数的;购买化妆品,也是挑一些自己可以承受的,既经济实惠质量也不差。"可是与和自己收入相当的小张相比,小刘不由得自惭形秽起来,觉得自己简直太"小儿科"了。"小张出手很阔绰,七八百元的化妆品,上千元的衬衫,四五千元的皮包,她买起

来似乎眼睛都不眨，还连呼当地的商场比上海的便宜，动员我一起血拼。"可是在小刘看来，这些打折后的商品尽管比上海的便宜一些，也远远超过了自己的消费能力。

"可是毕竟是刚刚认识的新同事，而且我和小张的收入差不多，我要是太寒酸不是被别人笑话？"出于爱面子的心理，小刘也放开胆子花掉自己近半个月的收入，购买了一只名牌皮包。

小刘从商场一回来就有点后悔了。和小张快乐的单身生活不一样，小刘去年新婚，每个月还要和丈夫一起偿还一笔不小的按揭款。买一个手提包就花掉了自己半个月的薪水，想想下个月去偿还信用卡的情景，小刘就开始有点担忧。

其实偶尔购买一件"奢侈品"也许算不了什么大事，对小刘来说更重要的是，自己的消费心态受到了不小的影响。小刘心想："女性之间难免进行攀比，想想同事和自己的收入差不多，购物时那么爽快，我心里就开始有点不平衡，为什么我不能像小张那样把自己的消费水平提高一个层次呢？"

在商品供应日益丰富的市场条件下，消费的示范效应也表现得越来越明显，这对市场供求关系也带来了较大的影响。实际上，示范效应随时都左右着人们的经济生活以及消费习惯。当消费者看到有些人因收入水平或消费习惯的变化而购买高档消费品时，尽管自己的收入没有变化，也有可能因仿效他人而扩大自己的消费开支，或者在收入下降时也不愿减少自己的消费支出。甚至会做出"打肿脸充胖子"的不理智行为。

一般人都有攀比的心理，看到别人怎么做，自己就有做同样事情或者比别人做得更好的冲动。这种心理往往会被商家利用，成为商家赚钱的工具。当然这需要商家有敏锐的眼光和洞察力，在某种商品将要流行前就做好分析预测，先下手为强。否则的话只能看着钱流向别人的口袋了。

总之，对于个人来说，了解了示范效应，你就会更清楚地认识到理性消费的必要。不盲目跟风，购买商品之前最好先想一下自己是否真正需要，这东西对自己是否具有价值，以免造成不必要的浪费。

4.认识会员卡背后的"价格歧视"

会员卡可能在很多人的钱包里都有，它可以让消费者享受到不同的优惠：在商场购买流行服饰时，消费者可以享受到8折优惠；当进入饭店就餐时只需付7折的价格……对于这种同样的产品、同样的服务，针对不同的顾客，价格却有一定差别的现象，经济学上称之为"价格歧视"。

"价格歧视"实际是一种价格差异。不同的消费者对不同的产品需求不同，对产品价格的敏感程度不同，导致在不同产品上供求规律表现得有所差别。很多生产商或经销商就会锁定具体的消费者，探索一个适当的价格水平，使得价格和数量都十分符合一类消费群体的要求，最终追求达到利润的最大化。

"价格歧视"是一种常见的定价现象。比如说出一本书，如果你是商家，将书定价50元，只有热心者才会购买，而定价20元，你可以卖给大量偶尔使用它们的顾客，但是却会失去高价出售这种产品的收益。如何选择则取决于每一种类型顾客的数量。如果你能够计算妥当，可以先出豪华本，以50元卖出几千册，再出简装本，以20元卖出几千册，那当然最好不过。

商人卖房子如此，卖汽车也是这样。现在汽车商推出一种新车，往往是先出豪华型、大排量，瞄准对品牌热忱高的一部分消费者，而等到竞争对手新车型上市时再推出标准版，先赚高利润，最后再一网打尽……

对价格歧视可以从它的更深一层的含义加以理解，即卖方垄断厂商

向不同的市场或不同的消费者以不同的价格提供产品，存在两种情况：

（1）市场歧视。指垄断厂商向两个或两个以上的分割市场以不同的价格提供产品，条件是这两个市场之间不能有倒卖行为，否则不同市场的价格会趋于一致。

（2）完全歧视。指垄断厂商把市场细分到这样一种程度，它能以消费者愿意支付的最大价格出售其商品，抽取消费者的全部剩余。

在超市里，消费者只要出示他们的会员卡或积分券，就能买到比别人更加便宜的商品；提前半年预订的机票价格，与人们即买即走的机票价格相比，可以相差好几倍；日本汽车远销到美国，竟然比在日本本土的售价还要低廉；餐厅里同样的一客饭菜，如果客人是最近一个星期曾经光顾过的，就可以打个八折……

可以看到，同样的商品、同样的服务，但是针对不同的消费者，价格却大不相同。

实际生活中，很多餐厅都有赠券和熟客打折的制度，航空公司规定购买"夫妻票"要比分别单买要便宜，"一元一件，四元五件"，这些都是我们身边的"价格歧视"现象。根据顾客购买商品的多少来实施的"价格歧视"，同样可以促进销量，增加交易。

你可以把这类"价格歧视"说成是"不公平"、"不正当竞争"、"欺骗顾客"、"倾销"，也可以说这是"让利"、"优惠"、"补贴"、"扶持"，但那些都是缺乏经济学基础的蛊惑人心的形容词而已。

在银行、航空等行业的服务中，"价格歧视"的现象则存在得更多。公司可以根据乘客对服务的不同需求，制订完全不同的价格，从而在不同类别的乘客身上分别实现收益的最大化，但这种"甄别"或"歧视"的现象，可以是顾客自己选择的，比如顾客开口就要头等舱，显然他愿意为了双脚伸得稍微长一些，或为了在那十来个小时里独占一个电视屏幕，或者为了在旅途中喝点好酒而多付很多额外的钱。另外，对于那些不仅临时更改机票，而且不愿意等待后续航班，说走就要走的"要人"们，航空公司则会额外增收一笔可观的"罚款"。

同时,还有一些顾客遭遇"价格歧视"是由于不经意透露出来的意愿。比如顾客是否愿意花较多的时间在报纸和旅行社之间搜寻,是否愿意提前两周甚至半年预订机票,是否愿意耐心填写"里程奖励计划"的表格并随时留意各种优惠活动等等。航空公司根据这些线索,把"闲人"(也就是时间成本较低的乘客)甄别出来,用低得多的价格吸引他们,从而创造本来不会发生的营业额,增加公司的总收益。

正确认识"价格歧视",你会发现,它在服务企业的同时,也能让消费者受益。

很多消费者在商场可能会发现这种现象:一些厂家对一种商品按不同数量进行分组,制订不同的价格来实施"价格歧视",在销售领域为企业赢得规模经济。比如一些乳酸类产品,1盒酸奶的价格为6.5元,但是3盒捆绑价格为13元。所以,消费者根据需求实际,避免单项选购,绝对是一种省钱的办法。一些游泳馆、羽毛球馆在早锻炼时段、休闲时段、娱乐时段推出不同的价位消费,消费者同样可以减少高价格消费,做到少花钱却能享受到同质服务。

总之,消费者要看清"价格歧视"背后的实质,轻松运用这一经济学原理来服务自己的生活。

5.和商家斗智斗勇:合理看待捆绑消费

如今很多地方的通讯商场用低价手机作为诱饵,来实行"捆绑消费"。有时,一部崭新的手机才卖100元。不少消费者认为可以赚到便宜,但当他们把钱交给卖家后,才发现自己原来被骗了。

小张带女友去逛通讯商场，打算买一部新手机送给她。一个导购拿出一部新手机道"只卖100元"。小张的女友认为这部手机太便宜了，肯定存在一定的质量问题。但奇怪的是，他们里里外外看了好几遍，没发现任何毛病，于是决定买下这部手机。

后来，他们交给对方100元，并得到一张合同让小张签字，小张发现这份合同上存在"捆绑消费"的条款：他们要到某通信公司交74个月的手机话费，每月20元，共计1480元。

本来说100元的手机，突然要再交1480元的话费，这显然是在欺骗消费者。小张和女导购争辩说："你事先没有说明买这部手机要交这么多的话费，你要么把手机给我，要么退我100元，否则我砸了你们的柜台。"女导购见无便宜可占，只好退还给小张100元。与此同时，在距离该柜台不远的另一柜台，也因为"捆绑消费"发生口角。由于消费者是一名女青年，她交的100元未能要回。

该商场的经营者违反了诚实守信原则，侵犯了消费者的公平交易权和自由选择权。通讯商场的强制消费行为，涉嫌强迫交易。

另外，作为消费者本身也应该有所反思，天上没有掉下来的馅饼，对于那些明显低于成本价的商品，一定要三思，要具有维权意识。

(1)消费者有说"不"的权利。

一些买车的消费者投诉，他们去车行买车的同时必须在车行买保险和上牌，否则车行不卖车。比如，何先生在某车行买车时，车都选好了，准备签购车合同，但车行未经他同意捆绑了2项收费服务。在购车时，类似何先生这样遭遇汽车捆绑销售的车主并不在少数。对于这种捆绑营销行为，消费者有说"不"的权利。

这种类似的"低价"宣传活动，很可能暗藏着捆绑消费、降低服务标准等陷阱。车行为了维护自己的利益，宁可放弃售车，其实是很愚蠢的。

(2)消费者应合理看待"捆绑消费"。

柴、米、油、盐、酱、醋、茶，居家过日子，一样也不能少。可这些零打细敲的东西，一是价格低廉；二是保质期短，不能久存；三是体积大，超重，拎回家的过程很痛苦。尽管顾虑很多，但折扣的诱惑力也大。

其实，细思量起来可以发现，很多东西都可以实行捆绑消费，特别是购买那些平常很少打折的生活必需品。捆绑的群体，可以是亲戚，也可以是同事、朋友，也可以是扎堆购物的陌生人。只要目标一致，就可以口头约定捆绑，你实惠，我也实惠。再者，素不相识的过客，有了一次休戚相关的捆绑经历，兴许日后还能成为朋友呢。至于消费商品的种类嘛，小到针头线脑，大到家用电器，只要需要，无一不可。

当然，捆绑消费，绝不是说见便宜就一哄而上，去购物时，仍需左右权衡。一是要物有所值，擦亮眼睛，确认所购商品非次品；二是要物有所用，切忌买回一大堆用不着的便宜货；三是要精诚团结，和谐购物，分摊费用时，可能因零钱不够，出现你多出几毛，她占点便宜的情况，不能因此积怨，否则就失去了捆绑消费的意义。因为捆绑，除了共享实惠，还要共享快乐。

作为消费者，当我们面对"捆绑消费"时，这种商家的戏法有时对我们有利，有时则属于欺骗行为。面对前者，我们可以择其利与商家共赢；但面对后者，我们则要维护作为消费者的权益，让这种玩弄"戏法"的商家没便宜可赚。

6.珠宝和木碗的价值悖论——自相矛盾的商家

有个穷人一贫如洗，除了一只要饭的旧木碗之外，什么财产都没有。

有一天，一只渔船的船家要找个人帮工，穷人想：虽然给的工钱不多，但去帮工总比要饭强。于是他来到这条船上给人帮工。不幸的是，渔船在

航行中遇到了特大风浪，被大海吞没了。船上的人大部分都遇难了。穷人拼命抓住一快木板，才免于一死。

穷人抱着木板随波逐流，被海水冲到一个不知名的小岛上。出门办事的岛民看到昏迷不醒的穷人，就把他带到首领那里。

经过抢救穷人终于醒了过来。休养了一段时间，穷人想告辞回家，为了报答首领的救命之恩，他把他唯一的财产，那只木碗拿了出来送给首领。

哪知首领看见穷人的木碗，感到非常新奇，认为这是一件无价之宝，便送给穷人一口袋最好的珠宝作为答谢，并命人用船把穷人送回家中。

回到家乡，穷人已经变得富有了，他置办土地，购买新的房屋家具。这下子穷人发财的故事在当地传遍了。

一个富翁听到了穷人的奇遇，心中暗想：一只木碗都能换回这么多宝贝，如果我送去很多可口的食品，该换回多少宝贝！于是富翁装了满满一船奇珍异果、山鸡海鲜和美酒佳肴，他历尽艰辛在大海上走了几天几夜，终于找到了穷人去过的小岛。

岛上的首领看到富人送了一船的礼物，非常高兴。他品尝之后赞不绝口，声称一定要把岛上最最珍贵的东西送给富人。

富人心里乐翻天，他想："穷人送一个木碗就能得到那么多珠宝，我送了一船的东西，肯定能得到无数的珠宝。"

富人正在暗自得意，一抬头看见首领双手捧着的珍贵礼物竟然是那只木碗，富人不由得呆在那里，失望之情溢于言表，原来在这个岛上，木碗就最珍贵的礼物啊！

对我们来说，木碗和珠宝到底哪个更昂贵，答案不言自明。你有一只木碗和有一袋黄金，生活境遇绝对不同。那故事中岛上的首领为何觉得木碗是最珍贵的礼物呢？这当中就涉及到经济学中的价值悖论。

所谓悖论就自相矛盾的命题。它是相对于正论存在的。

我们由某种观点得出的结论是正论，当有人根据此观点得出相反的结论,就叫悖论。

两种理论可以同时存在。

价值悖论是指某些物品虽然实用价值大,但是廉价,而另一些物品虽然实用价值不大,但很昂贵的现象。

故事中,穷人和富翁有着截然不同的收获,究其原因是因为岛上的首领对于"最珍贵"这个概念的理解和别人不同。

在他看来,最值钱的是岛上那只稀有的木碗,而珠宝却相对廉价。

故事中珠宝和木碗的价值逆差就是一种价值悖论。

大家对《自相矛盾》这个寓言想必都很熟悉,该寓言出自《韩非子》,讲的是古时候楚国的一个人,一手拿着矛,一手拿着盾在街上叫卖。这时有人问他用你的矛戳你的盾,结果是怎样呢?问得这个人哑口无言。

而200多年以前,亚当·斯密在《国富论》中就提出了价值悖论。他曾指出:没有什么能比水更有用,而它却很少交换到任何东西。钻石除了装饰,几乎没有任何使用价值,但却能交换到大量的商品。这就是水和钻石的价值悖论。

价值悖论与市场供需和商品稀缺性有关。价值决定价格,而某种商品的价格主要取决于该商品的供需量关系。水的市场供应量很大,它的供给曲线和需求曲线相交在很低的价格水平上,这就造成了水的价格低廉。而钻石是稀缺商品,又供不应求,价格自然也就很高。

价值悖论给人们的理财购物带来几点启示。

比如买东西不要盲目追求品牌。如我们想买套家居服穿着舒服,就不必非得进专卖店,只要买一般的就可以了。

再比如买电器,消费者要根据自己想要得到的使用价值来判断。电子产品更新换代很快,也许这月买回家,下个月市场上就有更新的研发产品代替了。新产品刚刚上市,价格一般很贵,消费者若是没有专业用途,不要一味地追求最新配置。适合自己的才是最好的。

女性朋友爱美的天性捧红了化妆品一族,但如今的化妆品市场也是"你未唱罢,我已登场"。选购化妆品的时候千万不能盲目神化高档化妆品

的功效，而应该先选择适合自己肤质、肤色、脸形的化妆品，贵的不一定是好的。

　　价值悖论告诉我们，廉价的商品未必就是次品，昂贵的商品也不一定真的有相应的使用价值。所以消费者在购物时一定要把握一个原则：不追贵的，只买对的。这样才能最大化地发挥我们手中的财富效用。

7.为什么买的永远没有卖的精？

　　"买的没有卖的精"，都是因为卖的人心中有底，而买的人心中无数。双方为了各自的利益，卖的人与买的人永远是一对矛盾体。

　　众所周知，如今在利益的驱使下，消费市场早已不是一片净土，消费者一不小心，也许就会陷入商家精心设计好的陷阱。市场上常见的陷阱一般有如下几种：

　　(1)"打折"陷阱。

　　时下，大到大型商场，小到私人个体摊贩，商品价格打折成"风"。有些商场部分商品确实是打折了，让出几分利益给消费者。但有的商家则是以打折为名，行原价甚至高价出售之实。某服装老板，从南方购回一批新款女装，开始标价180元一套，无人问津。个体老板心生一计，在180后边加个零，再折5折反而出手了。你说消费者冤不冤？

　　(2)"跳楼"陷阱。

　　这类陷阱多半是个体商贩设的，他们喜欢对某件物品标出"跳楼"价，乍看像是把价压得不能再低了，其实溢价不少。只要消费者买了，商贩"上楼"偷着乐还来不及，哪有"跳楼"的事儿。

　　(3)"奖券"陷阱。

　　现在有的商家，为了鼓励消费者购买更多的商品，推出在他这个商场

或专柜买到一定数额的物品,给消费者小得"可怜"比例的奖券。其实,消费者要想占商家这点"便宜",还得要买商品。购买商品小于奖券的数额,商家不补奖券钱;大于奖券数额的,消费者还得再多花钱,结果还是商家上算。

(4)"清仓"陷阱。

只要我们稍微留意就可发现这样一种情况:某闹市在年初就贴出"清仓"大甩卖的广告。小喇叭"里边的物品10元钱一件,随便挑随便捡"震天响。令人纳闷的是,到了年底这家门市还在"甩卖","仓"总也"清"不完。

(5)"搭车"陷阱。

不少商家有言在先,买上千或上万元的物品,指定"免费"送一或几件小物品。殊不知,这些小物品都是质量不过关的残次品,一旦坏了,商家不保修。商家说了,这是我们送的产品,不管"三包",消费者还能说什么呢?天下哪有免费的午餐?

(6)"过季"陷阱。

大自然四季交替,有些商家也趁季节交替之机,玩起了并不"过季"的花招。秋天卖夏季的服装,夏天卖冬季的皮装。看起来消费者能买到"过季"的服装,可能占点小"便宜",其实商家早已把积压的成本金"过继"给消费者了。

(7)"奖物"陷阱。

某商场国庆节前夕,推出买一条甲鱼奖一只乌鸡。细心的人不难发现,这一条甲鱼比平时多卖了将近30元,而一只乌鸡也就是20元左右。原来乌鸡的钱出在"甲鱼"身上。

(8)"装修"陷阱。

有的商场装修,半年前就打出广告,"商场装修在即,所有物品三折起",吸引了广大消费者,销售额成倍地增长,有时甚至超过平时的三到四倍。商家的"猫腻"在于,商场装修在即的广告打出去以后并不急于装修,而是过了三四个月才装修,装修的时间也就一两个月。其实装修时间的销售额早就出来了,只是消费者还蒙在鼓里罢了。

8.注意品牌效应——东西不是越贵就越好

　　什么是品牌？为什么我们愿意花费高于无品牌服装的价格去买品牌服饰？人们大多认为品牌服饰代表了一种精神,品牌的目标群体一定会认同这个精神，当我们看到一个人穿着一件某品牌的衣服之后我们会下意识地把这个人划入这个品牌对应的群体中。品牌用明星做代言的目的也就是让人们认为如果穿上这个品牌的衣服之后会和明星属于同一个群体,这应该是影响力中的"社会认同"在起作用。人靠衣装,就是你穿上什么品牌的衣服你就可能自然而然地成为你所认同的那个群体中的一员，这样个人的心理需求也就得到了满足。

　　名牌效应,可以带动商机,显示出消费者自身身价的同时,也无形中提高了商家的地位,好让更多的高层次消费者光临店面。这只是针对小商家而言的,而对于大厂家,意义又有所不同。名牌也会伴随着大量劣质的冒牌,因为他们永远相信中国的一句古话:真作假时假亦真,假作真时真亦假。各种冒牌抢占市场,而真正的名牌,为了保住自己的消费市场,只好做出降价的选择,但这又正中冒牌商们的下怀,他们可以名正言顺地低价出售他们的所谓名牌,从中谋取暴利。

　　企业的竞争最直接的表现就是产品的竞争。在商品竞争中,商标形象一经确立,其价值也就随之而上升。具有吸引力的、被公认为高质量的产品会占据极为有利的地位。这种地位很难获得,但是如果认真考虑一下它的价值,你会觉得很值得为获得这种地位而努力。

　　假设你打算购买一台新电视机,你正在一家家电专卖商店选购,你已将选择范围缩小到了两种类似的电视机。打开电视机,两台电视机的图像看上去完全一样。事实上，也看不出任何差别，只是一台标价为2000元,而另一台只要1500元。价高的那台是一个你常能在广告里看到

65

的知名品牌,而后者是你从未听说过的品牌电视机。有多少人(包括你自己在内)会决定节约500元,而冒险去买那台"杂牌"电视机呢?尽管大多数人喜欢买便宜货,但是此时绝对要买名牌产品。这就是商标形象的优势。

任何商品都是如此。我们总是先入为主,购买我们知道的名牌商品,认为这些商品比那些不知名的产品质量要好,而且我们固执己见,不愿尝试不知名的产品,唯恐上当。

如今随着商品经济的不断发展,商品日趋丰富多样,这使得消费者越来越难以凭简单的经验和常识,对商品的质量和使用价值等作出判断。此时,产品信誉和企业形象就起了决定性作用,而这些又集中体现在产品的商标上。因而,名牌商标就起着一种导向作用,引导消费者的选择,从而使产品在市场上获得超凡的销售效果。

对多数人来说,当他们在商场购物时,脑海里的第一直觉就是看这个物品的品牌,若品牌在市场上打得响虽然贵些也愿意购买,没有过多地考虑质量,认为质量与品牌是成正比的。品牌好价格贵的产品质量肯定也不差,但价格便宜的产品质量就不敢保证。

其实这是一种很普遍且现实的心态,"一分钱一分货"就是这个道理。但我们也不能否认有些商家正是利用消费者的这种心态,自制"品牌"。虽然给商家的经营带来了可观的效应,但站在消费者的立场,却没有达到东西越贵越好的结果。

针对这种情况,两种消费者要引起注意:

(1)喜欢在专卖店购物的消费者。

这类消费者较注重品牌,对于那些生活在上层社会的人士,他们不会过多追究品牌效应带来的不好效果。这里主要指的是那些喜欢追究品牌的中层社会人士,他们大可不必凡事都追求品牌,可适当选择非高档品牌但适合自己的商品,因为有些非品牌商品的含金量也是很高的,要善于去发现。

(2)偶尔在专卖店购物的消费者。

这类消费者较注重实惠，能够将"一分钱一分货"进行辩证看待。他们善于从非品牌的商品淘宝，买到物美价廉、称心如意的商品。其实这类人群大多数出席正式场合的机会不多，如大学生，他们完全没必要盲目追求品牌。年轻人讲的是"潮"、"时尚"，依据自身条件，有几件品牌衣服是可以的，但不必争面子、装有钱人。有品牌的、贵的东西不一定好，反之亦然。

9.天下没有免费的"续杯"

每个人都是经济人，都试图追求自身利益的最大化。但是，人的理性是有限的，在能轻易获得的利益面前人们往往容易失去理性。因此应该时刻清醒地提醒自己——天下没有免费的午餐。

倩倩走在街上，正为晚饭吃什么而发愁时，这时有两家餐厅映入眼帘。这两家餐厅从表面上看档次不相上下，环境都很好，唯一不同的是第一家餐厅的招牌上标示着：本店饮料免费续杯，而第二家店的招牌上什么也没有。这时，倩倩毫不犹豫地进了第一家店。

当倩倩走进提供饮料免费续杯的餐厅时，她不禁在想，为什么这家餐厅会提供饮料免费续杯的服务呢？它提供这种服务的目的真的是为消费者着想，将消费者当做上帝吗？

"民以食为天"，没有人可以不吃饭过日子，更不可能有哪家餐厅能垄断整个餐饮业。为了在激烈的竞争中取胜，餐厅老板们只能绞尽脑汁想出各种对策以确保自己在存活下来的同时还能够获得更多的利润。餐厅提供免费续杯就是在市场竞争日益激烈的情况下餐厅决策者所作出的一种策略。那么,在这个策略中,谁才是最大的赢家呢?

一般情况下,餐厅里冰茶和苏打水的成本和价格与市场价相差很大,若为顾客提供冰茶和苏打水的免费续杯,经营者其实不会损失什么,然而在消费者眼里,自己已经是占了大便宜。

餐厅提供免费续杯还涉及商品的价值、商品的需求弹性以及商品在消费者中的边际成本问题。如:一杯"雪碧"的价值由原料、服务、品牌等组成。如果其中原料的价格比重小于服务和品牌,那么餐厅续杯的可能性就很大;如果顾客对雪碧的需求弹性小,也就是说雪碧从每瓶5元降到每瓶3元,售出的价格变化也不是很大,那么续杯的可能性就更大。顾客对雪碧的边际成本也可以这样理解,为顾客设置一个满足的标准。若设置满足的标准为一杯,也就是说顾客喝一杯基本上就满足了;若设置标准为两杯,那么餐厅续杯的可能性就会很大。

随着人们生活水平的不断提高,就餐顾客的人数也在逐渐增长,餐厅为顾客提供服务的平均成本就会下降,而且餐厅为顾客所做的每一顿膳食所收取的费用都会远远高于这顿饭的边际成本。在经济学中,边际成本是在销售量的水平上所增加的,就像一个单位的销售量所需要增加的员工工资、原材料和燃料等可变成本。所以,只要能吸收到额外的顾客,餐厅的利润就会有所增加。提供免费续杯吸引到的顾客不在少数,因此,无论从哪个角度来说,餐厅都是最后的赢家。

其实,像饮料这一类的商品,不仅需求弹性大,而且边际效用也很高,所以很多餐厅都会为顾客提供免费续杯的服务,在赢得顾客的同时赚取更多的利润。

作为商家,追求的永远都是利润最大化,提供"免费的午餐"一定是为了从其他方面获取更大的利润。

10.AA制——别让不好意思害了你

AA制的来源："AA"是英文"Acting Appointment"的缩写。16世纪至17世纪时的荷兰和威尼斯是海上商品贸易和早期资本主义的发迹之地。终日奔波的意大利、荷兰商人们已经衍生出聚时交流信息、散时各付资费的习俗来。因为商人的流动性很强，一个人请别人的客，被请的人说不定这辈子再也遇不到了，为了大家不吃亏，彼此分摊便是最好的选择。而荷兰人因其精明、凡事都要分清楚，逐渐形成了"let's go dutch（让我们做荷兰人）"的俗语。而幽默的美国人将这句话引申成为"AA制"。

小李经常遇到这样的事：几个好朋友在外面吃饭，彼此让着点菜。如果是平时小李一个人吃，不一定会选择那些很贵的菜，但是在朋友面前，往往会为了"面子"，点的都是那些价格昂贵的菜。每次吃完饭结账时，都会让他暗自心惊。

那么，AA制是不是可以解决这个问题呢？假设小李和两个好朋友一起去吃西餐，讲好花费三个人平均分担，那么，当小李点自己的餐饮时，他不太会慷他人之慨地搞"多多益善"。因为，虽然他点的东西有三分之二的花费是由另外两位朋友负担，可是他也要负担整个餐费的三分之一。如果小李多点的话，朋友就要多负担，即使别人不说出来，小李心里也会有些不安。反之亦然。因此，将心比心的结果是每个人点的大概会和自己一个人单独进餐时所点的差不多。三个人也许会有一点儿浪费，但绝不会多。

可是，如果小李现在是参加聚餐，总共有30个人，花费也是大家平均分担，情况很可能就大不相同了：小李少点一些，别人只少付三十分之一；

小李多点一些,别人也不过多负担三十分之一。因此小李又何必当傻瓜,浪费一点又有何妨。人同此心、心同此理的结果是每个人最后所点的会远超过三个人吃饭或自己一个人进餐时所点的;而每个人最后所分担的,也就远远高过自己单独进餐时的花费。

透过AA制这种现象,小李明显感觉到:在小团体里人数少时,彼此观察约束比较容易,所以每个人都比较容易有理有节。

当团体变大时,个人的重要性下降,责任感也因而减少,最后呈现出来的往往就是一盘散沙的局面。而且,这种大组织导致的效率低下,在现代生活里几乎随处可见:尖峰时段的塞车,谁都不愿意停在路边休息,让别人先走;社区鱼池里一潭死水、反正自己家里的水族箱生气蓬勃……

这些现象虽然令人难过,但却不至令人困惑——这是人多时很自然的现象。对于这些现象,光作"人心不古、世风日下"的感叹,或者作"复兴文化、发扬传统"之类的呼吁没有用。

我们真正应该做的是利用经济学知识,了解事情背后的原因,以及各种条件的相关结构,然后再考虑如何利用现有的资源进行调整和改变。

例如,现在小李再遇到多人聚餐的场合,就会建议约定每个人花费的上限,这样一顿饭下来,就不会出现太大的浪费了。同理,在社区里,大家可以共同出钱雇请专人,在负责安全之外也负责照料鱼池。

总之,办法总是有的,就看你是不是愿意用心去思考。

11.成就财富与成功的品质:信用

摩根家族创造了美国的商业帝国传奇,而各大商业院校的课堂上"伊特纳火灾保险赔付"也已成为经典案例。

1835年,摩根先生接手一家名叫"伊特纳火灾"的小保险公司,成为这家公司的大股东。

人有旦夕祸福,天有不测风云。在伊特纳火灾保险公司投保的客户发生了火灾,按照规定,保险公司必须完全付清赔偿金,但如果这样,保险公司就会破产。

其他股东们一个个惊慌失措,纷纷提出退股。人无信不可行,商无信不可成。经过再三斟酌,摩根先生认为自己的信誉比金钱更重要。于是他变卖了自己的全部家当,并四处借钱,以低价收购了要求退股的所有股份,并将理赔金全额赔付给了投保的客户。一时间,伊特纳火灾保险公司由一个毫无名气的小公司变得声名鹊起,几乎尽人皆知。

摩根先生虽然成为保险公司的所有者,但却身无分文,公司面临破产。情急之下他告诉客户,凡是再到该火灾保险公司投保的,保险金成倍加收。出乎意料的是,该公司的客户不但没有减少,反而成百倍地增加。

很多人觉得,比起那些知名的大保险公司,伊特纳公司是最讲信誉的,这一点使它倍受客户欢迎。伊特纳火灾保险公司一跃成为美国最为强盛的顶级公司。摩根先生也就是后来主宰美国华尔街的J.P.摩根的祖父,摩根家族更是成为了美国亿万富翁家族。

摩根家族之所以能够崛起,伊特纳火灾保险公司在负债累累濒临倒闭

时,之所以能够重生并发展壮大,摩根先生的"信用"起了决定性的作用。

信用是指遵守诺言,实践成约,从而取得别人的信任。这是对信用的最基本定义,无论从哪个角度讲,信用都离不开这一定义。

中国自古就是礼仪之邦,讲诚信自然是我们的美德。但在商业经营上讲信用除了美德这一美誉之外,还会给人带来意想不到的利益收获。

"诚信兴商"这一词语早已为商界所熟知。很多商户都是靠着诚信打造自己的形象,拓宽自己的销路。

东北地区盛产土豆,这里的土豆每年都会被提前订购,一些薯条加工公司甚至需要超大批量的土豆作为原料。有一年,由于受自然灾害影响,当地土豆减产,而且质量也比往年下降。一个姓余的土豆批发商,把实情告知了与其签合同的公司,并承诺支付赔付,承担所有损失。那一年,该商户赔到家徒四壁的程度。可比克薯条公司听说这件事之后,主动订货上门。从此这位姓余的商户可谓"年年有余",获利颇丰。

如今,"诚信兴商"的理念也已上升到标准化经营、规范化管理的层面。商业信用逐渐形成一种体系,成为打造企业品牌、提升企业形象的科学依据。诚信是商业经营之本,是维系和谐商业环境的首要前提,是商品交易各方约定俗成的道德准则。经商讲诚信也会为企业扩大经营范围、品牌推广扩张提供更多的机会。

诚信是无形的力量,更是无形的财富。除了"诚信兴商"的信用角度,经济学角度的信用还包括以偿还为条件的价值运动的特殊形式。它们大多产生于货币借贷和商品交易中的赊销或预付之中。比如国家信用、银行信用、消费信用等等。这些信用在国民经济生活中无处不在,而且不可忽视地发挥着无可替代的作用。

民无信而不立,信用其实是一种心理现象,是一种个人或团体能力,也是一种经济活动。只有讲信用的商家才会长久地赢得客户赢得市场,才会在经济大潮的风云变幻中立于长盛不衰之地。

前些年,假冒产品泛滥,假烟假酒充斥着市场。震惊全国的苏丹红事件,三鹿奶粉事件,想一想还让人心有余悸。这些假商品的生产商家,只顾眼前的蝇头小利,不顾自己的商业信用,最终的结果无疑是下马跨台,他们将永远没有翻身的机会。

随着国家经济政策的进一步规范和商家经营素质的提高，市场上的假货越来越少,诚信经商已经成了商家们极为看重的一个市场切入点。

步入21世纪以来,中国经济以更加开放的姿态面向世界,信用已经成为必不可少的经营之道。

无论是个人还是商家,无论是街头小贩还是跨国企业,谁坚持诚信谁就赢得了市场,谁信守承诺谁就拥有了发展机遇。在新的经济形势下,信用将为你铺就财富之路。

第四章

辛苦一辈子攒几个钱，
看看有什么办法让钱生钱

许多人辛苦一辈子才攒下那么几个小钱，没理由不动脑筋仔细思考怎样利用它。该存银行还是去炒股？买商铺还是买黄金？这都不是那么简单的一回事。

其实，有专门的一门学问，用经济学的术语来讲叫投资学。无需研究那些运用高等经济学才能解开的投资学难题，我们可以用更简单便捷的方式，看看该如何理财，了解在理财过程中该遵守哪些规则。

1.财务自由——你是在为金钱而工作吗？

财务自由是当你没有上班挣钱的时候,也不必为钱而发愁,因为你有其他的投资理财方式。当工作已不是你养家糊口的唯一方式时,你才达到了真正的财务自由。

财务自由并不一定要拥有很多的钱,而是要求你感觉到生活的自由,了解你自己和你所拥有的,知道即使明天因为生病或是公司裁员你丢了工作,你也不会有大麻烦,仍旧可以舒适地生活一段时间,不必发愁立即找工作。等你年老退休时,也许你的生活不算豪华奢侈,但你依然可以生活得很舒适,不会欠账。偶尔出去旅行,能自给自足。等你去世的时候,你留给家庭的财富会超过你原本拥有的。

财务自由是让你的财富能合理地各自分工、各司其职,充分发挥他们的作用,从而构建起自己的财务自由王国。这其实跟管理公司差不多,一个公司内,各个部门的经理都应该能够独当一面,处理本部门事务,这样作为公司总经理才会比较轻松。

你能够让自己手中财富的作用尽可能地发挥出来，就是在逐步走向财务自由。

2.创造财富的同时,学会保护已有的钱财

可能你也曾听到过这样的说法∶"犹太人是吝啬鬼。"这个说法是有一

定依据的,但也是一种误解。因为犹太人中有很多人是经商的,而且是经商高手。作为商人,对物品斤斤两两的计较和金钱分分毫毫的核算是职业本能的反应。身为商人,如不精打细算,不爱惜钱财,怎能获得经营的盈利呢?

对金钱除了爱之外,还要节。也就是说,除了想发财外,还要想办法保护已有的钱财。用现代的流行语言说,就是要"开源节流"。

美国当今最大财团之一洛克菲勒财团的创始人,洛克菲勒刚开始步入商界之时,经营步履维艰,他朝思暮想发财却苦于无方。

有一天晚上,他从报纸上看到一则出售发财秘诀书的广告,高兴至极,第二天急急忙忙到书店去买了一本。他迫不及待把买来的书打开一看,只见书内仅仅印了"勤俭"二字,使他大为失望和生气。

洛克菲勒回家后,思想十分混乱,几天几夜不成眠。他反复考虑该"秘诀"的"秘"在哪里。起初,他认为书店和作者在欺骗,一本书只有这么简单的两个字,他想指控他们在欺骗读者。

后来,他越想越觉得此书言之有理。确实,要致富发财,除了勤俭以外,别无他法。这时他才恍然大悟。然后,他将每天应用的钱加以节省储蓄,同时加倍努力工作,千方百计增加一些收入。这样坚持了5年,积存下了800美元,然后将这笔钱用于经营石油,终于成为美国屈指可数的大富豪。

努力赚钱是开源的行动,设法省俭则是节流的反映。巨大的财富需要努力才能追求得到,同时也需要勤俭节约才能保持。

世界上大多数富豪都十分注重节俭。如美国连锁店大富豪克里奇,他的商店遍及美国50个州的众多城市,他的资产数以亿计,但他的午餐从来都是1美元左右。

美国克镕石油公司老板波尔·克德也是一位以节俭出名的富豪。有一天他去参观狗展,在购票处看到一块牌子写着:"5点以后入场半价收费。"

克德一看表，当时是4时42分，于是他在入口处等了整整20分钟后，才购半价票入场，节省了25美分。要知道，克德每年收支超过上亿美元，他之所以节省0.25美元，完全是受他节俭的习惯和精神所支配，这也是他成为富豪的原因之一。

在日常生活中，我们经常见到这样的现象：屋外艳阳高照，办公室内却灯光明亮；人离开了办公室，空调却依旧送着凉风；员工下班走了，电脑却整夜开着；这边打着香皂洗手，那边水龙头流水不止；公司发的笔用到一半就当成垃圾丢弃；领用的笔记本每页只写了几个字就另翻一页……

美国《财富》500强的龙头老大沃尔玛，几十年如一日地信守自己的经营法则，坚持开源节流，将利润一点一点累计起来，才终于登上全球500强之首的宝座。某橡胶塑料机械公司包装组的工人们将开源节流落实到日常小事中，一年来为公司节约包装材料费用近5万元。他们对过去配套件拆箱后的包装材料未被利用感到心痛，利用工作空隙从配套件的包装箱上拆下木方、胶合板、角铁等部件归类整理，一年来共回收木方、木板近50立方，胶合板200多张，螺杆、角铁1吨多。

他们将材料重新利用，制作成新的包装箱，包装发往国内近距离用户的产品。这既杜绝了浪费，降低了生产成本，也有助于公司产品竞争力的提高。回收旧料看似小事一桩，时间长了，积累多了，也会像滚雪球一样越滚越大。

美国《时代》杂志发表著名社会学家约翰·杰西克对全美数百个亿万富翁发财致富的调查报告，表明他们有着共同的特点：一是工作勤奋拼命；二是坚信任何行业都能造就百万富翁；三是具备丰富的理财知识；四是口袋里现金不多；五是智商不一定很高但雄心勃勃；六是白手起家；七是生活俭省，不乱花钱，不买奢侈品炫耀，甚至刻意隐瞒财产；八是追求财富永不停步。

其中的第七点就是节俭。而且其他几个共同点,也与我国传统的积累之德极为相似。

可见世界是相通的,人类的求财之道也是大同小异的。

3.要发现你生活与投资的优势所在

投资者一定要记住一点:不是所有的投资都能赚钱,也不存在完全没有风险的投资方式。

从长期来看,股票和房产抵御通货膨胀的能力最强,但如果所有的投资者都基于这个原因, 将大量资金投入这两个领域, 反而会造成价格虚高,也就是泡沫现象。

任何一种投资获得收益, 都是建立在选择合适的时机和价位买进卖出的前提之上的。如果以一个较高的价位买进,本身升值空间就已很小,一旦出现价格回落,贬值也不是不可能的事。美国次贷危机就是一个很好的例子。投资房地产和股票最重要的是掌握时机,掌握不好,就可能适得其反。

一般来说,在土地供应量逐步减少的城市中,房产的增值是必然的趋势。但是房产的流动性较差,在目前房地产市场逐渐走弱的环境下,变现比较困难。相对于房产而言,股票变现则更为容易。

因此,在选择投资方向的时候不能只考虑到通货膨胀的问题,还应当依据你的情况和投资目的进行选择。如果你的投资属于短期性质,那么选择投资股票更适合你的目标。如果你的资金比较充裕,更希望长期投资,那么投资房地产则是一种较佳选择。不动产会使你的资产结构更为稳健,而且其长期的增值效应也颇为可观。

巴菲特说:"45年前我看到机会却没有什么钱,45年后我有钱却找不

到机会。"在他看来，投资时机至关重要，成功投资其实就是成功把握投资的时机。如果选错了投资时机，投资就难免失败；如果抓住了好时机，投资也就成功了一半。所以，他始终都认为：要发现你生活与投资的优势所在。当机会来临时，即你对这种优势有充分的把握时，你就应该全力以赴，孤注一掷。事实上，选择好的投资时机并牢牢地把握时机，也确实是巴菲特最重要的投资技巧之一。

当然，在投资过程中你还需要对资产进行合理的配置，将一些低风险的产品纳入你的投资组合。在目前的情况下，普通投资者应当降低自己资产中储蓄和国债的比例，根据自己的实际情况，在各种理财产品之间进行组合投资。请务必注意是"降低储蓄和国债的比例"，而不是将你所有的资金都投入到其他风险较高的理财产品上。

一般来说，在高通货膨胀时期，中央银行会采取加息等措施抑制经济过热，所以在这种时候选择理财产品时应当注意产品的流动性，不要只根据收益率进行投资选择，适当购买一些短期理财产品或货币基金是一个较好的选择。我们应尽可能将手头的资金投资于股票基金。即使这时需要一定的现金收入，但投资者也可以通过持有支付股利的股票来解决；在极少情况下，可以将部分股票变现，换取收入。这样，投资者将在长期投资中获得利益。

最好将资金分成几个部分，分别投资于3~4种类型的股票基金，如成长型股票基金、价值型股票基金、新兴成长型股票基金等。于是，不管市场上最受投资者追捧的是哪一部分，你总有一部分资金没有踏空。

通过历史表现来寻找未来表现最好的基金，即使不是毫无用处，也是非常困难的。投资者应该注意那些表现稳定的基金并坚持持有。频繁地将资金在不同基金中转换，需要支付较高的手续费，将使投资者的资产净值受到损失。

4.杯子哲理——理财中的固执、马虎和懒惰只能
　使你越来越贫穷

　　小林在朋友的建议下,买了一只基金。在他看来,基金的低风险与平稳收益对他这种谨慎胆小还想发财的投资者而言,是一个不错的选择。

　　前几个月,他的基金表现优异,小林每次上网站看他的基金时,都能由衷地感受到财富增长带给他的惊喜。然而,在接下来的三个月里,这支基金开始不断地"跳空",反复考验着他的心理承受能力,耐住性子的小林坚持认为它是在积蓄力量,酝酿反弹,所以暂时没有采取什么措施。然而,再接下来的好几个月里,小林发现他的这只"鸡"变成了"瘟鸡",长跌不起,到最后几乎是"破罐子破摔",再也不理会小林焦灼的目光了。结果,小林刚刚尝到了一点增值的喜悦,就眼看着这支他寄予了厚望的基金一落千丈。愤怒的小林一气之下,不顾朋友的劝告,立马"杀鸡"——将这支基金低价处理了,并打算从此以后,再也不涉足投资理财了。

　　然而,过了不久,他就尝到了冲动的后果,小林当初买下又抛弃的那支基金奇迹般地咸鱼翻身,一举创下了佳绩,而小林的一时冲动,让他损失的,不仅仅是金钱,更是第一次投资失利的账单。

　　有个寓言故事,说的是一天动物园管理员们发现袋鼠从笼子里跑出来了,于是开会讨论,一致认为是笼子的高度过低。所以它们决定将笼子的高度由原来的十公尺加高到二十公尺。结果第二天他们发现袋鼠还是跑到外面来,所以他们又决定再将高度加高到三十公尺。

　　没想到隔天居然又看到袋鼠全跑到外面,于是管理员们大为紧张,决定一不做二不休,将笼子的高度加高到一百公尺。

　　一天长颈鹿和几只袋鼠们在闲聊,"你们看,这些人会不会再继续加

高你们的笼子？"长颈鹿问。"很难说。"袋鼠说，"如果他们再继续忘记关门的话。"

小林就是这样一个投资者，只知道有问题，却不能抓住问题的核心和根基。一方面他不想让自己辛辛苦苦赚来的钱放在股市里冒险，另一方面，又想很快地让自己的投入取得良好的回报。

风险其实包含着危险和机会两重含义，危险降低收益，而机会则增加收益，而且往往高风险与高收益并存，低风险与低收益相依，这是投资的"铁律"。也就是"小舍小得，大舍大得"。想要低风险高收益，几乎是不可能的。

所以当我们进行投资时，必须考虑到自己能够或愿意承担多少风险，这涉及个人的条件和个性。一个人面对风险表现出来的态度通常可以分为四种状态，分别为：激进型、中庸型、保守型、极端保守型。

有一个故事，说固执人、马大哈、懒惰者和机灵鬼四个人结伴出游，结果在沙漠中迷了路，这时他们身上带的水已经喝光，正当四人面临死亡威胁的时候，上帝给了他们四个杯子，并为他们祈来了一场雨。但这四个杯子中有一个是没有底儿的，有两个盛了半杯脏水，只有一个杯子是拿来就能用的。

固执人得到的是那个拿来就能用的好杯子，但他当时已经绝望之极，固执地认为即使喝了水，他们也走不出沙漠，所以下雨的时候，他干脆把杯子口朝下，拒绝接水。马大哈得到的是没有底儿的坏杯子，由于他做事太马虎，根本就没有发现自己杯子的缺陷。结果，下雨的时候杯子成了漏斗，最终一滴水也没有接到。懒惰者拿到的是一个盛有脏水的杯子，但他懒得将脏水倒掉，下雨时继续用它接水，虽然很快接满了，可他把这杯被污染的水喝下后却得了急症，不久便不治而亡。机灵鬼得到的也是一个盛有脏水的杯子，他首先将脏水倒掉，重新接了一杯干净的雨水，最后只有他自己平安地走出了沙漠。

这个故事不但蕴涵着"性格和智慧决定生存"的哲理,同时也与当前人们的投资理财观念和方式有着惊人的相似之处。

受传统观念的影响,许多人就和故事中的"固执人"一样,认准了银行储蓄一条路,拒绝接受各种新的理财方式,致使自己的理财收益难以抵御物价上涨,造成了财物的贬值。

有的人就和故事中的"马大哈"一样,只知道不停地赚钱,却忽视了对财富的科学打理,最终因不当炒股、民间借贷等投资失误导致了家财的缩水甚至血本无归,成了前面挣后面跑的"漏斗式"理财。

有的则和故事中的"懒惰者"一样,虽然注重收入的打理,但对原有的不良理财方式却懒得重新调整,或者存有侥幸心理,潜在风险没有得到排除,结果因原有不当理财影响了整体的理财收益。

但是,也有许多投资者和故事中的"机灵鬼"一样,他们注重把家庭中有风险、收益低的投资项目进行整理,也就是先把脏水倒掉,然后把杯子口朝上,积极接受新的理财方式,从而取得了较好的理财效果。

"杯子哲理"告诉我们,理财中的固执、马虎和懒惰行为只能使你越来越贫穷。积极借鉴"机灵鬼"式的理财方式,转变理财观念,调整和优化家庭的投资结构,让新鲜的雨水不断注入你的杯子。这样,你才能离有钱人越来越近。

5."九一"法则——哪怕你只收入一块钱,也要把 10%存起来

泰森是全世界最著名的拳王之一,20岁时就获得了世界重量级冠军。在他二十多年的拳击生涯中,一共挣了4亿多美元。但是他的生活极尽奢侈、挥金如土。

　　泰森有过六座豪宅，其中一座豪宅有108个房间、38个卫生间，还有一个影院和豪华的夜总会；他曾买过110辆名贵的汽车，其中的三分之一都送给了朋友；他养白老虎当宠物，最多的时候养了五只老虎，其中有两只价值七万美元的盂加拉白老虎，后来因为法律不允许才作罢，付给训兽师的钱就有12万美元；他曾经在拉斯维加斯最豪华的酒店包下了带游泳池的套房，一个晚上房租15000美金，在这样的套房里点一杯鸡尾酒就要1000美元，而泰森每次放在服务生托盘中的小费都不会少于2000美元；在凯撒宫赌场饭店，泰森甚至带着一大群他叫不出名字的朋友走进商场，一小时就刷卡50万美元，自己却什么都没有买；就在他申请破产之前，他还在拉斯维加斯一家珠宝店中买走了一条镶有钻石的价值17万美元的金项链。由于挥霍无度，到了2004年12月底，泰森的资产只剩下了1740万美元，但是债务却高达2800万美元。2005年8月，他向纽约的破产法庭申请破产保护。

　　通过泰森的事迹我们可以看出：一个人的收入并不等于财富，支出才是财富的决定因素。因此，要积累财富就一定要养成量入为出的良好习惯，否则赚再多的钱都有可能被挥霍殆尽，最后落得两手空空，甚至成为负债一族。

　　有一个人非常富有，有很多人向他询问致富的方法。这位富翁就问他们："如果你有一个篮子，每天早上向篮子里放十个鸡蛋。当天吃掉九个鸡蛋，最后会如何呢？"有人回答说："迟早有一天篮子会被装得满满的，因为我们每天放在篮子里的鸡蛋比吃掉得要多一个。"富翁笑着说道："致富的首要原则就是在你的钱包里放进十个硬币，最多只能用掉九个。"

　　这个故事说明了理财中一个非常重要的法则，我们称之为"九一"法则。即便当你收入十块钱的时候，你最多也只能花掉九块钱，让那一块钱"遗忘"在钱包里。无论何时何地，永不破例。哪怕你只收入一块钱，也要把10%存起来。这是理财的首要法则。

千万别小看这一法则，它将给你带来巨大收获。"九一"法则的意义并不在于存下多少小钱，它可以令你形成一种把未来和金钱统一成整体看待的观念；随着自家水库里水量不断增多，财务上的安全感不断增加，内心变得祥和宁静；它可以使你养成储蓄的习惯，刺激你获取财富的欲望，激发对美好未来的追求。

6.储蓄就像"按揭"——教你储蓄的技巧

要养成储蓄的习惯，并不是一件难事，可是很多年轻人很难自觉做到这一点。许多人一旦向银行贷款买车、买房，或者是刷卡消费，他们便会养成被动还款的习惯。比如说发了工资，每个月第一件事就是要交还车款、房款，偿还信用卡的账款。

如果这种被别人强制的行为，变成了一种自觉的储蓄行为，持续下去就能积累一笔非常可观的财富。

这里，我们借用"按揭"这一提法，希望青年人自觉养成一种习惯，自觉地强制自己储蓄，哪怕一开始是不自觉的，时间久了就会变成一种习惯。对很多年轻人、特别是"月光族"来说，这是迈出理财的第一步。

你每个月发了薪水之后，把10%~15%的薪水强制存入银行，每个月坚持，日积月累，会发现自己积累了一笔可观的财富。

储蓄的技巧如下：

(1)活改通储蓄法。

将你的活期存款改为通知存款，这样既不影响用钱的便利，又可以获得较高的利息收入。有很多股民在"空仓"阶段，股东账户上有大量资金，这些资金"享受"活期存款利率"待遇"，如果将这些资金调回银行账户，并改为通知存款，这笔资金就可多得不少利息。

（2）12张存单储蓄法。

将每月节余的款项都按照1年定期存入银行，1年下来，就有12张存期相同的存单，到期日分别相差1个月。一旦有急用，就可以支取到期或期限最近的存单，让其他的存单继续享受"定期存款利率"待遇。

（3）阶梯储蓄法。

如果手中有10万元，可以分别用2万元开设1张1年期存单，用2万元开设1张2年期存单，用2万元开设1张3年期存单，用2万元开设1张4年期存单（3年加1年），用2万元开设1张5年期存单。1年后，就可以用到期的2万元，再去开设1张5年期的存单，以后每年如此，5年后你手中的存单全部为5年期，只是每张存单到期年限相差1年。这种储蓄方法是保持等量平衡，既保持了存款的流动性，又可以获取5年期存款的高利息。这是一种中长期投资方法，适合家庭积累养老金、子女教育基金等。

（4）4分储蓄法。

如果手中有1万元，并计划在1年内使用，但每次用钱的具体金额和时间不能确定，可以采用4分储蓄法。具体步骤为：把1万元分成4张存单，但金额要一个比一个大，诸如把1万元分别存成1000元的1张，2000元的1张，3000元的1张，4000元的1张，存期均为1年。这样，如果有1000元需要急用，只要动用1000元的存单就可以了，其余的钱依旧可以"躺"在银行里"吃"利息。还可以选择另外一种"4分"的储蓄法，把1000元存活期，2000元存3个月定期，3000元存6个月定期，4000元存1年定期。

7.房奴、卡奴必须知道的一个数字：35%

小张夫妇刚结婚没多久，还没有尝到新婚的喜悦，便过起了拮据的日子。原来双方父母为他们买了一套新房作为结婚礼物，两家老人付了首

付,由小夫妻俩付月供。每月3000元,而他们的月收入一共是4000元!刚刚嫁作人妇的小张,连买一件新衣的余钱都没有,即便这样还需每天精打细算地过日子,而且让她更加寝食难安的是,这种日子不知什么时候才是尽头!

对企业和个人来说,适当地有一点负债并不是一件坏事,它可以通过杠杆作用,帮我们实现更大的收益。但是要注意的是,负债多少,是有个度的限制的,并不是负债越高,好处越多。有专家研究得出结论:个人或家庭的负债率要小于35%(负债率=每月还债数额÷每月实际收入×100%)才不会影响个人的生活质量。高出这个数值,你可能就得为了一个"债"字,过一段捉襟见肘的日子。

8.口袋里留多少应急钱才合适?

初学理财的年轻朋友们,有没有遇到这样一种情况:因为生活中出现了一点小意外,急需钱用,但是又由于自己理财心切,把所有的"闲钱"都用作了投资,结果不得不在股市亏损的时候"割肉赎回",给自己造成不小的损失。

如果你在自己的生活中遇到过这种情况的话,那说明你的财务规划不够合理,财务结构也不安全、不健康。

在安全、健康的财务结构中,会有一个适当的资金流动比率的概念。所谓资金流动比率就是:流动性现金÷每个月支出。流动资金,是指在急用情况下,我们能够迅速变现而不会带来损失的资产,比如现金、活期存款等。

举个例子来说,如果你手中有10000元活期存款,你的日常支出是每

月2000元，那么你目前的资产流动比率就是5，也就是说一旦遇到意外情况，你手上的现金可以维系你5个月的正常生活而不会带来其他的损失。

而如果你手上仍是这么多的活期存款，每个月的支出改为10000元的话，那么你的流动比率就是1，只能维持一个月的生活，这就是不太安全的。

那么，流动比率是不是越高越好呢？绝对不是！很多工薪层的大忙人可能经常会有这种情况：他们把收入往工资卡里一存便不去管它。等到应急时，资产变现得倒是很快，但是这种流动比率过高的情况实际表明，你的很多闲置资金没有为你实现收益最大化，是被浪费了。

而一般来说，健康的财务结构中，流动资金的比率为3~8是最好的。

9.每个月花多少算合理？

在消费上做"月光族"当然不可取，但是因为理财让自己成为守财奴，当苦行僧也是要不得的。我们提倡的理财，是一种攒钱和享受生活双重兼顾的科学理财。

所以，要保持消费和投资有一个适当的度。

先来说说消费，一个人或一个家庭，每个月消费多少才是合理的？才不会让自己入不敷出或者影响生活质量？答案是：40%~60%，也就你每个月的各项消费支出占到总收入的四到六成，这是理财和享受生活的最佳平衡点。

再来说说投资比例的问题。专家给出的建议是，投资的理想指标应该是在50%以上，净投资比率=投资总额÷净资产。除了买房产做投资，我们还应该有国债、基金、股票等能够直接产生收益的资产，投资比率越高，说明我们的投资越多元化，赚钱的渠道越多。特别是随着年龄的增长，这一比率应该逐渐增大,这样,我们对工作收入的依赖程度会大大降低,也就是我们的财务自由度就会大大提高,不会因为失业而使自己面临困顿。

例如,如果一个人靠买基金和炒股的收益就可以支付个人的日常开支,那么这个人的财务自由度就很大,除了基本的生活消费之外,不用为了赚加班费而没日没夜地枯守办公室,还可以有余财安排更多健康、丰富的活动,如旅游、学习等。

10.如果你的投资没有赚到钱,你会怎么想?

我们在某些事情上投入了金钱、时间或精力而又得不偿失,对此,我们往往不从自己身上找原因,这是因为我们不愿放弃那些不正确的投资心态。很多人最终都遭受失败,因为他们光想着如何返本,而不是去把握同时出现的新的机会。在实际生活中,不管你在人际关系、事业或不动产中投入了多少金钱、时间或精力,总是会有不成功的时候,必须保持乐观的投资心态。

投资的目的很简单也很明确:就是赚钱,使自己的投资增值。如果你的投资没有赚到钱,你会怎么想?这是每个投资者都必须面对的问题。价格波动既有规律可循,又存在大量的不确定性。在任何时候你的判断都有可能是错的,当然也有可能是对的。其实所有的投资者都在做同一件事情:努力使自己判断正确的概率大于50%或者更高。永远别希望自己能达到100%的正确,否则,你必将活在惶恐不安之中,因为怕犯错误而不敢做出任何决定。

任何人都会有犯错误的时候。犯错难以避免,我们只要能够让自己尽快从失误的懊恼中走出来,并迅速地改正错误就是了。绝不能犹豫不决,不敢行动。当然,在行动之前你必须做好失败的打算,千万不要孤注一掷。

不要因为损失或者急需用钱而进行交易，别以为市场会因为你的损失而同情你，它就像一台机器，别指望它会在乎你的感受。不要对你的股票或者基金念念不忘，当你把钱投入市场的那一刻，那些钱就已经不属于你或者任何人了，任何进入这个投资领域的人都有权凭借自己的能力或是运气尽可能多地从这里获得财富。赚钱或者赔钱，只取决于你自己的判断，别埋怨任何人。

投资之前须知，机会总是伴随着风险的，当你将资金投入某个价格波动较大的市场中时，你期望的是获得差价带来的利润，同时你选择的是承担风险带来的损失，你不可能只要其中之一。高风险的策略能最大化你做出正确选择时的利润，但它也降低了你做出正确决定的几率。而稳健的策略则能提高你正确的几率，但会减少单笔交易的潜在利润。

所有成功的投资者都有自己的一套投资理念，他们的方法虽然各不相同，但达到的目的却是一样的。方法没有高低之分，有差别的只是运用它们的人。不要妄图兼收并蓄所有的数据、指标和工具。市场只有一个，你所使用的任何工具和方法都是用来解读这个市场的，它们的存在是为了让你和市场进行沟通，你能够同时接听十部电话吗？或者说，你会同时用十部电话打给同一个人吗？如果你能够抓住根本的市场特征，并敏锐地感受到它的变化，你就足以成为一个投资大师了。

因此，无论你采用什么方法，只要它是有效的，只要它让你感觉到方便，只要它能给你带来收益，就应当始终坚持它，并在反复的实践中更熟练地运用它。这就是成功投资者的秘密之一。

投资并不等同于赌博，如果你仅仅是为了追求刺激，那么投资这个行业并不适合你。它并不像媒体上所说的那么惊心动魄、跌宕起伏，在大多数时候，它的过程非常枯燥，一个成功投资者也许会一连几个小时观察行情的变化，紧紧盯着那些无聊的数字，而只是为了短短几分钟的交易。要知道，投资的收益不是按你付出的时间来计算的，决定你收入的唯一标准是你判断的正确性。

成功的投资者常常把更多的时间用于研究而不是交易，在最佳时刻

没有出现时,他们总是在默默承受着孤独。刚开始的时候你也许会非常不适应这种无聊的生活,你会觉得自己似乎孤独地生活在一个数字城堡之中。但当你的付出和忍耐获得了回报以后,你会觉得这一切都是值得的。

当然,仅仅忍受孤独并不能使你成为一个成功的投资者,你还需要独立、坚定、耐心等特质。事实上,给你带来成功的正确决定往往和大多数人的观点相反。

要想拥有一个好的投资心态,不是看一两本书就能够达到的,你需要在不断的交易过程中反复思索,总结成功或失败的经验,锲而不舍地坚持。当你的投资方法已经成为你的性格和习惯的一部分时,你会发现自己已经在不知不觉中抛弃了那些糟糕的心态。

11.赚钱不怕晚,小钱不嫌少

"从小钱开始"是成大事者用的手段,而有些人一心只想着发大财,不屑于赚小钱,结果只能是大钱小钱都没有赚到。

世界上许多富翁都是从小商小贩做起的。只有扎扎实实地从小事情做起,这样从事的事业才会有坚实的基础。如果凭投机而暴富,那么来得快,去得也快,钱赚得容易,失去得也容易。

陈光甫(1881~1979年),江苏镇江人,八岁开始进家乡私塾读书,十二岁被父亲带到汉口报关行做学徒。勤苦敬业,业余自学英语,后考取海关职员,调入双关税司。1904年作为国际博览会中方办事员进入美国,并求得公费留学。在宾夕法尼亚大学商学院攻读财政金融专业。1909年归国后正逢辛亥革命时期,政局不稳,工作屡次变动。1915年与友人集资十万元,创办民营"上海商业储蓄银行",任总经理。

当时上海最小的私营"浙江绍兴银行"尚有资本70万元。而陈光甫仅以10万元开业，被银行界讥讽为不起眼的"小不点"。由于规模小，资金少，"大户人家"根本看不起，当然不会光顾。陈光甫决意以优良服务之长，补"小家当"之短，而向社会中下阶层的中小商户和平民百姓吸收零星存款，赚取蝇头小利以维持生存。

他采用了"一元储蓄"，即以一元钱开户头。开办之初曾被传为笑柄。更有客户故意刁难，用一百元要求开一百个户头。陈光甫诚意照办不误。其热情服务之美誉，从此广为流传。此外，陈光甫为扩大小额储蓄吸收游资，他不甘于坐守阵地，而是派出得力职员，走进工厂、学校等公众场合，大力宣传储蓄的好处，并就地办理存储手续，不但方便了客户，而且吸收了不少存款。这样等于是帮助工薪人员理财安家，渡过了生活难关，很受欢迎。

从1915年至1922年的短短七年中，统计材料表明，陈光甫经营的"上海商业储蓄银行"的存款额高达1345万余元。在当时全国四十五家商业银行中排在第五位。大银行不足挂齿的蝇头小利，终于成就了"不以利小而不为"的银行家的事业。算算吧，1345万元是创业之初10万元的多少倍？

累积七年，每月需吸收多少存款？这些数字并不难算，可是能算出每天所付出的辛苦劳作吗？这就是有些人不愿意的原因！

旧时商人的不舍微利，既体现其"大鱼"、"小鱼"兼得的盈利思想，又表现其经营技巧的高明。微不足道的小商品，往往却是生活中不可缺少的东西，由小主顾引来大主顾，由薄利的小生意做成厚利的大买卖。如此一来，蝇头小利岂不就变成"牛头大利"了吗？

同样，生活当中，也有很多人看不透这个道理，只想着怎么样才能够干一番轰轰烈烈的大事业出来，结果往往都是好高骛远，从而一事无成。殊不知，那一点一滴的小事情才是构成成功的主要因素。

哪个人的成功不是从微小的事情做起，从而积少成多的呢？

在市场经济的环境下，金钱是人们生存的物质条件之一。赚到钱，赚

到更多的钱,会使人们的生活水平大大提高,生活质量大大改善,这当然是大多数人所期望的事。

但怎样赚钱,特别是在资本不多的情况下用小钱赚到大钱呢?用小钱赚大钱,很多人会觉得太难了。其实,这是因为人们的习惯性思维束缚了他们的智慧。

今天,在瞬息万变的市场中,那种只有下大本钱才能赚大钱的思维早已过时,可以说,如果不能充分地了解和把握市场风云变幻的脉搏,即使下足本钱也不一定能赚钱,弄不好甚至还会血本无归。对于微不足道的细枝末节,绝不可以将其草草一笔带过,绝不能因利小而不为!

本章测试:测测你的金钱观

亲爱的读者,下面有一个小的测试,可供您了解自己内心深处对金钱的感觉和情绪。

下列说法对你来说哪些是对的,哪些是错的?在你认为是对的题后的括号里画"√",你认为是错的在题后的括号里画"×"。

1.尽管我赚的钱不断地增加,我还是觉得我应该赚更多的钱。 ( )

2.不管我的钱放在哪里(保险箱、投资、银行或家里),我都会担心失去它们。 ( )

3.我实在无法了解为什么有些人赚钱比我少,还能感到满足。 ( )

4.为钱烦恼或争议不值得。 ( )

5.一旦我终于得到想要的钱,那么钱好像就没有先前那么有价值了。 ( )

6.我一想起过去几年我浪费掉的钱,心情就不好。 ( )

7.如果我有更多的钱,我会更快乐。 ( )

8.我常会想一些我喜欢但又买不起的东西。 ( )

9.我对自己有多少钱知道得很清楚,几乎可以算到个位数。 ( )

10.能不能赚到更多的钱对我来说并不重要。 ( )

11.一天到晚为钱烦心的人无法享受人生。 （ ）

12.当我置身于比我有钱的人当中，我会觉得不舒服。 （ ）

13.我常常觉得，别人总是想占我的便宜，对我的钱盯住不放。 （ ）

14.生活好坏并不能以赚多少钱来衡量。 （ ）

15.当我和比我有钱的朋友出去时，我认为花钱时该由他们来付账。

（ ）

16.我不会为了多赚钱，就放弃自己的原则同他人妥协。 （ ）

17.我必须确知未来5年至10年有财务上的安全，才会真正感到满足。

（ ）

18.我通常都可以得到我想要的东西而不必担心钱。 （ ）

19.当我没有剩余的钱时，我通常会感到一筹莫展。 （ ）

20.要达到我希望的那么有钱，实在要花去我太多的时间。 （ ）

题号答案

1.× 2.× 3.× 4.√ 5.× 6.× 7.× 8.× 9.× 10.√ 11.√ 12.× 13.×
14.× 15.√ 16.√ 17.× 18.√ 19.× 20.×

请对照标准答案，与标准答案一致就记1分，不一样或没有答案则不记分。

评分标准：

得分在0~6分的人：

对自己的财富状况有很大的挫折感并感到焦虑，这种不安全感可能会贯穿与他们有关的所有事情。他们往往会因此退缩，并使得企求安全变得遥不可及，然后造成恶性循环。这种人相信，金钱就等于财富上的满足，他们不能接受"有钱固然好过，但缺钱也不是什么要命事"的说法。得分落在此组的人如果能寻求外来的帮助，如找个心理医生谈谈，可能更有助于提高生活质量并增加成功的机会。

得分在7~9分的人：

情况比上一组好一些,很少有焦虑,多一点自重感,但在财富上仍会感到高度的不安全、不舒适。得分落在此组的人通常相当重视成功的外表,甚至重视到无意地改变自己的价值观和判断。如果你得分落在此组,最好弄清楚你是否了解你所拥有的资产(有形和无形)的价值,而不光是有多少钱。虽然寻求更多的钱和更多的安全感没有什么不好,但若因此觉得维持现状日子会难过或感到无望,就大可不必了。

得分在10~13分的人:

对自己的财富状况视为是正面和负面因素的组合。他们的负面感觉可能来自于这样的事实:别人的财富确实比自己多;或者,可能是以不适当而略带消极的方式来关注自己在财务上的安全性。虽然他们并不满足,但却有足够的个人力量来寻求必要的改变。如果你得分落在此组,不妨继续发挥你的才能,增加自我价值感和自重感,安全和满足以及财富也会随之而来。

得分在14~16分的人:

显示出他们不仅可以支配自己的财富,也可以掌握生活中的其他层面,而有一种"力量感"。这种"力量感"会带来自我尊重,进而迈向成功。他们知道:透过金钱来寻求快乐是荒诞无稽的。得分落在此组其财富观念最为理想。

得分在17~20分的人:

对自己的财富完全满意,几乎全无焦虑,也不在意是否成功。如果你得分落在此组,显然对自己的现状非常满意。这样的得分倒很不错。但希望你是真的满意,而不是出于没有信心,或者天生胸无大志。

第五章

陌生人经济学，
让每一次感动都产生最大效益

如果一家餐厅，有十张限量版的赠券，哪些消费者可能会得到呢？其中一些人到底跟服务生说了什么，竟能在得到免费赠券的同时，还得到对方的珍贵礼物？

从陌生人那里得到实惠前，你首先应该做出怎样的反应？如果你先向一位陌生人给予积极的鼓励，那得到的回报是否也是积极的？

1.自己动手,不一定能丰衣足食

我们一直以来被教导,自己动手丰衣足食,那么真的不论什么事情都应该亲力亲为吗？如果你想写一封信,难道应该自己去砍一棵树,然后找到机器来磨纸浆、造纸,甚至自己做铅笔吗？我们都知道,这是不可能的,因为只要去文具店花少量的钱就可以买到我们写信需要的笔和纸了,根本不需要自己去生产制作,这样极大地节约了我们的时间,给我们带来了便利。

战国时期,有个名叫许行的楚国人来到滕国,他和自己的几十个门徒穿着粗麻织成的衣服,靠编草鞋、织席谋生,以能自耕自足、不求他人为乐,并据此指责滕国的国君不明事理。因为在许行看来:人不能依赖别人,不能向人求助,所以身为一个真正贤明的国君,他既要替老百姓服务,同时还要和老百姓一样自耕自食;如果自己不耕种而要别人供养,那就不能算作是贤明的国君。

一个叫陈相的人把许行的所作所为及其主张告诉了孟子。

孟子问陈相:"许行一定只吃自己耕种收获的粮食吗？"

陈相回答:"是的。"

孟子接着又问:"那么,许行一定自己织布才穿衣吗?他戴的帽子也是自己做的吗?他煮饭的铁甑都是自己亲手浇铸的吗?他耕作用的铁器也都是自己亲手打制的吗?"

陈相回答说:"都不是的。这些物品都是他用米、草鞋、草席这些东西换来的。"

孟子说:"既然是这样,那就是许行自己不明白事理了。"

孟子和陈相的对话，明白地指出不论衣食住行等等，我们都是有求于人的，即使拥有上亿财产，也不见得买得到你真正想要或需要的东西。

很多人信奉"万事不求人"或"求人不如求己"的原则，认为请求别人帮助是自己无能的表现，似乎有些丢脸。这种看法是有失偏颇的。人与人之间的互相帮助是生存与生活的必然现象，而非"无能"或"丢脸"。

2.小狗经济——团队分工与合作

中央电视台的《动物世界》节目中曾播放过一个场面：在非洲大草原上，三只瘦弱的小狗与一只高大的斑马进行了一场生死搏斗。一只小狗咬住斑马的尾巴，任凭斑马的尾巴如何甩动，它都咬住不放；一只小狗咬住斑马的耳朵，任凭斑马如何摇头，它也决不松口；第三只稍显强壮的小狗咬住斑马的一条腿，任凭斑马如何踢弹，它一点也不敢懈怠。

时间一分一秒地过去了，斑马在这些小狗的前后夹击下终于丧失了自卫能力猛然倒地。三条小狗于是置斑马于死地。

经济学家钟朋荣说：：三条小狗能吃掉一匹大斑马，其秘诀在于八个字：分工明确，合作紧密。

事实上，这些动物们的相互合作和分工都是保存种族延续的需要，甚至是从适应环境的需要出发的。从人类的角度而言，也许是因为人类太聪明了，都不愿自己少获得一点利益，在博弈过程中，大多数人宁愿独立获得一分的利益，也不愿合作获得十分的利益。有的即使暂时答应合作，也会因为某些原因半途而废，因为大家在合作的过程中很可能因为某些小事而相互猜忌，最终还是会放弃合作。

最近几年，浙商的势力在不断扩大，如果深究其成功之道，大概就在于团结协作。在经济浪潮中，所有的合作者都会从整体的利益出发，尽量实现利益最大化，这样大家得到的利益反而比单打独斗获得的利益要大很多。有的小厂房只有几十个人，一年的净利润却可以达到上千万。因为所有的工作人员都已经在不知不觉中形成了团结合作的模式，都清楚地知道只有合作起来才能获得最大的利益。

当然，团结协作也是有前提的，假如不能把每个人、每种资源优化合理地进行配置，得到的结果也许还是不能够尽如人意。所有最大利益化的收益都源于资源的合理配置和将这些资源的优势发挥到极致。

在义乌经济发展的历程中，"小狗经济"一直起到了决定性的作用。各个小型企业分工协作，在有限时间内一次又一次地做到了其他人难以做到的成绩，成长为市场竞争中不可小视的一个团体。

千万不要小觑小力量的集合。当我们看到日本联合超级市场，以中心型超级市场共同进货为宗旨而设立的公司的惊人发展，就难免生出如此的感慨。

在1973年石油危机之前，总公司设于东京新宿区的食品超级市场三德的董事长——堀内宽二大声呼吁："中小型超级市场跟大规模的超级市场对抗，要生存下去的唯一途径就是团结。"可是，当时响应的只有10家，总营业额也不过只有数十亿日元而已。但是，现在的日本联合超级市场的加盟企业，从北海道到冲绳县共有255家，店铺数达到3000家，总销售额高达4716亿日元，遥遥领先大隈、伊藤贺译堂、西友、杰士果等大规模的超级市场。而且，日本联合超级市场的业绩，竟然是号称巨无霸的大隈超市的两倍。之后，日本联合超级市场的发展更为迅速。1982年2月底，联合超级市场集团的联盟企业有145家，加盟店的总数有1676家，总销售额2750亿日元。但是，从第二年起，加盟的企业总数就增加为178家，继而187家、200家、253家持续地膨胀，同时加盟店的总数也由1944家增加为3000家……

原来是一个微不足道的超级市场经营者——堀内宽二，凭借着中小型超级市场不团结就无法生存的理念，匆忙成立的联合超级市场，发展到

今天，形成他本人也不曾料想到的庞大阵容。目前，日本全国都可以看到联合超级市场的绿色广告招牌。

中国有句俗语："众人拾柴火焰高。"意思是说，通过联合的力量，以实现个人力量所不能实现的目标。很多小企业、小公司，在激烈的竞争中，被冲撞得东倒西歪，飘飘摇摇，虽然也有顽强的生命力，但终难形成气候。

小企业、小公司，要想在竞争中站稳脚跟，就得联合统一战线，共同出击，以群蚁啃象之势，去迎接各种挑战。

东北有家非金属矿业总公司——辽河硅灰石矿业公司，前身为辽河铜矿，因长年亏损，1983年改换门庭，从事非金属矿的开发与经营，所开采的优质硅灰石全部销往日本、韩国，公司效益也真正红火了几年。

据称，日本商人将石头买上船，在回日本的航程中就加工成立德粉、钛白粉，中途返航，再运往上海、天津等地。

辽河硅灰石矿业公司于1990年从日本引进加工生产线，掌握了生产立德粉、钛白粉的技术，并从1992年起，开始生产建筑涂料。从1993年开始，所产硅灰石滞销，生产的涂料市场滑坡，公司严重亏损。1997年，辽河公司宣布破产，原来的各分厂，全部被私营单位买断。

1999年，日商再次光顾辽河公司，与私营小公司老板商榷购买200万吨硅灰石粉的合同。可是，各自为阵的小公司并没有这个魄力，也不可能在1年半的时间内完成合同任务。

眼睁睁看着煮熟的鸭子就要飞了，就在日商即将离开之际，辽河其中一家公司的经理郝为本横下心，与日商签了合同。

郝为本心里清楚，如果不能按期交货，日商的索赔，会让他倾家荡产，弄不好还得蹲大牢。但到口的肥肉，总不能不吃吧。

郝为本拿着合同，请其他几家小公司的经理聚到一起，认真研究，联合起来一同吃掉这条大鱼。经过任务分配，平均利益，几家公司立刻行动起来。

九家公司经过有力的联合,一年半的时间内,终于如期完成了任务。

上述事例正印证了虾米联合起来足以吞掉大鱼的事实。因此,在现实生活中,当你觉得仅凭一己之力难以应对时,完全可以采取这种办法,把可以借力的伙伴联合起来,这种小力量的集合会给你带来更多收获。

3.看菜吃饭、量体裁衣——要了解办事对象

求人办事之前,一定要对办事对象的情况进行客观的了解。只有知己知彼才能针对不同的对手,采取不同的会谈技巧。

办事时要见什么人说什么话, 说话不看对象就达不到求人办事的目的,更不能顺利地把事情办好。因此在求人办事的过程中一定要根据各种人的身份地位、性格爱好和其心理采取不同的处理方式,并把握好分寸。

有个叫刘至的人在吏部做官,提拔了很多同乡人。魏明帝察觉之后,便派人去抓他。他的妻子在他即将被带走时,赶出来告诫他说:"明主可以理夺,难以情求。"让他向皇帝申明道理,而不要寄希望于哀情求饶。因为,依皇帝的身份地位是不可能随便以情断事的,皇帝以国为大,以公为重,只有以理断事和以理说话, 才能维护好国家利益和作为一国之主的身份地位。

于是,当魏明帝审讯刘至的时候,刘至直率地回答说:"陛下规定的用人原则是'唯贤是举',我的同乡我最了解,请陛下考察他们是否合格,如果不称职,臣愿处罚。"魏明帝派人考察刘至提拔的同乡,他们倒都很称职,于是将刘至释放了,还赏了他一套新衣服。

　　说话要考虑对方的身份地位，刘至提拔同乡，根据的是朝廷制定的荐举制度。不管此举妥不妥当，它都合乎皇帝在其身份地位上所认可的"理"。刘至的妻子深知跟皇帝难于求情，却可以"理"相争，于是叮嘱刘至以"举尔所知"和用人称职之"理"，来规避提拔同乡、结党营私之嫌。

　　求人办事，除了要考虑对方的身份以外，还要注意观察对方的性格。一般说来，一个人的性格特点往往会通过自身的言谈举止、表情等流露出来，如：那些快言快语、举止简捷、眼神锋利、情绪易冲动的人，往往性格急躁；那些直率热情、活泼好动、反应迅速、喜欢交往的人，往往性格开朗；那些表情细腻、眼神稳定、说话慢条斯理、举止注意分寸的人，往往性格稳重；那些安静、抑郁、不苟言笑、喜欢独处、不善交往的人，往往性格孤僻；那些口出狂言、自吹自擂、好为人师的人，往往骄傲自负；那些懂礼貌、讲信义、实事求是、心平气和、尊重别人的人，往往谦虚谨慎。

　　与不同性格的对象对话，一定要具体分析，区别对待。

　　《三国演义》中，马超率兵攻打葭萌关的时候，诸葛亮私下对刘备说："只有张飞、赵云二位将军，方可对敌马超。"这时，张飞听说马超前来攻关，主动请求出战。诸葛亮佯装没听见，对刘备说："马超智勇双全，无人可敌，除非往荆州唤云长来，方能对敌。"张飞说："军师为什么小瞧我！我曾单独抗拒曹操百万大军，难道还怕马超这个匹夫！"诸葛亮说："马超英勇无比，天下的人都知道，他渭桥六战，把曹操杀得割须弃袍，差一点丧命，绝非等闲之辈，就是云长来也未必能战胜他。"张飞说："我今天就去，如战胜不了马超，甘愿受罚！"诸葛亮看"激将"法起了作用，便顺水推舟地说："既然你肯立军令状，便可以为先锋！"

　　性格有时会影响做事的效果。诸葛亮针对张飞脾气暴躁的性格，常常采用"激将法"来说服他。每当遇到重要战事，先说他担当不了此任，或说怕他贪杯酒后误事，激他立下军令状，增强他的责任感和紧迫感，激发他的斗志和勇气，扫除他的轻敌思想。

101

我们在办事时,虽然被求者的情况有种种不同,如对方的兴趣、爱好、长处、弱点、情绪、思想观念等,这些都是需要注意的内容,但身份与性格却是必须要优先注意的。比如,知识高深的对象,对知识性的东西抱有极大的兴趣,不屑听肤浅、通俗的话,应充分显示你的博学多才,多作抽象推理,致力于对各种问题之间内在联系的探讨。

4.从语言了解对方,是取得胜利的关键

我们可以从对方言谈的细微之处观察其性格特征和内心活动。在谈吐中常说出"果然"的人,多自以为是,强调个人主张。经常使用"其实"的人,大多希望别人注意自己,他们任性、倔强、自负。经常使用"最后怎么怎么"一类词汇的人,则大多是其潜在的欲求未能得到满足。

说话前要揣摩对方的心理。通过对手无意中显露出来的态度及姿态,有时能捕捉到比语言表露更为真实、微妙的思想。例如,对方抱着胳膊,表示在思考问题;抱着头,表明一筹莫展;低头走路,步履沉重,说明他心灰气馁;昂首挺胸,高声交谈,是自信的流露;女性一言不发,揉搓手帕,说明她心中有话,却不知从何说起;真正自信而有实力的人,反而会谦虚地听取别人的讲话;抖动双腿常常是内心不安、苦思对策的举动,若是轻微颤动,就可能是心绪悠闲的表现。

对办事对象的了解,不能停留在静观默察上,还应主动侦察,采用一定的侦察对策,激发对方的情绪,才能够迅速准确地把握对方的思想脉络和动态,从而顺其思路进行引导,这样的会谈更易于成功。

如果对方说:"我没时间!"

那么你应该说:"我理解。我也老是时间不够用。不过只要3分钟,你就会相信,这是个对你绝对重要的议题……"

如果对方说："我现在没空！"

那么你就应该说："先生,美国富豪洛克菲勒说过,每个月花一天时间在钱上好好盘算,要比整整30天都工作来得重要！我们只要花25分钟的时间！麻烦你定个日子,选个你方便的时间。我星期一和星期二都会在贵公司附近,所以可以在星期一上午或者星期二下午来拜访你一下。"

如果对方说："我没兴趣。"

那么你就应该说："是,我完全理解,对一个谈不上相信或者手上没有什么资料的事情,你当然不可能立刻产生兴趣,有疑虑有问题是十分合理自然的,让我为你解说一下吧,星期几合适呢?……"

如果对方说："我没兴趣参加。"

那么你就应该说："我非常理解,先生,要你对不晓得有什么好处的东西感兴趣实在是强人所难。正因为如此,我才想向你亲自报告或说明。星期一或者星期二过来看你,行吗?"

如果对方说："请你把资料寄过来给我怎么样?"

那么你就应该说："先生,我们的资料都是精心设计的纲要和草案,必须配合人员的解说,而且要根据个人情况进行修订,等于是量体裁衣。所以最好是我星期一或者星期二过来看你。你看上午还是下午比较好?"

如果对方说："抱歉,我没有钱。"

那么你就应该说："先生,我知道只有你才最了解自己的财务状况。不过,现在赶快做个全盘规划,对将来才会最有利。我可以在星期一或者星期二过来拜访吗?"或者是说："我了解。要什么有什么的人毕竟不多,正因如此,我们现在开始选一种方法,以最少的资金创造最大的利润,这不是对未来的最好保障吗? 在这方面,我愿意贡献一己之力,可不可以下星期三,或者周末来拜见您呢?"

如果对方说："目前我们还无法确定业务发展会如何。"

那么你就应该说："先生,我们行销要担心这项业务日后的发展,你先参考一下,看看我们的供货方案优点在哪里,是不是可行。我星期一过来还是星期二比较好?"

如果对方说："要做决定的话,我得先跟合伙人谈谈!"

那么你就应该说："我完全理解,先生,我们什么时候可以跟你的合伙人见一面?"

如果对方说："我会再跟你联络。"

那么你就应该说："先生,也许你目前不会有什么太大的意愿,不过,我还是很乐意让你了解,要是能参与这项业务。对你会大有裨益!"

如果对方说："说来说去,还是要推销东西?"

那么你就应该说："我当然是很想销售东西给你了,不过要是能带给你让你觉得值得期望的,才会卖给你。有关这一点,我们要不要一起讨论研究看看?下星期一我来看你?还是你觉得我星期五过来比较好?"

如果对方说："我要先好好想想。"

那么你就应该说："先生,其实相关的重点我们不是已经讨论过吗?容我直率地问一问:你顾虑的是什么?"

如果对方说："我再考虑考虑,下星期给你电话。"

那么你就应该说："欢迎你来电话,先生,你看这样会不会更简单些?我星期三下午晚一点的时候给你打电话,还是你觉得星期四上午比较好?"

如果对方说："我要先跟我太太商量一下。"

那么你就应该说："好,先生,我理解。可不可以约夫人一起来谈谈?约在这个周末,或者您喜欢的哪一天?"

5.首因效应——进入人们大脑的捷径

要想"在对方头脑里留下不可磨灭的印象",你首先需要的就是一个末受其他品牌玷污的大脑。

你如果不是第一个进入预期客户头脑的(无论是作为个人、政客还是商家)，就会遇到定位问题。

在体育竞赛中，命运总是钟情跑得最快的马，实力最强的队伍或技艺最高超的运动员。

在智力竞赛中，命运垂青的总是进入预期对象头脑里的第一个人，第一种产品，第一个政客……

在广告中，第一个站住脚的产品占有巨大的优势，施乐、宝丽来(Polaroid)，宝宝乐(Bubble Yum)就是典型的例子。

你不妨问自己几个简单的问题，看看这个原则是否有效。

第一个独自飞越北大西洋的人叫什么名字？查尔期·林德伯格(Charles Lindberg)，对吧？

那么，第二个独自飞越北大西洋的人叫什么呢？不那么好回答了吧？

第一个在月亮上行走的人叫什么名字？当然是尼尔·阿姆斯特朗(Nell Armstrong)了。

第二个做这壮举的人姓甚名谁？

世界上最高的山峰叫什么？喜玛拉雅山的珠穆朗玛峰，对吧？

世界第二高峰叫什么？

你第一次爱上的人叫什么？

那么第二个呢？

……

第一人、第一峰、第一个占据人们大脑的名称很难从记忆中抹掉。

照相业的柯达(Kodak)、计算机业的IBM、普通纸复印机业施乐(Xerox)、租车业的赫茨(Hertz)、可乐业的可口可乐、电气业的通用电气公司(GE)，都在此列。

第一印象具有鲜明、深刻等特点，因此，第一印象的好坏直接关系到交往的进行。

要给对方留下良好的第一印象，社交者首先应注意自己的外貌和举止。外貌包括衣着、发型等。一个成功的社交者，其衣着应符合自己的身

份,并要根据自己的年龄、身材来决定服装的样式与色彩,做到贴身、整洁、美观、大方。发型则要考虑自己的脸型、职业及时令,以自然端庄取胜。

在交际中,优雅的举止是社交的润滑剂,能起到推进交际进行的作用。举止不当是缺乏修养没有风度的自然流露,会影响自身的形象塑造,引起对方的不快,不利于社交的进行。

在第一次会面时,首先要强调举止大方。大方得体是自尊心、自信心的一种正确表现。交际者行为大方、动作洒脱,给对方开朗、坦率的感觉,从而刺激对方的交际欲望。但大方不能过头,还应该保持稳重,举止稳稳当当能让对方感到踏实放心,觉得你是可以信赖的,心灵的大门也就愿意为你打开。在社交中,由于交际双方处于平等地位,因此第一印象的好坏不仅与交际者本人的容貌举止、应酬答对有关,还与对方的性格特征、年龄职业有关。

这就要求在交际时要细心观察,注意对方的心理特征和性格爱好,做到一把钥匙打开一把锁。如对方反应迅速、活泼好动、善于交际,那么交际者就要在大方稳重的基础上注意语言的流利和谈吐的幽默;倘若对方安静稳重、沉默寡言、反应缓慢,交际者的行动就不能大大咧咧、毛手毛脚,而宜做推心置腹式的谈心。谈话应含蓄文雅,并力求词能达意。这样根据不同的对象采取不同的交际方法,可以使对方感受到交际者的一片真诚,促进双方交往。

每个人都懂得第一印象的重要性,这在商场上尤其重要。商场上的交往不同于一般交往,可以依靠时间来考验——可长可短,由自己决定;再者,做生意对人有不同的要求,大家都懂得商界有风险,所以打交道时也格外谨慎。前者决定了人们在商务交际中都不愿浪费时间,所以不必也不愿去应付一些与实际无关的人和事,后者则决定了双方不可能一下子就亲密无间。所以第一印象就显得异常重要,唯恐弄不好就会永远失掉机会,或者使对方更加提防。

好在第一印象是能够创造的。俗话说:"石头是死的,人是活的",人们可以根据时间、地点、交际对象的情况来创造环境和气氛,在别人心目中

建立一种好的印象。

一般说来,初次见面,要想给对方留下好印象需注意下面几点:

(1)按照对方习惯的规则行事,不对对方的生活习惯构成威胁;

(2)做对方喜欢的事,不做对方不喜欢的事;

(3)证明别人的看法和观点是对的,而不是强求别人接受自己的看法和观点;

(4)你是否是对方喜欢打交道的那种人;

(5)你的举止言谈和对方最不喜欢的那类人有没有共同之处。

这几条归纳起来, 可以称为 "一致原则"、"讨好原则"、"合作原则"、"期待满足原则"和"安全原则"。

显然,这"五项原则"对不同的人有不同的要求。这一方面说明生活和人是复杂的,并没有统一的模式;另一方面也说明创造好印象是绝对可能的,不管你本人的条件如何,只要你摸清了情况,把握了对方的心理,就一定能够创造奇迹,给对方留下美好的印象。

这种好印象往往来自以下几个方面:

一是尽可能了解对方。这是创造良好第一印象的基础。

所以,一般西方人在交际中都极注意收集对象的资料,从商务状况到个人爱好都非常重视。这也就是说,所谓"第一次见面"只是表面上的,实际上并不是对对方一无所知,一切都不过是"装着不知道"而已。比如与一位四川人一起吃饭, 你有意无意地向对方大大赞美一番川菜而对方并不认为你知道他是四川人,一定会得到良好的反馈。

有时,你可以"制造"一个机会,策划好一个小事件,显得是偶然巧合。

一本纪实小说曾写了这样一个情节:1960年夏天, 一个星期六的下午,一位五官端正、衣着入时的青年手捧一束红玫瑰,礼貌地敲一间公寓的门。公寓的主人是联邦德国外交部年轻女秘书海因兹。她谨慎地打开门,面对这位不速之客,她不知所措,难堪之余,这位男士连连道歉:"我敲错了门,是个误会,请原谅。"然后转身离去。未走两步,又转身走过来对海因兹说:"请收下这束鲜花,作为我打扰你的补偿。"海因兹盛情难却,把他

请进房里，两人就这样认识了。实际上，这个偶然的误会是男青年早就策划好了的。不过，像这样的善意"欺骗"，要注意，前提是并不伤害对方的自尊。

还有两个小技巧，让你"快速"进入对方的大脑。

制造自然接近对方身体的机会。

这是某位评论家在杂志上提到的，当他在百货公司买衬衫或领带时，女店员总是会说："我替你量一下尺寸吧！"每当这时，这位评论家都会在心中喝道："嗯！这种方法真不错，我上当了。"这是因为对方要替你量尺寸时，她的身体势必会接近过来，有时还接近到只有情侣之间才有的极近距离，使得被接近者的心中，兴起一种类似谈恋爱的兴奋感。

每个人对自己身体四周的地方，都会有一种势力范围的感觉，而这种靠近身体的势力范围内，通常只能允许亲近之人接近。相反，像这位评论家一样允许别人进入你的身体四周，就会有种已经承认和对方有亲近关系的错觉，这一点对任何人来说都是相同的。推销员就常利用这种方法，一边谈话，一边很自然地移动位置，挨到顾客身旁。

因此，如果你想及早造成亲密关系，可以试着制造出自然接近对方身体的机会。前提是一定要自然，搞不好弄巧成拙就得不偿失了。

对初次见面的对方，采取位于旁边的位置。

每个人都有同感，就是和初次见面的人面对面谈话，是一件不太好受的事。这是因为两人的视线极易相遇，而导致两人之间的紧张感增加。一位富豪曾经谈起，如果有他不愿意借钱给他的人向他借钱，他就会和他面对面交谈。因为这样谈话会使对方紧张而不敢乱开口，即使借给了他也不敢不还，而相反借钱不还的，都是坐旁边位置谈话的人。

与人交谈时坐在旁边的位置，自然就会相对放松下来，这是因为不必一直留心对方的视线，而只在必要时同他对视即可。坐在对方身旁的位置与之交谈，对亲近感的增加很有帮助。

二是营造良好的气氛。

这个气氛有两方面的意义，一方面是让对方感到舒服，符合对方的喜

好;另一方面也是让对方了解你的格调。

不要过于严肃或带着架子,如能幽默一点,效果会更好。有的人自我感觉很好,而且各方面条件确实不错,但为什么常常在搭讪时遭到冷遇,自讨没趣?关键就是有优越感,高高在上,谈起自己眉飞色舞,这是令人讨厌的。即使你取得了巨大成功,但如果一味地自吹自擂,只会令人望而远之。一般而言,人们对那些经历坎坷、屡遭不幸而最终出人头地的人容易产生同情、亲密和佩服。因此,政治家或歌星,为了提高知名度和赢得支持,往往再三渲染自己为取得成功付出的巨大努力或童年的不幸遭遇。这实际是一种技巧,用所谓心理学上的通感现象来赢得人心。

三是制造话题。

即让对方有话可说,发挥对方的长处,这样才能显示自己的兴趣正好和对方一致。寻找共同点作为话题,可"粘"住对方。"物以类聚,人以群分",每个人的社交圈,实际上都是以自己为圆点,以共同点(年龄、爱好、经历、知识层次等)为半径构成无数的同心圆。共同点越多,圆与圆之间交叉的面积越大,共同语言也越多,也越容易引起对方的共鸣。比如,同班同学就比同校学生亲密,同宿舍的又比同班的要好,同桌比同宿舍的更容易建立起牢固的友谊,如果既是同桌又是老乡,那简直可以成为铁哥们。因此,在与他人搭讪时,一定要留意共同点,并不断把共同点扩大,对方谈起来才会兴致勃勃,谈话才会深入持久。

如美国电影《丛林历险记》中有这么一段情节:彼此陌生的男女主人公坐在火车上,看得出,这位仁兄对坐在对面的女士颇有好感,于是他开始没话找话:"小姐,请问去哪里?你没带行李,估计不是出来旅行的吧。"女士回答:"我去菲尔德镇,没必要带行李。""哦,菲尔德镇,那可是个风景优美的好地方,难道不是吗?"女士笑着点了点头。那位先生又说:"对了,车站边的那个咖啡馆还在吗?一年前我去过一次,那儿的咖啡味道真是棒极了!"女士:"是的,我周末也常去那里,气氛挺不错,布置得也很有情趣。"……

就这样,双方从一个小镇谈到咖啡、共同的爱好、对方的姓名、生活经

历等等,共同点不断扩大。待女士下车时,彼此俨然成了一对依依不舍的朋友。

多谈对方关心的事情,免得使对方反感。搭讪中,你不可大肆吹嘘自己,这只会令对方反感。你必须把对方关心的事放进去。对方关心什么呢?人们最关心的是自己,这是人类最普遍的心理现象。比如,当我们观看一张合影相片时,最先寻找的通常都是自己,如果自己的面目照得走了样,就会认为整张照片拍得不好。因此,你必须谈对方所关心的,不断提起、不断深化,对方不仅不会厌恶,而且还会认为你很关心体贴他(她)。

四是有所承诺。

承诺并不一定是指生意上的,很可能是某些很细小的事情,比如查一个日期,告诉对方他想知道的某天报纸上的一则报道。承诺是为了使别人感到可以信赖,有兴趣和你继续交往,这也说明好的第一印象并非一见面就确定下来, 很可能是在见面之后才形成的。比如对方无意中提到一件事,也根本没想到你会记得它,结果第二天就接到你的电话,你认真地告诉了他有关的资料,这肯定会给对方一个难忘的印象。

6.期待效应——他会成为你想象中的那种人

1960年, 哈佛大学的罗森塔尔教授曾在加州一所学校做过一个关于期待效应的实验。

新学期,罗森塔尔以及参与实验的人员,来到一所学校,他们以"未来发展趋势测验"为名,要求校长对两位教师说:"根据过去三四年来的教学表现,校方认定你们是本校最好的教师。为了能够培养更多的优秀人才,也为了奖励你们,本学期,校方特地挑选了一些智商比同龄孩子都要高的学生让你们教,学校相信,有你们这些优秀的教师,加上这些高智商的学

生，他们会变得更加优秀，但你们无需特例，只需像平常一样教他们即可。"这两位教师听后感到非常自豪，也更加努力地教学。

一年后，这两个班级中的学生是全校中最优秀的，成绩也比其他班学生的成绩要高出几倍。后来校长把这个真相告诉了老师，这些学生的智商并不比其他学生高，他们是在学生中随机抽取的，他们两个也不是本校最好的教师，也是在教师中随机抽取的。

为什么会出现这样的现象？心理学家指出，这种用直接或者间接的话语、行为，期待将美好的愿望变成现实的心理，在心理学上称为"期待效应"的影响力，也就是直接告诉他人成为你想象中那个人的影响力。实验中，实验人员对校长的期待、校长对老师的期待，左右了教师对名单上学生能力的评价。而教师又通过这一心理活动，把这种积极的感情、语言、行为传递给学生，从而使学生因这种期望，萌生出自尊、自爱、自强、自信的力量，而成为优秀的学生。

心理学上的这种效应告诉人们，在人际交往以及为人处世中，要想有效地影响对方为自己办事，就要对对方寄予某种期望并且要将这种期望通过言语表达出来，让对方知道你有这方面的期望，这利于对方产生出相应于这种期望的特性。无论是爱、称赞、感谢、期盼，还是其他，都应该说出来让对方知道。如果你认为只放在心里就行了，那就大错特错了。对此，不妨看看卡耐基小时候的事情。

卡耐基很小的时候，他的亲生母亲就去世了。9岁那年，他的父亲给他娶了一个继母。继母进门的第一天，父亲便指着卡耐基对继母说："他，你可要小心了，他是邻居们公认的坏孩子，也许以后最令你头疼的事情，便是他惹出来的。"

本来卡耐基对继母就有想法，所以产生了抵抗情绪，但继母的举动却让他感到意外。她走到卡耐基面前，用手轻轻地抚摸着卡耐基的头部，然后笑着责怪他的父亲说："你怎么能这么说呢？你看他现在多乖，应该是最

111

聪明听话的孩子。"

继母的话让卡耐基感动万分,就连他母亲在世的时候,也没有这样称赞过他。正因为这句话,在以后的日子中,他和继母相处得很好。

著名的心理学家杰丝·雷尔说:"称赞对温暖人类的灵魂而言,就像阳光一样,没有它,我们就无法成长开花。但是我们大多数人,只是敏于躲避别人的冷言冷语,而我们自己却吝于把赞许的温暖阳光给予别人。"生活需要像称赞一样直接明了的期望,因为这种期望更易于被人理解,也更易于让人接受。当人们完全地理解并接受了这样的称赞后,它就能转化成无穷无尽的力量,也能够促使人们向着这个方向发展。

俗语言:"善意需要适当的行动表达。"事实就是这样。当你试图影响对方做某件事情的时候,只有让对方完完全全地明白了你的意思,并懂得了你的期望,他才能更好地向着你期望的方向发展,你才能更好地影响对方。

7.在任何谈判展开之前,准备得越充分,对自己越有利

你去买水果,卖方开口就是高价的策略,比如市场价是8块,卖方开价12块,这个时候,不熟悉市场行情的你很有可能砍到10块,卖方心理窃喜,一边给你称水果,一边还郁闷地夸你会砍价,让你愉快地结束了这次购买。其实,在整个过程中,你是被对方所操纵着。

你想寄一份快递,之前没有类似的经验,于是你给某家快递公司打电话,通过简单几句对话,对方判断出你是一个新手,于是骗你说要20元钱。你想了想,开始讨价还价,最后15元成交。当你为自己的谈判水平感到洋

洋得意时，其实市场的行情也就8到10元而已，甚至更低！只不过，你没有摸清楚行情。

如何才能避免被对方操纵呢？在任何的谈判展开之前，准备得越充分，对自己也越有利，对方自然很难操纵你。

美国人一向十分注重在行动前总要把目标方向了解清楚，不主张贸然行动。所以，他们的生意成功率十分高。

美国商人在任何商业谈判前都会先做好周密的准备，广泛收集各种可能派上用场的资料，甚至连对方的身世、嗜好和性格特点也要详细了解，使自己无论处在何种局面，均能从容不迫地应对。

一次，一家美国公司与日本公司洽谈购买国内急需的电子机器设备。日本人素有"圆桌武士"之称，富有谈判经验，手法多变，谋略高超。美国人在强大对手面前不敢掉以轻心，组织精干的谈判班子，对国际行情做了充分了解和细致分析，制定了谈判方案，对各种可能发生的情况都做了预测性估计。

美国人尽管做了各种可能性预测，但在具体方法步骤上还是缺少主导方法，对谈判取胜并没有十分的把握。谈判开始，按国际惯例，由卖方首先报价。报价不是一个简单的技术问题，它有着很深的学问，甚至是一门艺术：报价过高会吓跑对方，报价过低又会使对方占了便宜而自身无利可图。

日本人对报价极为精通，首次报价1000万日元，比国际行情高出许多。日本人这样报价，如果美国人不了解国际行情，就难免会以此高价作为谈判基础。但日本人过去确实曾卖过如此高价，有历史依据，所以即便美国了解国际行情，不接受此价格，他们也有辞可辩，有台阶可下。

事实上美国人已经知道了国际行情，知道日本人在放试探性的气球，果断地拒绝了对方的报价。日本人采取迂回策略，不再谈报价，转而介绍产品性能的优越性，用这种手法侧面支持自己的报价。美国人不动声色，旁敲侧击地提出问题："贵国生产此种产品的公司有几家？贵国产品优于德国和法国的依据是什么？"

113

用提问来点破对方,说明美国人已了解产品的生产情况,日本国内有几家公司生产,其他国家的厂商也有同类产品,美国人有充分的选择权。日方主谈人充分领会了美国人提问的含意,故意问他的助手:"我们公司的报价是什么时候定的?"这位助手也是谈判的老手,极善于配合,于是不假思索地回答:"是以前定的。"主谈人笑着说:"时间太久了,不知道价格有没有变动,只好回去请示总经理了。"

美国人也知道此轮谈判不会有结果,宣布休会,给对方以让步的余地。最后,日本人认为美国人是有备无患,在这种情势下,为了早日做成生意,不得不做出退让。

美国人谈判成功的关键就在于事先做足了准备,摸清了国际行情,当日本人试探性地想用高价操纵美国人之后,美国人并不直接砍价,而是旁敲侧击地告诉对方,日本国内还有其他几家公司都有同类产品,所以,你报出高价也没有用。

可见,在谈判中避免被对方操纵其实并不难,只需像美国人一样提前准备充分即可。

8.光环效应——最好的办法就是找名人为你做广告

一个人的某种品质,或一个物品的某种特性给人以非常好的印象。在这种印象的影响下,人们对这个人的其他品质,或这个物品的其他特性也会给予较高的评价。

光环效应又称晕轮效应,它是一种影响人际知觉的因素。这种爱屋及乌的强烈知觉的品质或特点,就像月晕的光环一样,向周围弥漫、扩散,所以人们就形象地称这一心理效应为光环效应。和光环效应相反的是恶魔

效应。即对人的某一品质，或对物品的某一特性有坏的印象，会使人对这个人的其他品质，或这一物品的其他特性的评价偏低。

名人效应是一种典型的光环效应。不难发现，拍广告片的多数是那些有名的歌星、影星，而很少见到那些名不见经传的小人物。因为明星推荐的商品更容易得到大家的认同。一个作家一旦出名，以前压在箱子底的稿件也会全然不愁发表，所有著作都不必愁销售，这都是光环效应的作用。

企业怎样才能让自己的产品为大众了解并接受？一条捷径就是让企业的形象或产品与名人相粘连，让名人为公司做宣传。这样，可以借助名人的"名气"帮助企业聚集更旺的人气。

现在，阿迪达斯的足球运动鞋几乎无人不知，无人不晓。但是，没有几个人会知道，这家德国的体育用品公司是怎样出名的。其实，它的闻名于世，全赖于很好地利用了奥运会这个资源。

阿迪达斯足球鞋走向世界的契机是1936年的奥运会。这一年，公司创始人阿迪·达斯勒突发奇想，制作了一双带钉子的短跑运动鞋。怎样使这种样式特别的鞋卖个好价钱呢？为此阿迪颇费了一番脑筋。他听到一个消息：美国短跑名将欧文斯最有希望夺冠。于是他把钉子鞋无偿地送给欧文斯试穿，结果不出所料，欧文斯在那届运动会上四次夺得金牌。当所有的新闻媒介、亿万观众争睹名星风采时，那双造型独特的运动鞋自然也格外引人注目。奥运会结束后，由阿迪独家经营的这种定名为"阿迪达斯"的新型运动鞋便开始畅销世界，成为短跑运动员的必备之物。

以后，每逢有新产品问世，阿迪总要精心选择试穿的运动员和产品的推出时机。

1954年，世界杯足球赛在瑞士举行，年事已高的阿迪推出了一个新品种——可以更换鞋底的足球鞋。决赛那天，体育场一片泥泞，匈牙利队员在场上踉踉跄跄，而穿阿迪达斯的德国队球员却健步如飞，并首次登上世界冠军的宝座。阿迪达斯新型运动鞋又一次引起轰动效应，马上，整个联邦德国乃至全世界的体育界，都成为阿迪达斯的商业舞台，产品几乎供不

应求。

1970年，墨西哥世界杯足球赛开幕，人们惊异地发现联邦德国名将乌韦·赛勒尔在绿茵场上驰骋如故。而在此之前他腿部受伤的消息已传扬多时，许多人都在深深地为他惋惜。阿迪特意为他赶制了一双球鞋，使他得以重返球场。赛勒尔的这双鞋自然又一次成了赛场新闻而传遍世界，阿迪达斯又身价倍增地和明星的名字联在一起。

在外人看来，阿迪达斯运动鞋似乎与冠军有着某种必然的联系，穿上它就意味着成功。其实，这种必然联系来源于阿迪多次对成功者的准确预测与选择。也就是说，只有把握好产品的推出时机，才能借名人声誉创出名牌产品，而这也成为了阿迪达斯得以成功的良策。

名人本身不能为企业创造什么价值，但是其在公众中的无形影响力却是企业求之而不得的。所以，要想使你的产品迅速为大众所知，打开销路，最好的办法就是找名人为你做广告。

9.他山之石，可以攻玉——别人会做，等于自己会做

《诗经·小雅·鹤鸣》云，"他山之石，可以为错"，"他山之石，可以攻玉"。其原义是指借助别的山上的石头来打磨玉器，比喻可以借助外力，来实现既定的目标。

古人言："下君之策尽自之力，中君之策尽人之力，上君之策尽人之智。"

一个人为了能完成自己的事业用尽毕生的精力，这是难能可贵的，但是，一个人或一个团体，只靠自己本身的努力是不够的，特别是在当今社

会科学技术高度发达的情况下，门类很多，社会分工精细，一个人或一个团体所掌握的科学技术知识是极有限的。在某些科学技术乃至具体工作环节上，哪怕是最杰出的人物或团体，亦不可能独自完成，必须要借助别人的力量才能攻克。

更值得注意的，人的智慧力量是无穷无尽的，尽人之力远不如尽人之智，所以，才有了古人所说的下中上的策略。

为了某种目的的达成，就需要借势或造势，巧借时局，顺势而上。唐代诗人王之焕有句妇孺皆知的名句："欲穷千里目，更上一层楼。"就是说为了看得更远，就需去登高；为了涉水过河，就得去打造船只。只有善于借助外力，才能取得更大的优势。

犹太人做生意全世界有名，在生意场上，他们常常使出一些常人意想不到的高招，轻松赚得巨额财富。

在日本东部有一个风光旖旎的小岛——鹿儿岛，因气候温和、鸟语花香，每年都吸引了大批来自各地的观光客。有一位名叫阿德森的犹太人在日本经商已有多年，第一次登上鹿儿岛之后，便喜欢上了这里，决定放弃过去的生意，在此建一个豪华气派的鹿儿岛度假村。一年后，度假村落成。但由于度假村地处一片没有树木的山坡，一些投宿的观光客总觉得有些许扫兴，建议阿德森尽快在山坡上种一些树，改善度假村的环境。阿德森觉得这个建议好是好，但工钱昂贵，又雇不到工人，因此迟迟无法实现。

不过，阿德森毕竟是个犹太人，天生就是做生意的料，他脑子一转，立即想出了一个妙招——借力。他迅速在自家度假村门口及鹿儿岛各主要路口的巨型广告牌上打出一则这样的广告：

各位亲爱的游客：您想在鹿儿岛留下永久的纪念吗？如果想，那么请来鹿儿岛度假村的山坡上栽上一棵"旅行纪念树"或"新婚纪念树"吧！

绿色是诱人而令人开心的。那些常年生活在大都市的城里人，在废气和噪音中生活久了，十分渴望到大自然中去呼吸一下清鲜空气，休息休息，如果还能亲手栽上一棵树，留下"到此一游"的永恒纪念，那别提多有意义了。于是,各地游客都纷纷慕名而来。一时间,鹿儿岛度假村变得游客盈门,热闹非凡。当然,阿德森并没有忘记替栽树的游客准备一些花草、树苗、铲子和浇灌的工具,以及一些为栽树者留名的木牌。并规定:游客栽一棵树,鹿儿岛度假村收取300日元的树苗费,并给每棵树配一块木牌,由游客亲自在上面刻上自己的名字,以示纪念。这是很有吸引力的,到此一游的人谁不想留个纪念? 因此,一年下来,鹿儿岛度假村除食宿费收入外还收取了"绿色栽树费"共1000多万日元,扣除树苗成本费400多万日元,还赚了近600万日元。几年以后,随着幼树成材,原先的秃山坡变成了绿山坡。

让你出钱,让你出力,还让你高兴而来,满意而归,这似乎是不可能的事情。可精明的阿德森却看到了这一"不可能"之中的可能性,做了一笔一举两得的生意。这其中,我们看到了营销创意的价值和魅力。你瞧,本来是既花钱又费工的一件事,经营销高手一摆弄,竟变为了招徕顾客的一种手段,你能不为之叫绝吗?

其实,阿德森所使的这一高招——借力,谁都知道,但能用得如此出神入化者就极其罕见了。

"借力"不仅是发财的高招,也是一个成大事者必须具备的能力,毕竟一个人的能力是有限的。凭自己的能力赚钱固然是真本事,但是,能巧妙借他人的力量赚钱,却是一门高超的艺术。

但是企业在实施这种"借鸡生蛋"的投资策略时,也应注意如下几个问题:

一是要把握住"借鸡"的时机。如果时机把握得不当,借来的"鸡"就可能只耗食而不生"蛋"。如我国近几年一直有力地进行宏观调控,而一些有投资自主权的企业、公司却不识时机,从银行借款全力投入房地产业,结果血本无归。由于经济增长缓慢,通货膨胀居高不下,人们及社会集团的消费支出很难再进入房地产行业,造成房地产业极端不景气。

二是要选准"鸡",尤其在非资金性的借用上。在我国出现过从国外高

额购入的生产设备实则是外方淘汰的二手货，结果不能发挥正常的功用，更不用说发挥高效作用，这种"鸡"就是一种"不生蛋"的"鸡"，对其进行投资只能给企业造成损失。

三是投资借来的"鸡"要让它生蛋，而不是日日养着它。比如，有的企业从其他地方融来资金后，不是进行投资获利，而是还债，拆了东墙补西墙，最后落得越拆越乱。还有个别企业将吸引外资作为一种"赶潮"，或迎合上级领导的意思，非但不能生蛋，还要浪费粮食。

10.互惠效应——既要让自己受益，又能让对方受益

经济学上讲的互惠效应，要点就是互借互利，既要让自己受益，又能让对方受益。不让别人受益，别人肯定是不会为你所用的，

那么，我们具体该如何来用好这一招呢？

一、借上司的"力"

上司的"力"是否好借，这就要看你对上司了解和熟悉的程度。

首先要充分了解和熟悉自己的上司。比如其经历、好恶、工作习惯……精明的上司赏识的都是那些熟悉自己并能懂得自己心意的下属。

其次，要充分理解上司的真实意图。当你被委以重任时，上级对你说："好好干啊！"于是你就回答说："我一定好好干。"似乎如此回答是理所当然的。可是从一开始，你就犯了一个错误，因为你不清楚被拜托的是什么？要好好干的是什么？为什么要干？干到什么时候？干到什么程度？……所以，应该明白上司的真实意图，站在上司的角度考虑问题，在实践的过程中还要经常征求上司的意见和建议。

再次，要明白上司的难处，关键时候还要主动站出来做出一些自我牺

119

牲或放弃自己的个人利益,上司自然会认为你够朋友、讲感情、有觉悟,你在他心目中的形象就会更好。

最后,不要喧宾夺主。有些人,有了些权力之后,就自以为大权在握,就不把别人,甚至上司放在眼里。除此以外,还可能会成为上司打击的对象,那么离炒鱿鱼也就不远了。

二、借同级的"力"

俗话说:"孤掌难鸣。"如果在工作时得不到同事的支持,很多时候是很难有所作为的。当然,作为同事,有时候免不了也会有利益冲突,比如政治荣誉的归属和经济收益的分配……这时候,就应该学会谦让,不要争功,更不要揽利。应主动征求同事对自己工作和作风上的意见和建议,彼此真诚相待。

三、敢于"借贷款"

小商品经营大王格林尼说过:"真正的商人敢于拿妻子的结婚项链去抵押。"小心谨慎地做自己的生意,固然是必要的,但要在商场上成大气候,还需大胆地向前迈步。事实上,不少白手起家的富翁没有不借债的。

法国著名作家小仲马在他的剧本《金钱问题》中说过这样一句话:"商业,这是十分简单的事。它就是借用别人的资金!"也证明了财富是建立在借贷基础上的。但同样需要创造财富者具有充分利用借贷,擅长利用借贷款的能力。

四、借别人的脑袋、技术来为自己所用

借别人的脑袋、技术来为自己所用,善于将别人的长处最大限度地变为己用,这是最聪明的办法,也是最省钱省事、最快的成功捷径。

五、借助舆论,壮大你的优势

从明星的绯闻到政客的传奇,诸多事件都验证了舆论的强大威力。在社会上,舆论像汹涌的波涛,可以把你淹没海底,也可以把你推上天空。

真正有心计的人,几乎都善于利用舆论来为自己服务,牢牢地锁定目标,制造出"非我莫属"的声势。你要善于人为地为自己制造一些焦点和声势。即使有雄心也不要急于行动,而是利用方方面面的力量,为达到自己

的真正意图摇旗呐喊，最终达到自己的目的。

六、找一棵可以遮风避雨的"大树"

人生路上充满了很多的艰辛坎坷，光靠一个人的努力有时难以面对，难免显得势单力薄。因此，找到一棵可以遮风避雨的"大树"，进可以攻，退可以守，有了坚实的后盾做靠山取得成功也就易如反掌。

最后要提醒你的是，当你找到自己的"靠山"与"乘凉之树"后，不能完全倚仗他人来生活，你还需要更加努力，只是利用一下他人给你提供的条件罢了。

11.适当出点小洋相，可以拉近彼此间距离

主动示弱，在某种意义上说也是人生在世的一种姿态。如今的很多人都爱表现出强者风范，但往往碰得头破血流；而懂得适当示弱的人，则更容易被接受。所以，做人做事，如果能适时地示弱，有时可能会成为赢家。世上没有风平浪静的海，也没有一帆风顺的路，我们每个人都会遇到困难和挫折，既然避免不了，就不应太在意，时时放在心上。有时候，既然不能硬碰硬，那就不如学会主动示弱，淡然处事。

某地有一座砖瓦窑，窑主规定每个窑工每个月必须制成一万片瓦坯，完不成的只能拿一半的工钱，超过一万片按数量计发奖金。

一天，窑主新招了一个工匠小陆，他上窑厂操作了两天，每天制瓦坯600片，且质量上乘。老板非常高兴，表扬了他。小陆就得意地说："每天800片我都没问题，这奖金我拿定了。"

收工时，小陆感觉到一道道恼恨的目光向他射来。当他到食堂吃饭的时候，他的碗筷又被别人扔在一旁。这一下，小陆知道自己遭到了大多数人的妒忌。

第三天，小陆有意放慢了速度，制瓦坯的数量和一般工人接近。老板再来检查时，小陆恳切地说："老板啊，我们在砖窑干活又脏又累，做了9999片瓦坯还只能拿一半工资，有点不合理……"老板考虑了一下，觉得他说的也有道理，就取消了这项工资制度。

小陆还积极接近工友们，教他们提高工效的办法，使大家都能达到定额。此后，工友们都不再妒忌他，还佩服、尊敬他。

小陆曾因锋芒毕露得罪了工友，之后他又及时调整自己，不再一味突出自己，而是关心大家的利益，提出建议并帮助工友提高工效，最后让老板满意，工友高兴，自己也获得了尊敬。

其实，人大都具有一种妒忌的心理，而示弱能使处境不如自己的人保持心态平衡，有利于人际交往。毕竟，一个人在这方面突出，那么另一方面就难免有弱点。所以在社交中，就不妨选择自己"弱"的一面，以之示人，让别人放松警惕。

曾有一名记者去拜访一位企业家，目的是要获得有关他的一些负面资料。然而，还来不及寒暄，这位企业家就对想质问他的记者说："时间还早得很，我们可以慢慢谈。"记者对企业家这种从容不迫的态度深感意外。

不多时，秘书将咖啡端上桌来。这位企业家端起咖啡喝了一口，立即大嚷道："哦！好烫！"咖啡杯随之滚落在地。等秘书收拾好后，企业家又把香烟倒着插入嘴中，从过滤嘴处点火。这时记者赶忙提醒："先生，你将香烟拿倒了。"企业家听到这话之后，慌忙将香烟拿正，不料却又将烟灰缸碰翻在地。

在商场中趾高气扬的企业家出了一连串的洋相，使记者惊讶不已。不知不觉中，原来的那种挑战情绪完全消失了，甚至对对方产生了一种同情。这就是企业家想要得到的效果。这整个的过程，其实是企业家一手安排的。因为在通常情况下，当人们发现杰出的权威人物也有许多弱点时，过去对他抱有的恐惧感就会消失，而且由于同情心的驱使，还会对对方产

生某种程度的亲切感。

在人际交往中，要使别人对你放松警惕，产生亲近之感，只要你能很巧妙地、不露痕迹地在他人面前暴露某些无关痛痒的缺点，出点小洋相，表明自己并不是一个高高在上、十全十美的人，这样就会使人在与你交往时松一口气，不再以你为敌。

从这里我们可以看出，主动示弱是一种生存策略。在当今竞争激烈的环境下，锋芒毕露的人总会成为众矢之的而被大家孤立或抛弃，最终难以取得胜利。而懂得隐藏自己的实力，消除大家的防备之心，在适当的时候再发动出其不意的打击，一举赢得竞争的胜利，才是能适应当今社会的生存法则。

12.多谈一谈对方的得意之事，更容易赢得对方的赞同

《福布斯》杂志上曾登过一篇《良好人际关系的一剂药方》的文章，其中有几点值得借鉴——

语言中最重要的5个字是："我以你为荣！"

语言中最重要的4个字是："您怎么看？"

语言中最重要的3个字是："麻烦您！"

语言中最重要的2个字是："谢谢！"

语言中最重要的1个字是："你"。

语言中最次要的1个字是："我"。

亨利·福特二世描述令人厌烦的行为时说："一个满嘴'我'的人，一个独占'我'字，随时随地说'我'的人，是一个不受欢迎的人。"在不同的语言

背景下，说"我"与"我们"是有不同意义的。

农夫甲和农夫乙忙完了田里的工作，一起回家。他们走在路上，农夫甲忽然发现地上有一把斧头，就跑过去捡起那把斧头。他说："我们发现的这把斧头还挺新啊！"就想带回家占为己有。农夫乙看到这把斧头是农夫甲发现的，应该归他所有，就对农夫甲说："你刚才说错了，你不应该说'我们发现'。因为这是你先看见，所以你应该改口说'我发现了一把斧头'才对。"

他们两个继续往前走，农夫甲的手上仍然拿着那把斧头。过了一会儿，遗失这把斧头的人走了过来，远远地看见农夫甲的手上拿着他的斧头，就匆匆忙忙地追上来，眼看对方就要追上来了。这时候农夫甲很紧张地看农夫乙一眼，然后说："怎么办？这下子我们就要被他捉到了。"

农夫乙听他这么一说，知道甲想把责任归咎到两个人的身上。于是农夫乙就很严肃地对农夫甲说："你说错了，刚才你说斧头是你发现的，现在人家追来了，你就应该说'我快被他捉到了'，而不是说'我们快被他捉到了'。"

在人际交往中，"我"字讲得太多并过分强调，会给人突出自我、标榜自我的印象，这会在对方与你之间筑起一道防线，形成障碍，影响别人对你的认同。

因此，关注攻心的人，在语言交流中，总会避开"我"字，而用"我们"开头。

人们最感兴趣的就是谈论自己的事情，而对于那些与自己毫无相关的事情，大多数人觉得索然无味。对于你表现最大兴趣的事情，常常不仅很难引起别人的同情，而且别人还会觉得好笑。年轻的母亲会热情地对人说："我们的宝宝会叫'妈妈'了。"她这时的心情是高兴的，可是旁人听了会和她一样地高兴吗？不一定。谁家的孩子不会叫妈妈呢？你可不要为此而大惊小怪！这是正常的事情，如果不会叫妈妈的孩子才是怪事呢。所以，

你看来是充满了喜悦，别人却不一定有同感，这是人之常情。

　　竭力忘记你自己，不要总是谈你个人的事情，你的孩子，你的生活。人人喜欢的都是自己所熟知的事情，那么，在交际上你就可以明白别人的弱点，而尽量去引导别人说他自己的事情，这是使对方高兴最好的方法。你以充满诚意和热情的心去听他叙述，一定会给对方以最佳的印象，对方也会热情欢迎你，真心接待你。

　　无论是与朋友还是客户交谈，多谈一谈对方的得意之事，这样更容易赢得对方的赞同。如果恰到好处，他肯定会高兴，并对你心存好感。

　　美国著名的柯达公司创始人伊斯曼，捐赠巨款在罗彻斯特建造一座音乐堂、一座纪念馆和一座戏院。为承接这批建筑物内的坐椅的制造，许多制造商展开了激烈的竞争。但是，找伊斯曼谈生意的商人无不乘兴而来，败兴而归，一无所获。正是在这样的情况下，"优美座位公司"的经理亚当森，前来会见伊斯曼，希望能够得到这笔价值9万美元的生意。

　　伊斯曼的秘书在引见亚当森前，就对亚当森说："我知道您急于想得到这批订货，但我现在可以告诉您，如果您占用了伊斯曼先生5分钟以上的时间，您就完了。他是一个很严厉的大忙人，所以您进去后要快快地讲。"亚当森微笑着点头称是。

　　亚当森被引进伊斯曼的办公室后，看见伊斯曼正埋头于桌上的一堆文件，于是静静地站在那里仔细地打量起这间办公室来。

　　过了一会儿，伊斯曼抬起头来，发现了亚当森，便问道："先生有何见教？"

　　秘书把亚当森作了简单的介绍后，便退了出去。这时，亚当森没有谈生意，而是说："伊斯曼先生，在我等您的时候，我仔细地观察了您这间办公室。我本人长期从事室内的木工装修，但从来没见过装修得这么精致的办公室。"

　　伊期曼回答说："哎呀！您提醒了我差不多忘记了的事情。这间办公室是我亲自设计的，当初刚建好的时候，我喜欢极了。但是后来一忙，一连几

个星期我都没有机会仔细欣赏一下这个房间。"

亚当森走到墙边，用手在木板上一擦，说："我想这是英国橡木，是不是？意大利的橡木质地不是这样的。"

"是的"，伊斯曼高兴得站起身来回答说，"那是从英国进口的橡木，是我的一位专门研究室内橡木的朋友专程去英国为我订的货。"

伊斯曼心情极好，便带着亚当森仔细地参观起办公室来了。

他把办公室内所有的装饰一件件向亚当森作介绍，从木质谈到比例，又从比例扯到颜色，从手艺谈到价格，然后又详细介绍了他设计的经过。

此时，亚当森微笑着聆听，饶有兴致。他看到伊斯曼谈兴正浓，便好奇地询问起他的经历。伊斯曼便向他讲述了自己苦难的青少年时代的生活，母子俩如何在贫困中挣扎的情景，自己发明柯达相机的经过，以及自己打算为社会所作的巨额的捐赠……亚当森由衷地赞扬他的功德心。

本来秘书警告过亚当森，谈话不要超过5分钟。结果，亚当森和伊斯曼谈了一个小时，又一个小时，一直谈到中午。

最后伊斯曼对亚当森说："上次我在日本买了几张椅子，放在我家的走廊里，由于日晒，都脱了漆。昨天我上街买了油漆，打算由我自己把它们重新油漆好。您有兴趣看看我的油漆表演吗？好了，到我家里和我一起吃午饭，再看看我的手艺。"

午饭以后，伊斯曼便动手，把椅子一一漆好，并深感自豪。直到亚当森告别的时候，两人都未谈及生意。最后，亚当森不但得到了大批的订单，而且和伊斯曼结下了终身的友谊。

为什么伊斯曼把这笔大生意给了亚当森，而没给别人？这与亚当森的口才有很大关系。如果他一进办公室就谈生意，十有八九要被赶出来。亚当森成功的诀窍，就在于他了解攻心对象。他从伊斯曼的办公室入手，巧妙地赞扬了伊斯曼的成就，谈得更多的是伊斯曼的得意之事，这样，就使伊斯曼的自尊心得到了极大的满足，把他视为知己。这笔生意当然非亚当森莫属了。

13.让别人占点小便宜，你将收获人心

史学家范晔，曾经有一句名言："天下皆知取之为取，而不知与之为取。"没有无回报的付出，也没有无付出的回报。一般情况下，付出越多，得到的回报越大，只想别人给予自己，而自己只等着接受，那么回报的源泉终将枯竭。有一句话说得好："爱出者爱返，福往者福来"，人世间的绝大部分事情，给予了付出才会有所回报。

春秋战国时期，孟尝君求贤若渴。他待人真诚，感动了一个具有真才实学但十分落魄的士人，这个人名叫冯谖。冯谖在受到孟尝君的礼遇后，决心为他效力。有一天，孟尝君要叫人为他到其封地薛邑讨债，问谁愿意去，没有人出来应答。

半晌，冯谖站了出来，说："我愿去，但不知用催讨回来的钱，需要买什么东西？"孟尝君说："如果要买的话，就买点我们家缺少或没有的东西。"众人听了都为冯谖捏一把汗，因为世间稀罕之物，孟尝君应有尽有。

但是冯谖好像没有考虑那么多，马上领命而去。他到了薛邑后，见到老百姓的生活十分的穷困，听说孟尝君的讨债使者来了，都满腹怨言。于是，他召集了邑中居民，对大家说："孟尝君知道大家生活困难，这次特意派我来告诉大家，以前的欠债一笔勾销，利息也不用偿还了，孟尝君叫我把债券也带来了，今天当着大伙的面，我把它烧毁，从今以后，再不催还！"说着，冯谖果真点起一把火，把债券都烧了。薛邑的百姓没有料到孟尝君是如此仁义，个个感激得一把鼻涕两行泪，觉得这辈子没法回报孟尝君了。

冯谖说："用不着大家回报，既然孟尝君连钱都不在乎，又想要大家回报什么呢？"后来冯谖回去复命，孟尝君问他："你讨回来的钱呢？"冯谖回

答说:"不但利钱没讨回,借债的债券也烧了。"孟尝君很不高兴,觉得冯谖没有经过自己的允许就擅自做主把债券烧了,实在是没有把自己放在眼里。

冯谖对他说:"您不是要叫我买家中缺少或没有的东西回来吗?我已经给您买回来了,这就是'义'。焚券市义,这对您收归民心是大有好处的啊!"

数年后,孟尝君被人谮谤,齐相不保,只好回到自己的封地薛邑。薛邑的百姓听说恩公孟尝君回来了,倾城出动,夹道欢迎,表示坚决拥护他,跟着他走。孟尝君深受感动,这时才体会到冯谖的"买义"苦心。对孟尝君而言,小小损失换取了巨大的利益。

冯谖用那些根本就难以收回的债券,换回了民心,使得孟尝君年老回归自己的封地,大受拥戴,不得不说冯谖当初的举动是很高明的。

时至春秋末年,齐国的国君荒淫无道,横征暴敛,逼民无度。齐国的贵族田成子看到这种情况后,对他的僚属说:"公室用这种榨取的手段,虽然得到了不少财富,但这种取是'取之犹舍也'。仓储虽实,但国家不固,终是'嫁衣'。"于是田成子制作了大、小两种斗,打开自己的仓储接待饥民,用大斗出借谷米,用小斗回收还来的谷米,以这样的方式来赈济灾民。

于是,不少齐国人不肯再为公室种田,反而投奔于田成子门下。田成子用这种大斗出小斗进的方式,借出的是粮食,收进的却是民心。虽然给予了粮食,实则得到了更多的东西。果然,齐国的国君宝座最后为田氏家族所得。那些粮仓的米为田家换得了天下,不可不谓是"大得"!

常言道"吃亏是福",一辈子不吃亏的人是没有的。问题在于我们如何看待"吃亏"。人际关系中,无法做到绝对公平,总是要有人承受不公平,要吃亏。倘若人们强求世上任何事物都公平合理,那么,所有生物连一天都无法生存。而真正肯吃亏的人,往往都是最终的受益者。

第六章

人生何处不销售?
不要忽视无形商品的价值

无论你从事什么行业,其实每个人都是销售员。画家销售美感,政治家销售政见,作家销售故事,发明家销售发明,男人销售自己的才华和魄力,女人销售自己的美丽和学识……人生何处不销售?正因如此,我们更应该活学活用经济学常识,不要拘泥于传统观念,许多时候,无形商品往往具有更高的价值!

1.奥美原则——服务到位,利润自来

美国奥美广告公司提出:服务顾客至上,追求利润次之。

在商业经营中,有一个极为重要的理念——"顾客就是上帝"。道理很简单,在市场经济条件下,只有顾客买你的账,你才能赚钱!可是,把"上帝"挂在嘴边容易,放在心里和实际行动上就难了。

1955年时,后来的商业零售巨头沃尔玛还默默无名。到1979年,沃尔玛全年销售额也才首次达到10亿美元。可到了1993年,它一周的销售额就达到了这个数目,2001年更是一天就予以完成。沃尔玛靠出售廉价的零售百货,愣是在40年内"打遍天下无敌手"。沃尔玛的成功,得益于其长期遵从的服务顾客战略。战略的核心就是以薄利让顾客受益,以服务让顾客满意。

不管你走进哪里的沃尔玛,"天天低价"是最为醒目的标志。为了实现低价,沃尔玛想尽了招数,其中很重要的一个方法就是大力节约开支,绕开中间商,直接从工厂进货。统一订购的商品送到配送中心后,配送中心根据每个分店的需求对商品就地筛选、重新打包。这种类似网络零售商"零库存"的做法使沃尔玛每年都可节省数百万美元的仓储费用,实现了薄利多销。更重要的是,它为顾客省了钱,带来了实惠。

除了低价,沃尔玛另一个引人注目的特点就是良好的服务。从1962年到1992年退休,沃尔顿引领公司飞速发展的30年中,格外强调要提供"可能的最佳服务"。为了实现这一点,沃尔顿编制了一套又一套的管理规则。他曾要求职员做出保证:"当顾客走到距离你10英尺的范围内时,你要温和地看着顾客的眼睛,向他打招呼并询问是否需要帮助。"这有名的"十英尺态度"至今是沃尔玛职员奉为圭臬的守则。此外,"太阳下山"原则、"超越顾客的期望"等等都是沃尔玛吸引顾客的致胜法宝。

与沃尔玛小有不同的是，美国另一家零售公司克罗格公司则追求一种与顾客的服务互动。公司的前任总裁约瑟夫·霍尔认为：对公司发展什么产品、增加哪些服务、使用什么销售手段等问题，最有发言权的就是顾客。以此为基础，克罗格公司在所有现金出纳机旁都设了"顾客投票箱"，顾客可以把自己对克罗格公司的各种意见和建议，如需要哪种商品、哪种商品应该改进、需要什么服务等投入箱中。与此同时，克罗格公司在每张建议票上都会留下顾客的姓名和联系方式。一旦顾客的建议被公司采用，公司就会通知顾客来免费享受该种服务或是商品，并赠送各种消费折扣卡。

投票箱一设置，就受到了顾客的热烈欢迎。克罗格公司根据顾客的各种建议，不断地改进自己的产品和服务，使自己的每项服务或产品一出炉就深受欢迎，公司的营业覆盖面也一下子扩大到了美国的好几个州。在"投票箱"策略的基础上，继任总裁詹姆斯·赫林更是提出了这样的响亮口号：我们要想生存得更好，就只有像满足情人的要求那样来满足顾客！顺理成章，克罗格公司取得了更好的成绩。

通用电气公司曾经是世界最大的工业企业，但是它从不忽视对顾客的服务。现在，它有80%的利润是来自于服务。对于通用电气公司的机车生产部门来说，从投入到产出、从产品到解决方案的观念转变，就像打开电灯开关一样简单。一旦灯亮了，通用电气公司马上就提出了一整套服务，比如计算机辅助调度系统就能够帮助铁路公司更加有效地管理。这得益于安装在机车上的设备，铁路公司和通用电气公司都可以随时随地掌握机车所在的位置。现在，如果机车出现故障，铁路公司无需打电话求助，通用电气公司的维修人员就可以直接赶往出事地点，排除故障。

由于制造产品已经变得日益稀松平常，对于客户来说也不再那么珍贵，因此，通用电气公司并不是惟一一家发现可以从产品的相关服务中获得比产品本身更多财富的公司。想一想，当你购买一台新电视机或者电脑的时候，当你从租售汽车的代理商那里获得财务担保的时候，你都可以得到一份服务合同。20世纪90年代，IBM公司的成功，很大意义上就是由于

131

他们完成了从硬件生产商向解决方案提供商的战略转变。

海尔有一句响亮的口号:真诚到永远! 是的,只有以顾客的需求为出发点,增加服务的投入,才能有公司的巨大产出。把顾客当做情人,你会取得意想不到的成功!

2."100-1=0"——好就是全部,不好就是零

100个顾客中有99个顾客对服务满意, 但只要有1个顾客对其持否定态度,企业的美誉就会立即归零。

"100-1=0"定律最初来源于一项监狱的职责纪律:不管以前干得多好,如果在众多犯人里逃掉一个,便是永远的失职。在我们看来,这个纪律似乎过于严格了。但从防止罪犯重新危害社会的角度来说,百无一失是极为必要的!后来,这个规定被管理学家们引入到了企业管理和商品营销中(包括服务行业),很快就得到了广泛的应用和流传。它告诉我们:对顾客而言,服务质量只有好坏之分,不存在较好较差的比较等级。好就是全部,不好就是零。

在服务业领域里,顾客对服务项目的任何一项不满意,他们的满意度不会因此按减法递减, 而是全面否定, 因为他不可能体验所有的服务项目。在他看来,他体验的那个项目就代表了所有项目的服务质量。在市场竞争环境条件下,他不会当"回头客",再消费这家服务商提供的服务。对这家服务商来说,他的服务收益等于零。

福建的海山宾馆在服务质量上就以 "100-1=0" 这个等式来要求职工。他们向员工们强调:入住海山宾馆的旅客只要有一件事对宾馆失望,就会使整个旅馆的形象受损,无论其他的事情做得多么周到,也无论其他

的旅客多么满意。有一天，一位日本朋友从宾馆乘车去机场，人下车了，却把两串香蕉遗下了。正在失望之际，只见宾馆的车飞驰而来，给他送来了那两串香蕉。香蕉送上，日本朋友大为感动。香蕉虽小，但它向顾客表明了自己能做到怎样的细致和周到。正是这些小事的累积，使得海山宾馆经济效益喜人。

根据系统论的原理，任何一个系统都是由相互作用和相互依赖的若干组成部分结合成的具有特定功能的有机整体。服务就是这样的一个系统，它的每个环节都相互作用、相互依赖，一荣俱荣、一损俱损。顾客对整个服务工作中的任何一项不满意，都会对整体的服务质量进行否定。

服务工作的整体性以及服务质量的等级不可分，使服务质量的评定难以进行。我们不能按歌坛比赛评委打分那样，"扣掉一个最高分，去掉一个最低分"，再取平均值。因为，服务质量的最终评判人是顾客，他们的打分要么是满意，要么是不满意。企业只有让所有顾客都满意，才能达到市场的要求。就像"100-1=0"一样，只要一百个顾客中有一个不满意，我们的服务质量就不能说没有问题。

有一次，一个法国农场主驾驶着一辆奔驰货车从农场出发去德国。一路上凉风习习，路况良好，法国农场主不由哼起了小曲。可是，当车行驶到了一个荒村时，发动机出故障了。农场主又气又恼，大骂一贯以高质量宣传自己的奔驰骗人。这时，他抱着试一试的心情，用车上的小型发报机向奔驰汽车的总部发出了求救信号。没想到，几个小时后，天空就传来了飞机声。原来，奔驰汽车修理厂的检修工人在工程师的带领下，乘飞机来为他提供维修服务。一下飞机，维修人员的第一句话就说："对不起，让您久等了。但现在不需要很久了。"他们一边安慰农场主，一边开始了紧张的维修工作。不一会儿，车就修好了。

"多少钱？"看见修好了，法国农场主问道。"我们乐意为您提供免费服务！"工程师回答。农场主本来以为他们会收取一笔不菲的维修金，听到这

些简直大吃一惊,"可你们是乘飞机来维修的呀?""但是是因为我们的产品出了问题才这样的。"工程师一脸歉意,"是我们的质量检验没做好,才使您遇到了这些麻烦,我们理应给您提供免费服务的。"法国农场主很受感动,连连夸赞他们,夸赞奔驰公司。后来,奔驰公司为这位农场主免费换了一辆崭新的同类型货车。

100多年来,奔驰得以永葆自己生机的法宝是什么?是质量,是服务!优质的服务让奔驰跑得更快。正是这种一个都不放过的服务精神,才造就了奔驰今天当之无愧的汽车王国的地位。

顾客的购物标准很简单:谁对我好,谁的服务能让我满意,我就买谁的东西。国外的企业早已抛弃了"我卖你买,我说你听,你不听我就把声音说大点,或者你再不听我就降价求售"的做法。他们在比"谁对顾客更好"。试想当外企让顾客感动,享受心动、温馨、周到的服务时,他会去买谁的东西?可以想象一下,到那时本应是中国人生产的东西,就因为你不懂得"讨好"国人,却让外国人以上乘的服务表现而夺去了生意,作为中国企业家的你会是什么心态?

3.250定律:善待一个人,你就赢得了250个人的好感

美国著名推销员杰拉德提出,每一位顾客身后,大体有250名亲朋好友。如果你赢得了一位顾客的好感,就意味着赢得了250个人的好感;反之,如果你得罪了一名顾客,也就意味着可能得罪了250名顾客。

随着产品同质化时代的到来,服务成了企业和商家取得成功的一个重要因素。服务不好,顾客就不会再上门,而且会让周围的人知道这一点。

服务好了，顾客不但会自己再次光顾，而且可能会介绍更多的人光顾你的产品。所以，一定程度上说，服务的胜利，就是竞争的胜利。善待每一位顾客，你就点亮了一盏吸引更多顾客的明灯。

丽兹·卡尔顿饭店是一家拥有28个连锁分店的豪华饭店，平均房租高达150美元，但这28家饭店的入住率仍高达70%，老顾客回住率超过90%。原因是它以杰出的服务闻名于世。"卡尔顿"的信条是"创造温暖、轻松、优美的环境，提供最好的设施，给予客人关怀，使客人感到快乐和幸福"，甚至满足客人没有表达出来的愿望和需要。

卡尔顿饭店为了履行诺言，对服务人员进行极为严格的挑选。标准是："我们只要那些关心别人的人。"为不失去一个客人，他们培训职员学会悉心照料客人的艺术和要做所有自己能做的事情。全体职员无论谁接到顾客的投诉，都必须负责到底，授权当场解决问题，而不需要请示上级。只要客人不高兴，每个职员都可以花2000美元来平息客人的不满。

卡尔顿饭店，每位职员都被看做是"最敏感的哨兵、较早的报警系统"。职员们都明确自己在饭店的成功运作中所起的作用。正如一位职员所说："我们或许住不起这样的饭店，但是，我们却能让住得起的人还想到这儿来住。"卡尔顿饭店的职员也都感到自豪，其他豪华饭店的职员流动率达45%，卡尔顿饭店却低于30%。

长期领跑国内洗衣机销售业绩的江苏小天鹅集团，从1978年开始，就一直保持全国同类产品销量第一的位置。究其原因，除了产品的质量好和种类多样化以外，最重要的一条就是它向顾客提供完善的服务。小天鹅集团经过多次市场调查，得出了一个环比公式：服务好一个老客户可以影响25位潜在的消费者，这其中有8人可以产生购买欲望，有欲望的8人中有1人会成为实际的购买者。所以，服务好一个老客户，就会产生一个新客户，这中间还不断地产生25个潜在的客户和8个准潜在客户，依次循环。在看到了服务老客户的重要性后，小天鹅集团提出了"服务第一，销售第二"的口号，推出了著名的"12345"服务规范和服务承诺。正是有了这一系列的服务策略，才成就了小天鹅的今天。

在现实生活中，红地毯经常在非常隆重的场合使用，如国家元首访问、重大活动的开幕剪彩等。但是，中国家电行业的巨头荣事达却将红地毯用在了服务上。其基本做法是，维修人员上门服务时携带一块红地毯，在红地毯上展开维修操作。

企业为用户服务时铺设红地毯，是荣事达以消费者为中心的营销观念的实际表现。"红地毯"服务让客户备感亲切、温馨和热情，大受客户欢迎。

我们都在争创名牌，而名牌效应是建立在500万用户的口碑之上的。做好了服务，客户自然而然会越积越多。要是只顾开发市场，而不顾巩固老客户，那你就会丧失自己的根据地，最终会变成孤家寡人。

4.二八原理——只要目标对象够精准，就成功了一半

很多人都听过"二八原理"，"二八原理"是"重要的少数"与"琐碎的多数"的简称，这是意大利经济学家帕累托提出来的。

他认为：在任何特定的群体中，重要的因子通常只占少数，而不重要的因子则常占多数。因此，只须控制好重要的少数，即能控制全局。反映在数量比例上，大体就是20%比80%。这便是"重要的少数与琐碎的多数之2/8原理"。

二八原理对所有人的一个重要启示便是：避免将时间浪费在琐碎的多数问题上，因为就算你花了80%的时间，你也只能取得20%的成效；你应该将时间花于重要的少数问题上，因为掌握了这些重要的少数问题，你只花20%的时间，即可取得80%的成效。

尽管我们常说：现在是信息泛滥的时代，目之所及，广告几乎无处不

在——电视、报纸、网络、路牌、电梯、餐桌乃至厕所。但是，让我们仔细想想，你是不是也有搜集信息吃力的时候——需要的信息找不到，而无用的信息一大堆！

所以作为个体，我们既可以说广告泛滥，因为确实太多的广告与我们无关，同时，我们也可以说自己缺少需要的信息，尤其当你面临选择时，例如你想办信用卡，但不知道该办哪家银行的；想投资股票，但不知道该投哪家公司的；想买汽车，但不知道该买哪个品牌的。相信每个消费者都有这样一个心声——如果能够把我需要的信息提供给我，那实在是太美妙了！

吉之岛是亚洲最大的零售商，也是赢利能力最强的零售商之一，其市场和客户调研水平同样走在同行之前。在深圳的合资公司吉之岛友谊百货开业仅两个多月的时间里，就取得了良好的经济效益。在这两个多月的时间里，公司的营业额超出预期60%，而且吉之岛在深圳的品牌认知度上升到了90%以上。

吉之岛在香港的母公司设有专门的调研部门，在开设深圳合资公司之前，公司进行了两个阶段的调查。第一阶段是在开业两年多前，公司开始了前期的市场和客户调研，主要对深圳本地的GDP水平、消费群体、消费习惯和当地政策做了详细调研。第二阶段是在一年前，部门对营业场地——深圳中信广场进行实地考察，其中包括几个固定时段的行人数量、公交车和私家车流量、周边配套设施状况、竞争对手分析。

调研的结果令人兴奋：首先，深圳是中国最富裕的地区之一，人均GDP位居中国之首。尽管沃尔玛和家乐福已捷足先登，但他们以追求"天天平价"为主要诉求，瞄准的是普通大众消费群体，以西武为代表的商场则服务于顶级消费者，而中高档次的消费群体规模庞大，市场前景看好，这是一个市场空白。

于是，吉之岛将目标顾客定位为中高阶层的消费者，并根据他们的需求调整自己的产品和服务。

吉之岛开始研究中高层顾客的消费特点——中高层的顾客和普通消费群体有所不同：中高层的顾客在购买商品时，在追求价廉物美的基础上，也重视商场购物的体验，部分消费者还注重文化氛围。为此，吉之岛在商场布局和商品供给上颇下工夫。商场占据一层近2万平方米的面积，宽敞的走廊，高档的装修，日本商品占到三成以上，商场内设日本风味餐厅，弘扬日本文化，这些是集团经过调研之后所采取的避免同业之间同质竞争的重要手段。商场共有8个入口和出口，充分贯彻其"开放式购物"理念、走差异化道路的策略。此外，深圳吉之岛所在的中信广场位于深圳市黄金地段，广场内有不少世界级品牌，如西武百货、星巴克咖啡馆和必胜客餐厅等，如此完善的品牌配套环境，符合公司瞄准中层阶级的定位。这就在购物环境上满足了目标消费者的需求。

从企业的角度来看，如果能够知道哪些消费者是自己的目标客户，通过差异化精准营销手法，锁定目标客户，在狭窄的细分市场上寻求一席之地，就不但能形成独特的领先优势，而且可以避免企业资源的浪费，获得较高的投资回报率(ROI)，而这正是营销人士的永恒追求。也就是说，只需将信息传递给产品或服务本身的目标顾客。例如，中高档家具厂商要选择高档住宅区的住户，而且在现场展示的目录派发中应选择比较容易产生购买冲动的中青年女性。

5.青蛙效应——温水"煮"顾客，让对方难以招架

温水"煮"顾客，跟"温水青蛙"的道理是一样的。

有人做过这样一个实验，将锅里盛满凉水，然后放进去一只青蛙。青

蛙在水中欢快地游啊游啊,丝毫不介意环境的变化。这时,把锅慢慢加热,青蛙对一点点变温的水毫无感觉。慢慢地,温水变成了热水,青蛙感到了危险,想要从水中跳出来,但为时已晚,因为它已经快被煮熟了!

青蛙之所以快被煮熟也不跳出来,并不是因为青蛙本身的迟钝,事实上,如果将一只青蛙突然扔进热水中,青蛙会马上一跃而起,逃离危险。青蛙对眼前的危险看得一清二楚,但对还没到来的危机却置之不理。这就是青蛙法则,经营中,懂得运用这个法则,就能成功操纵顾客,让他在不知不觉中掏出腰包。

当顾客选购衣服时,精明的售货员总是不怕麻烦地让顾客反复试穿。当顾客将衣服穿在身上时,他又会不断地称赞。顾客顿时笑逐言开,会很高兴地买下衣服。当然,顾客形形色色,实际销售中并非总能如此顺利。但只要把握住微笑服务,真诚与顾客沟通,揣摩顾客的心理,替顾客着想,总能打动顾客。

推销时,售货员话不用多,但要有份量,这样才能激起顾客的购买欲。售货员若想把商品所有的优点都列举出来会导致不必要的废话,反而会引起不信任。而且怀疑和犹豫可能出现并反复发生在顾客购物的各个阶段,包括在购物以后,如果售货员针对其中的一个或几个说一些有分量的话,那么会令人信服得多。

如果部分论据尚未充分利用而是让顾客对产品的优点回家后自己去了解,这样只会改善购物行为的后效应,而不会产生任何负作用。需要强调的是,"有分量"并非是把话说得绝对、武断。这种口气会使得顾客产生心理上的防御反应,比如,顾客把话说了一半就突然离去,或者不加反驳地听售货员说话,然后坚定地拒绝购买。

对顾客的任何一种不同意见都不能置若罔闻。商业论证不仅要证实自己观点的正确,还要打消谈话对方的疑虑。如果对顾客的不同意见不作答复,会让人觉得售货员对商品故意只做不完整的、有倾向性的介绍。为避免这一点,对顾客任何一种不同意见都不能置之不理。应该防止这样一种错误认识对我们的操纵,不能把顾客的不同意见当作是吹毛求疵,不信任。

相反,顾客的不同意见恰恰说明他对商品很关心。这样的顾客比光听不说话或者只用一句话来回答问题的顾客好说服得多。不同的意见只能反映出顾客的立场,暴露出他的忧虑所在。此时,耐心地解答,剔除其疑虑,一般生意也就做成了。

另外,在具体的商业用语中,也要用温情的话语吸引顾客。具体有以下几个技巧:

(1)避免命令式,多用请求式。

命令式的语句是说者单方面的意思,没有征求别人的意见,就强迫别人照着做;而请求式的语句,则是以尊重对方的态度,请求别人去做。请求式语句可分成三种说法:肯定句,"请您稍微等一等。"疑问句,"稍微等一下可以吗?"否定疑问句,"马上就好了,您不等一下吗?"一般说来,疑问句比肯定句更能打动人心,尤其是否定疑问句,更能体现出营业员对顾客的尊重。

(2)少用否定句,多用肯定句。

肯定句与否定句意义恰好相反,不能随便乱用,但如果运用得巧妙,肯定句可以代替否定句,而且效果更好。例如,顾客问:"这款有其他颜色的吗?"营业员回答:"没有",这就是否定句,顾客听了这话,一定会说"那就不买了",然后转身离去。如果营业员换个方式回答,顾客可能就会做出不同的反应。比如营业员回答:"真抱歉,这款目前只有黑色的,不过,我觉得高档产品的颜色都比较深沉,与您气质、身份、使用环境也相符,您不妨试一试。"这种肯定的回答会使顾客对其他商品产生兴趣。

(3)采用先贬后褒法。

比较以下两句话:"太贵了,能打折吗?"

①"价钱虽然销微高了一点,但质量很好。"

②"质量虽然很好,但价钱销微高了一点。"这两句话除了顺序颠倒以外,字数、措词没有丝毫的变化,却让人产生了截然不同的感觉。先看第二句,它的重点放在"价钱"高上,因此,顾客可能会产生两种感觉:

其一，这商品尽管质量很好，但也不值那么多。

其二，这位营业员可能小看我，觉得我买不起这贵的东西。再分析第一句，它的重点放在"质量好"上，所以顾客就会觉得，正因为商品质量很好，所以才这么贵。总结上面的两句话，就形成了下面的公式：

A.缺点→优点=优点

B.优点→缺点=缺点

因此，在向顾客推荐介绍商品时，应该采用A公式，先提商品的缺点，然后再详细介绍商品的优点，也就是先贬后褒。此方法效果非常好。

(4)言词生动，语气委婉。

请看下面三个句子："这件衣服您穿上很好看。""这件衣服您穿上很高雅，像贵夫人一样。""这件衣服您穿上至少年轻十岁。"第一句说得很平常，第二、三句比较生动、形象，顾客听了即便知道你是在恭维她，心里也会很高兴。除了语言生动以外，委婉陈词也很重要。

对一些特殊的顾客，要把忌讳的话说得很中听，让顾客觉得你是尊重和理解他的。比如对较胖的顾客，不说"胖"而说"丰满"；对肤色较黑的顾客，不说"黑"而说"肤色较暗"；对想买低档品的顾客，不要说"这个便宜"，而要说"这个价钱比较适中"。

只有这样做，才可以温水"煮"顾客，使对方难以招架。

6.不轻易放弃——越不易攻破的客户越有可能成交

销售员如果在工作中遇到一点困难就半途而废，前面的努力白费不说，还给竞争对手制造了机会、留下了便利，所以，任何时候都不要轻言放弃，属于我们的谁也拿不走。

约翰逊先生是美国阿拉斯加州的金矿大王。有一次,记者去采访他,当问及约翰逊先生的"致富的秘诀"时,约翰逊先生的回答是:"我也不清楚是什么,如果让我来说的话,我想也许就是一种运气吧!"

记者听了他的回答先是一愣,"运气?"

看到记者的反应,约翰逊先生微笑着又补充说:"记得当时,有很多人都来到阿拉斯加寻找金矿,我也是这些淘金者中的普通一员。那是一次很偶然的机会,我像往常一样出门寻找金矿,来到了一片已经荒废了的矿区。在那里,我发现了一把锈迹斑斑的十字镐,镐头的另一半还插在泥土中。抓住镐把,我仅仅用力地摇几下,然后将它拔起,竟然就发现十字镐头上粘有许多的金砂,这就是我后来发现的一片含金量极为丰富的矿藏。也就是这片矿藏,令我从一个穷光蛋变成了身价千万的富翁。"

接着,约翰逊像是总结似的又强调说:"假如,那个十字镐的主人,能够再稍微坚持坚持,挥动一下镐头,那么,如今的金矿大王,或许就是那个人了。所以我说我致富的秘诀或许就是一种运气,不过,这种运气却是来自于一种习惯性的坚持。"

读了这个故事,大家是不是感想很多呢?永不放弃是销售员应具备的首要心态。那把镐的主人因为失败而放弃,不但失去了致富的机会,还给竞争对手创造了条件。约翰逊却因为不轻易放弃,最终发现了机遇、获得了财富。

在销售过程中,销售员也要努力培养这种积极进取、永不放弃的心态和精神,并把它展现给客户,让客户信赖你、欣赏你。

(1)看清事情的本质。

失败的销售员往往是盲目的,他不知道自己的目标是什么,也不知道用什么方法才能达到目的。他们只是一味地寻找失败后的下一个目标,或者承认自己的能力有限,有些成绩不该是自己的。

要知道:在这个社会上的每个人都要消费,他们都是销售的对象,不

是你的就是别人的。在他没成为别人的客户之前，我们何不努力让他完全属于自己呢？

想成功就不要轻易放弃，没有做就一定不要说自己不行。不管是已经从事销售多年，还是刚刚踏入销售的门槛，我们都不能轻易放弃任何一个客户。要时刻告诉自己：拿破仑也曾打过败仗，更何况我？我有能力开发市场，有能力留住优质客户。

(2)把欲望作为成功的动力。

有目标才会有方向，有欲望才会有动力。想要获得销售的成功，销售员就要把这种成功的欲望化作前进的动力，激发自己的潜能，努力为实现目标而奋斗。

不断地强化自己内心的梦想。

不被外界的舆论干扰。

不让自己的不足束缚前行的脚步。

知道自己现在要做什么。

(3)把销售当做一种习惯。

恒心和毅力是每个销售员必备的心理素质，而能把销售当做一种习惯，是我们培养恒心和毅力的最佳方法。大多数销售员的失败是因为做事不能持之以恒导致的，即使你的能力很强，即使你极具销售的天赋，如果没有恒心和毅力，也会缺少支撑心理动力的杠杆。把销售当做一种习惯，我们才会慢慢从工作中找到快乐，产生归属感，也才能在日积月累的习惯中获得更多的经验和客户资源。要做到把销售当做一种习惯，需要注意：

平时积累。书到用时方恨少，只有平时多积累，为日后全面的分析做好充分的准备，才能在突发情况下轻松应对，减少中途放弃的几率。另外要储备大量的客户资源，只要是有产品需要的人，就努力把他争取为我们的准客户。

善于思考。"学而不思则罔"，有头脑才会有策略，有所作为才会有进步。销售不是蛮干，当大家销售同样的产品，面对同样的客户时，讲究方法和策略才可以略胜一筹。

143

7.自己人效应——是"自己人",什么都好说

所谓"自己人",是指对方把你与他归于同一类型的人。"自己人效应"是指对"自己人"所说的话更信赖、更容易接受。

在人际交往中,如果双方关系良好,一方就更容易接受另一方的某些观点、立场,甚至对对方提出的为难的要求,也不太容易拒绝。这在心理学上叫做"自己人效应"。

例如,同样一个观点,如果是自己喜欢的人说的,接受起来就比较快和容易。如果是自己讨厌的人说的,就可能本能地加以抵制。有道是:"是自己人,什么都好说;不是自己人,一切按规矩来。"

强化"自己人效应",从这个角度而言,就是要使他人确认你是他们的"自己人"。100多年前,林肯引用一句古老的格言,说过一段颇为精彩的话,他说,"一滴蜜比一加仑胆汁能够捕到更多的苍蝇,人心也是如此。假如你要别人同意你的原则,就先使他相信:你是他的忠实朋友即'自己人'。用一滴蜜去赢得他的心,你就能使他走在理智的大道上。"

酿成这"自己人"的"一滴蜜",关键还在于你自己——在于你如何把"态度与价值观的类似性"和"情感上的相悦性"具体化,在于你怎样从各个方面去广采可供酿蜜的"花粉"。

第一,平等观。你要想取得对方的信任,就先要同对方缩短距离,与之处于平等地位。人际交往的过程,需要角色互动。你要与他人搞好人际关系,如果动辄就摆出一副居高临下之势,以"三娘教子"的态度教训别人,那就"互动"不起来,更难叫人喜欢你。

法国大革命时期最出色的宣传家马拉,就是因为被群众称之为"人民之友",具有"自己人"的平等地位,才赢得了人民的喜欢,因而他的见解也就容易被群众所接受。在平等观问题上,我们还要注重交往中的用语问

题。这不仅仅是一个形式问题。比如，你在某种人际交往场合讲话，如果说"希望诸位朋友献计献策"，这就是以领导者的身份居高临下来说话，而不是平等的态度，是心理上对在座诸位的不尊重。改成"群策群力"或"我们一起商量"，这就承认大家都具有平等地位了。这说明，人际交往中的用语上，也存在一个有无平等观的问题，一个是否"自己人"的显现问题。

第二，要对别人感兴趣。美国一位名叫卡耐基的专家说过一段发人深省的话："你要是真心地对别人感兴趣，两个月内你就能比一个光要别人对他感兴趣的人两年内所交的朋友还要多。"纽约电话公司曾经作过有趣的调查：在电话中哪一个词出现得最多。

结果，他们吃惊地发现，在500个电话谈话中，使用了3950次的词竟是第一人称的"我"。这说明在"人际市场"中，人们总有一种"想使别人对我感到兴趣"的心理趋向。一个有理智的人，应当用"自己人效应"去调节这一心理趋向，使之走向平衡、和谐的状态。这就是要牢牢记取下面这句平常却又富有深意的话：要使别人对你感兴趣吗？那你首先要对别人感兴趣。

第三，给人以"可信度"。所谓"可信度"，是指使他人相信你的言行真伪的程度。在人际交往中，你的话语必须使人感到你说得在行、说得中肯、说得动听，才能增强信息传递的效力。但在这三者之间，起根本作用的还在于你是否说得中肯。即使某人在诗歌方面是世界上最大的专家，如果他为自己的诗或他朋友的诗写评论，人们就不大信任他，因为人们不关心他准确写作的固有能力，而会关心他的客观性，进而关心他的可信程度。一旦了解到他不是公正的观察者，他的可信度就会大打折扣，他说的话也就会没有多少作用了。

这种现象说明，在影响可信度的因素中，存在着一个"隐藏动机"，即他人对你言行动机的理解。如果他人知道你在人际交往中的言行是出自高尚的目的，就会愈加信服你的言行，相反，如果了解到这种言行是为了个人从中获得难登大雅之堂的好处，那就会使你给人的可信度大为降低，于是也就产生不了"自己人效应"。

145

那么,如何让他人相信你是一个公正、客观而无偏见的人呢?就是说,要通过客观实践让他人了解你的主张,你的行动完全是为了别人,是为了大众,是出于高尚的动机,而决不是别有用心、贪图私利。既然实践会证明一切,那你在任何时候都不要"王婆卖瓜,自卖自夸",否则反而会使人家不相信你的"瓜"以及你"卖瓜"的动机。在这里,尤其需要注意的是,对实践的证明力要有耐性,不要企求"立竿见影"。许多事是要经过长时间的反复实践的检验,才能显示其本质的证明力。"路遥知马力,日久见人心",就是此意。

即使有暂时的误会、曲解甚至受冤枉,也大可不必介意。"可信度"还需要你的大肚量。事实上,等到实践证明了一切,雾散云消,那时,你的"可信度"不是会更强吗? 人家不是会更热情地视你为"自己人"吗?

第四,要具备人格魅力。当其他条件都相等时,一个人越有才华,越有能力,人们就越喜爱他。这可能是因为人们有一种要使自己正确的需要,如果与他打交道的你是个有能力,有才华的人,他就会感到有利于他正确而不犯错误、有利于得到提高而不至于退步。因此,你在能力、才华方面如果比较突出,又具有魅力,就会产生一种人际吸引力,使他人对你产生钦佩感并欣赏你的才能,愿意把你作为"自己人"而与你接近。这就是"自己人效应"中的"能力吸引"因素。你要强化"自己人效应",也就不能不重视你的能力、才华的提高。

第五,优化你的个性品质。社会心理学家指出,人的内在品质是产生持久吸引力的关键,而有些个人的性格特征则会阻碍人与人之间的吸引,不利于"自己人效应"的产生与发展。人们一般都喜欢真诚、热情、友好的人,讨厌自私、奸诈、冷酷的人。

人们在进行哪种人可以成为"自己人"的人际选择时,主要考虑的个性品质因素有这样几条:

(1)具有较好的合作性,能谦让、懂得体谅;

(2)能够就思想观点方面的问题敞开讨论而不是主观固执;

(3)思想比较成熟,可以给自己帮助;

（4）热情坦率，愿与别人敞开胸怀沟通；

（5）性格活泼，积极参与各种活动；

（6）考虑问题经常以大局为重，而不是自私自利；

（7）对自己应完成的工作抱有责任感，能善始善终；

（8）思维活跃，有思想，有创新精神。

8.双赢使生意越做越大

一笔生意，两头赢利，能不能策划得完美，全凭经营者的智慧。大多数成功商人进行商务往来时，都能通过巧妙的调整来实现双赢。

在商业经营活动中，成功的企业家不仅追求高产出，而且追求一次或一项投入可以有多次或多项产出。

例如，美术商贾尼斯特别注重潜在顾客的开发，尤其是那些公关学校或大学中的女孩子。这些女孩子即将步入社会，一旦培养出她们对现代美术的兴趣，不仅她们会经常光顾，将来她们还会偕同自己的丈夫来购买美术品。

在买卖中把握双赢的技巧，这不仅是贾尼斯的经商手段，也是大多数企业家惯用的手段，这样可以使得他们的生意越做越大。为什么坚持双赢的竞争法则能取得如此大的收益呢？

第一，现代社会的企业提倡竞争、鼓励竞争，但竞争的目的是为了相互推动、相互促进，共同提高、一起发展。过去，公司为了赚钱，总想独霸市场，一心想着挤垮同行。他们在处理与同行的关系上，多是互相诋毁、互相攻击、互相欺骗。不仅信奉"同行是冤家"，而且坚持"三十六行，行行相妒"。但事实证明，过去那种做法于经商没有任何益处。

第二，虽然竞争公司间有点像战场上的"敌手"，但就其本质来说是不

147

一样的。公司经营的根本目标是为社会作贡献,公司的产品是满足社会需要的,公司赚的钱也被国家、公司和员工三者所用,公司间的竞争手段必须是正当合法的。从这种意义上讲,公司之间完全可以相互帮助、支持和谅解,是可以成为朋友的。

第三,竞争对手在市场上是相通的,不应有冤家路窄之感,而应友善相处,豁然大度。这就好比两位武德很高的拳师比武,一方面要分出高低胜负,另一方面又要互相学习和关心,胜者不傲,败者不馁,相互间切磋技艺,共同提高。

在市场竞争中,对手之间为了自己的生存发展,竭尽全力与对手竞争是很正常的现象。但是,在竞争中一定要运用正当手段。也就是说,只能通过质量、价格、促销等方式进行正大光明的"擂台比武",一决雄雌,切不可用鱼目混珠、造谣中伤、暗箭伤人等不正当手段来损伤对手。

现代社会,市场形势瞬息万变。市场形势此时可能对甲企业有利,眨眼间就可能变得对乙企业有利。所以,老板应"风物长宜放眼量",不应当以一时胜负来论英雄,更不可以因一时失利而迁怒于竞争对手。

9.VIP待遇人人喜欢,要适当地送给"上帝"一些实惠

"Very Important Person"译成中文就是"高级会员、贵宾",缩写为"VIP"。这是一些商家鉴于竞争激烈而想出的一种经营手段。凡是成为某个商家VIP会员的人,就可以享受到一些特有的优惠或者折扣,VIP会员还有消费返利、联谊活动、免费停车等特殊权利。不仅如此,有时人们办一张VIP会员卡为的不是得到更多的实惠,而是一旦成为哪个商家的VIP会员,会觉得自己特别有面子,可以说VIP已经成为一种身份和地位的象征。

人人都有虚荣心，有人说，你有VIP卡，就说明你有消费能力，你是贵人。谁不想成为贵人呢？现在越来越多的商家为客户办理VIP卡，用打折、积分和优惠等活动来吸引客户消费，同时给予客户实惠。VIP卡的形式已经从商场扩展到各种各样的小商户，其种类也是多种多样。据调查，23%持有VIP卡的人在办理的时候都是为了满足虚荣心，26%的人是因为商家推销而办理的，还有15%的人是抱着"别人有我不能没有"的心态办理VIP卡的。这个调查说明，你的客户都想得到VIP待遇，而推销成功与否，要看你怎样应对客户的这种心理。小人物更是有着这种强烈的心理需求。

有一名销售人员，专门推销办公用品。一次，他去一家私营公司推销办公桌椅。进了经理室，见该公司总经理、后勤主管等领导都在，旁边还有一位正在打扫卫生的老伯。

于是，他娴熟地介绍了产品的样式、质量和价格，很快就使老总有了购买意向，并告诉他如果产品情况属实，便可以签订2万元的购货合同。眼看推销成功了，销售人员打心眼儿里高兴，他一边答应过几天送货质检，一边忙从口袋里摸出一包"555"牌香烟，给在场的领导们点上后，说了些客气话，便告辞了。

然而，当销售人员再来该公司联系送货业务时，后勤主管却告诉他，公司不打算要这批产品了。他问是什么原因导致公司改变了主意。对方直截了当地说："老总的岳父嫌你的价格过高，劝老总买别人的。""老总的岳父怎么知道我的货价高呢？""他岳父就是那个扫地的老头！你的话他都听到了。"后勤主管看了一眼还没有明白过来的这位销售人员，说："谁让你小看人，少发一支烟呢？他说你这人眼皮往上挑，不实在……你说为了这点事，我们老总能得罪老岳父吗？"

正所谓客户就是"上帝"，作为"上帝"，他们当然希望你能给他们关怀和实惠。不要只把"上帝"放在嘴边，即使是表面功夫，也不宜表现得太明显，仅仅在过年过节时给予一些关怀的信息是远远不能满足他们的需求

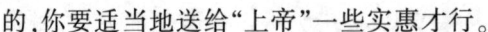

的,你要适当地送给"上帝"一些实惠才行。

心理学上认为,当人们给予别人好处后,别人心中会有负债感,并且希望能够通过同一方式或者其他方式偿还这份人情。销售员可以把它运用到销售工作中,给客户一点小优惠,当客户自己的利益得到满足后,就会毫不犹豫地接受交易。

在一次大型玩具展销会上,一家玩具公司的展位非常偏僻,参观者寥寥无几。公司负责人急中生智,第二天就在展会入口处扔下了一些别致的名片,在名片的背面写着"持此名片可以在本公司展位上领取玩具一个"。结果,展位被包围得水泄不通,并且这种情况一直持续到展销会结束,众多的人气也为这家公司带来了不少生意。

这家公司之所以能取得商业上的成功,就在于他们抓住了人们都只关心自己利益的心理,用给予客户小优惠的方式为公司带来了巨大的商业效益。

只有产品能够满足客户的某种需求时,客户才会考虑是否购买。市场上的同类产品很多,怎样才能让客户对我们的产品情有独钟呢?这就需要销售员根据客户的需要,强化本公司产品的某方面优势。当客户说出自己的期望后,销售员就要马上将客户的理想产品要求和本公司的产品特征进行对比,明确哪些产品特征符合客户期望,哪些要求难以实现和满足。进行一番客观合理的对比之后,销售员要针对能够实现的产品优势对客户进行劝说。介绍这些优势时务必要围绕客户的实际需求展开,从潜意识里影响客户,让客户感到这些产品优势对自己十分重要。但是产品介绍要实事求是,拿出沉稳、自信的态度。

第七章

不必拼狠劲，利己不损人
——将经济学运用在办公室

　　"优秀"已经是个相对过时的概念，在竞争激烈的职场，连"卓越"都变得岌岌可危。你的学历高，还有人的学历比你更高；你的资历长，还有人的资历比你更长；你的责任心强，还有人的责任心比你更强；你的销售业绩好，还有人的销售业绩比你更好……此时，我们若能认识并能够充分利用经济学知识为企业服务，那么无论你是老板，中层还是普通员工，你都可以做到"利己不损人"的资源最大化！

1.走出职场的"内卷化"效应，别让自己止步不前

在我们的生活当中，经常可以见到这类事情。

甲在一家小有名气的公司做助理已经五六年了，公司不断引进新的员工，身边同事也一个个升迁，而他仍然做着助理，在原地徘徊，每天重复着相同的工作，职业生涯没有丝毫转机。

乙，"技工"一做十五年，同辈之人已升任高工和主管，自己却还只是个普通技工，心境抑郁。

丙，二十年少时，一部著作名扬四海，被公认前程似锦，然而二十载光阴荏苒，创作水平再不见长，毫无建树，甚至开始考虑改行……

人们不禁要问：他们为何停止不前？是天赋欠缺，勤奋不够，还是运气迟迟没有垂青？

大家知道，爪哇是印度尼西亚第四大岛，南临印度洋，北面爪哇海，人口稠密，风光旖旎，首都雅加达即位于此处。作为世界著名旅游区，天南海北的游客纷纷慕名而来。然而，在20世纪50年代末，一位美国人类文化学家利福德·盖尔茨在此长居，却一直无意于如画风景，而是潜心于当地的水稻生产。刀镰犁耙，种锄收割，日复一日，年复一年，爪哇岛的原生态农业在维护了一派自然景色的同时，却长期陷入简单重复、没有进步的状态。盖尔茨将这种现象冠名为"内卷化"，随后这一概念被广泛引入到政治、经济之中。

"内卷化"是指一个社会既无突变式的发展，也无渐进式的增长，长期以来，只是在一个层面上自我消耗和自我重复。大到一个社会，小至一个自我，一旦陷入内卷化状态，即身陷泥沼，无力前进。

分析个人的内卷化情况，根本出发点即在于其态度。人们常说，信念决定命运。如果一个人认为自己这一生只能如此，那么命运基本也就不会再有改变，生活就此充满自怨自艾；如果相信自己还能有一番作为，并付诸行动，那么则可能大有收获。

多年前，中央电视台记者去陕北，偶然间采访一个在黄土高原上放羊的男孩，便有了这样一段"经典对话"：

"为什么要放羊？"

"为了卖钱。"

"卖钱做什么呢？"

"娶媳妇。"

"娶媳妇做什么呢？"

"生孩子。"

"生孩子做什么呢？"

"放羊。"

小孩几句话勾勒出了一种"内卷化"的生活状态，这无疑折射出当时许多陕北农民的思想观念，多少年来农民的生存状态没有发生什么改进，其原因在于他们根本就没想过要改进。

因此，生活陷于内卷化的普通人迫切需要改进的是观念，而相比之下，那些成功人士更需要理念常为常新，否则内卷化的后果往往更为严重。

上面提及的甲乙丙等，都为现状不满，都为前途沉郁，可见心气还在，这时就要分析个人内卷化的另一个重要原因，即个人能力。

一般说来，它包括"专业"和"处世"两个方面，二者相辅相成。能力为一个人的立身之本，处世能力可以让专业能力如虎添翼。若只重专业而不顾人际，将难以找到用武之地；而只重处世却无一技之长，终究会成为空中楼阁。只有当两者结合，个人才华才可以得到淋漓尽致的发挥。

想想看,在现实生活中,哪个单位的一把手不是业务熟练又同时精于世故呢? 如今的社会竞争日益激烈、错综复杂,如果你的职业生涯停步不前,那就意味着倒退。内卷化对每一个人的资源消耗都是巨大的,包括时间、精力和意志。因此我们只有充分发挥自我力量,不断更新自己的观念,提升自己的能力,才能走出内卷化的泥淖,为自己的事业开拓出一片新的天地。

2.收入越高的人,薪水涨得越快

对富有的还要再给予,对一无所有的继续剥夺,即贫者愈贫,富者愈富。

20世纪60年代,知名社会学家莫顿首次提出了"马太效应"这一概念,用来比喻富的越富、穷的越穷之类的社会现象。环顾四周,你会发现无论是个人发展还是国家间、企业间的竞争中,马太效应无处不在。

为什么在人们的思想观念发生转变,特别是"平等"观念已被举世公认的今天,这一"不平等"现象反而变得变本加厉起来? 简而言之,就是世界已经"变小"了。过去人们的竞争都是局限在一定范围内的,如一个地区、一个国家或一个大洲之中,竞争场所多却相互隔绝,所以可以同时并存很多个"赢家";而今天,飞速发展的科学技术已经把整个世界紧密地联系在一起,原有的隔绝被打破了,世界成为唯一的竞技场,其结果就是赢家更少,而赢得的战利品更多。特别是"全球化"的浪潮使原来的贸易壁垒不复存在,一个成功的企业甚至可以在全球击败所有对手,成为世界各地人们普遍使用的某种商品的唯一供应。

赢家通吃意味着具有某种优势的人或组织以自身的优势资源为依靠,击败处于劣势的对手,从而赢得更多资源,这是一个不断发展的"滚雪

球"过程：你赢了一次，就更加强大，也就有可能一直赢下去，并不断发展壮大。

我们以两个国家——阿根廷和美国作为国际经济中马太效应的例证。阿根廷正处于历史上最严重的经济危机之中，投资的减少使经济复兴乏力，而经济不振又引发一系列问题，如失业率上升、通货膨胀等。人们纷纷涌进银行提取存款，为了避免发生金融灾难，政府只好严格限制民众从银行提款。然而这一无奈之举，却引发了更大的动荡，社会动乱，政权更迭，整个国家在危机中越陷越深。有人评论：如果阿根廷是一家公司，那么它早该宣布破产了。

而美国早在十几年前，就已经成了纯债务国，至今它所欠的国债已达数万亿以上。相比之下，将阿根廷拖垮的"巨额外债"不过是个小数目而已。美国的金融市场也不是毫无风险的，安然公司倒闭，众多大企业、大公司涉嫌在财务报表上造假等等就是明证。如果这些事发生在一个像阿根廷那样的国家，后果肯定是毁灭性的。然而美国仍然是世界上最受投资者青睐的国家。原因很简单：美国是个"大"国，人们相信它的经济实力和发展潜力足以消解种种不良因素的影响。而阿根廷相对而言则是个"小国"，没有人敢把赌注下在它身上。

在前面对马太效应的分析和解释中，你也许注意到了一个概念：资源。这是马太效应的核心奥秘，或者说，是推动马太效应的内驱动力。

正如一句古语所说"多财善贾，长袖善舞"，你拥有的资源越多，就越有可能获得成功，成为"赢家"。其原因是：更多的资源首先表现为更强的能力。正如一个本钱越多的人赢得也就越多，即使利润率相同，一个本钱超过对手10倍的人，利润额也会高10倍。况且，占有更多资源者往往利润率更高，他可以通过大规模的生产和销售降低成本，并以较低的价格吸引更多消费者，在竞争中取得优势。

拥有丰富的资源还意味着更强的抗风险能力。在经济社会中，萧条期是不可避免的。当整个环境不景气时，中小企业纷纷倒闭，而大公司却有更多的回旋余地，可以通过紧缩开支、裁员等措施熬过"严冬"。

最后,正如万有引力定律所阐明的:质量越大,引力越强。资源丰富者对每个人都更有吸引力:它的员工忠诚度更高,归属感和自豪感更强;它的客户和合作者对它也有更高的认同感。

3.运用替代效应,做个聪明的"经济型"员工

以色列有一则寓言:

一天,克尔姆城里的补鞋匠把一个顾客杀了。于是,他被带上了法庭,法官宣判把他处以绞刑。判决宣布之后,一个市民站起来大声说:"尊敬的法官,被你宣判死刑的是城里的补鞋匠! 我们只有他这么一个补鞋匠,如果你把他绞死了,谁来为我们补鞋?"

克尔姆城的市民这时也异口同声地呼吁。法官赞同地点了点头,重新进行了判决。"克尔姆的公民们,"他说,"你们说得对,由于我们只有一个补鞋匠,处死他对大家都不利。城里有两个盖房顶的,就让他们其中的一个替他去死吧!"

这样的故事只可能在寓言里出现,但从这个故事中也能引出一个重要的经济学概念:替代效应。

替代效应是指由于一种商品价格变动而引起的商品的相对价格发生变动,从而导致消费者在保持效用不变的条件下,对商品需求量的改变。比如,你在市场买水果,看到橙子降价了,而橘子的价格没有变化,在降价的橙子面前,橘子好像变贵了,这样你往往会多买橙子而不买橘子了。

替代效应在生活中非常普遍。我们日常的生活用品大多是可以相互替代的。萝卜贵了多吃白菜,大米贵了多吃面条。一般来说,越是难以替代的

物品价格越是高昂。比如，产品的技术含量越高，价格就越高，因为高技术的产品只有高技术才能完成，替代性较低，而馒头谁都会做，所以价格也低廉。再如艺术品价格昂贵，就是因为艺术品是一种个性化极强的物品，找不到替代品。王羲之的《兰亭集序》价值连城，同它只有一幅有很大关系。

其实，在我们的工作中，替代效应也在不断发挥作用。那些有技术、有才能的人在企业里是香饽饽，老板见了又是加薪又是笑脸，为什么？因为这个世界上有技术、有才能的人并不是很多，找一个能替代的人更是不容易。而普通员工，企业却很容易从劳务市场上找到替代的人。中国是人力资源大国，你不愿意做，想做的人多的是。对于别人的薪金比自己高，不要吃惊和不平，只要使自己具有不可替代性，待遇自然会提高上来。

替代效应在人们的日常生活中无处不在，我们要正确认识并学会充分利用它，做一个聪明的经济人。

沃尔玛亚洲事务主管有一位私人助理，他是一个善解人意的年轻人，总能第一时间领会主管的意图，很受主管的倚重。在工作上，每天的日程表、记录、会议安排，助理都会按照主管的意图，妥善安排，让主管工作得更省心，更高效。

对于主管生活上的小细节，助理也想得十分周到。由于主管健康状况不佳，他就与主管的私人医生保持密切联系，随身带着一些必备的药品。他还着意了解主管的习惯和爱好，安排好主管的饮食起居。一次，主管出差来到日本东京，一进下榻酒店的房间，就惊喜地发现窗帘是自己最喜欢的米黄色，床上则摆着自己平时习惯用的那种枕头——原来，助理早在两天前预订房间时，就已安排好了一切。

有一次，主管委派这位助理到美国去处理一些事务。刚走没两天，主管就感到很不习惯，他对一个下属抱怨说："他这一走，我就像失去了右手，只能用笨拙的左手来工作，这可真是要命！"最后，在主管的频频催促下，助理迅速处理完了美国的事务，返回亚洲。

后来，主管因健康的原因辞去了工作。在他的极力推荐下，那位助理接替了他的职位。

"上司最离不开你",这是不可替代员工的一个重要标准。在秘书、助理这些职位上,这一点体现得尤为充分。

作为一名员工,如果你能为你的上司鞍前马后地效劳,成为他最离不开的人,这同样会让你变得不可替代。

记住以下9条:

(1)工作时间不要与同事喋喋不休,这样做只能造成两个影响,一是那个喋喋不休的人觉得你也很清闲;二是别人会觉得你们两个都无所事事。

(2)不要在老板不在的时间偷懒,因为你手头被打了折扣的工作绩效迟早会将你的所作所为暴露无遗。

(3)不要将公司的财物带回家,哪怕是一只鼠标垫。

(4)不做夸张的装扮,工作场合远离半尺厚的松糕鞋与有孔的牛仔裤,否则你的这种装扮会让别人无法集中精神,也同职业极不相符。

(5)不要仅为赚取更多的钱,就为公司的竞争对手做兼职。更不可以为了私利,就将公司的机密外泄,这是一种职场上的不忠,员工之大忌。

(6)不要淹没在电子邮件中,除非你正在等一个很重要的东西,否则没有必要立即或时时刻刻阅读邮件。预留一些时间,一次性做出处理。

(7)不要每日都摆着一张苦瓜脸,要试着从工作中找寻乐趣,从你的职业中找出令你感兴趣的工作方式并尝试多做一些,试着多一点热忱。

(8)不要推脱一些你认为冗长及不重要的工作,要知道,你所有的贡献与努力都是不会被永远忽略的。

(9)不要忘记工作的满足感来自一贯的表现,因此要不断充实自己的专业知识,为公司整体利益做出直接贡献。

对于一个员工来说,尽管学历、资历、责任心和业绩都非常重要,但仅仅拥有这些还远远不够,你必须尽快尽力尽早地发现和挖掘自己身上的"优势",把自己塑造成一个"不可替代"的员工!

4.让自己变好，又不会使别人变差——实现"帕累托最优"

喜欢扑克游戏的人都知道，打好牌需要两方面的因素：一个是对战略战术的理解，与对家的配合，这属于打牌的技巧；一个是手上所掌握牌的好坏，这属于打牌的运气。实际上，只要拿起了一手牌，就意味着自己掌握了一系列的资源。要在游戏中体验到胜利的滋味，就要学会控牌技术，如坐庄时的扣牌，对主牌、副牌的出牌次序的判断，对每张牌的使用等。对于游戏者而言，最关键的是如何以最高的效率来发挥自己所掌握的资源。

在《西游记》中，唐僧、孙悟空、猪八戒和沙和尚师徒四人一起去西天取经，那里被称作西方极乐世界，是一方"净土"之中的"净土"，一切众生都心向往之，希望在那个大同世界里得到解脱。在那里，社会公平公正，人人都得到圆满。《西游记》对西方世界的描述正是突出表达了这样一个观点：众生平等。

在经济学里，也早就有关于类似"理想"社会的研究。但是，与神话不同之处在于，经济学家是非常务实的，他们明白社会资源的有限性，因此，更为注重在资源使用时的公平与效率。在衡量优劣时将"效率"与"公平"结合起来，便产生了"帕累托最优"这样一个概念。

帕累托最优是资源分配的一种状态，指在不使任何人的境况变坏的情况下，不可能再让某些人的处境变好的状态。帕累托最优只是各种理想态标准中的"最低标准"。也就是说，一种状态如果尚未达到帕累托最优，那么它一定不是最理想的，因为还存在改进的余地，可以在不损害任何人的前提下使某一些人的福利得到提高。但是，一种达到了帕累托最优的状态也并不一定真的很理想。通俗地讲，帕累托最优是指一个人已经处于这样一种极限状态:除非损害别人,否则就不能让自己变得更好。由此可以看出,帕累托最优是公平与效率的"理想王国"。这个概念是以意大利经济学家维弗雷多·帕累托的名字命名的,现在,帕累托最优已经成为评价经济制度和政治方针优劣的重要标准。

与"帕累托最优"相适应的,是"帕累托改进"。它是指在没有使任何人处境变坏的前提下,使得至少一个人的处境能变得更好。要注意,"帕累托最优"指的是一种状态,"帕累托改进"指的则是一种变化。

试举一例。球迷们去体育场观看一场精彩的足球比赛,球场能坐50000人。假如在比赛开场前,坐到了49000人,那么,体育场在此时还没有处在"帕累托最优"的状态,因为如果再进入1000名球迷,他们也可以看到比赛,即"他们的处境会变得更好",这个增加球迷的过程就是"帕累托改进"。

但是如果已经坐满了50000人,如果再进入1000名甚至更多的球迷,这些新增加的球迷可能会因为看到球赛而使"自己的处境变好",但对于那原有的50000名观众来说,处境却会变差,原因很简单,超过规定人数,安全性就受到损害了。

同样的情况也适用于长途汽车。在没有满员的情况下,可以再上乘客,以达到"帕累托最优",但是满员后再超载,全体乘客的安全就会受到影响。

上面提到,"帕累托改进"的特点是自己变好,同时又不使他人变差。正是由于"帕累托改进"没有损害到他人的利益,其行为所遇到的阻力往往很小。企业管理者要学会利用"帕累托改进"服务于企业和员工,实现资源的最大优化组合。

在经济学上,"帕累托最优"无疑是一颗闪烁着迷人光泽的宝石。它包含着自由平等的精神、公平公正的道德诉求以及对优劣进行评价的效率标准。在这种状态下,每个人均不会为了自己的利益而损及他人,最终将实现社会的充分富裕。由此看来,帕累托最优确实令人神往。

一般来说,达到帕累托最优时,会同时满足以下三个条件:

（1）交换最优：即使再交易，个人也不能从中得到更大的利益。此时对任意两个消费者来说，任意两种商品的边际替代率是相同的，且两个消费者的效用同时得到最大化。

（2）生产最优：这个经济体必须在自己的生产可能性边界上。此时对任意两个生产不同产品的生产者，需要投入的两种生产要素的边际技术替代率是相同的，且两个生产者的产量同时得到最大化。

（3）产品混合最优：经济体产出产品的组合必须反映消费者的偏好。此时任意两种商品之间的边际替代率必须与任何生产者在这两种商品之间的边际产品转换率相同。

但是需要指出的是，在经济学上，"帕累托最优"描述的是一种过于理想化的状态，在现实的经济生活中比较难以达到。"帕累托改进"又存在着一个很严格的条件，即不允许任何人的利益受到损害，这在当前的现实生活中往往难以满足。于是，经济学家们设立了另一个宽松一些的标准。它的特点是，如果在一种变革中，受益者所得到的利益足以弥补受损失者的损失，那么这种变革就是"卡尔多—希克斯改进"。它是以一种长期发展的眼光来看待经济变化的，要求的是一项经济政策能够从长期提高全社会的生产效率。虽然它可能会在短期内使得某些人受损，但经过较长时间后，所有人的境况都会由于社会生产率的提高而获得补偿。应该说，现在的很多改革都是卡尔多—希克斯改进。

"让自己变好，又不会使别人变差"，这是人们追求的理想状态。事实上，在现实生活的方方面面，帕累托最优理论都在指导着我们前进的方向，我们的生活就是向帕累托最优努力拼搏的一个过程。

5.蘑菇原理,同羽化成蝶息息相关

很多职场新人都有这样的经历:本以为埋头苦学十几年,终有一日可以大展身手,却发现自己被分配到不受重视的部门;被安排做打杂跑腿的工作;得不到必要的指导和提携;像"蘑菇"一样,在"阴暗"的角落里自生自灭;经常还会遭受无端的批评、指责,代人受过。因此他们怨天尤人,觉得生活对自己太不公平,甚至还有人干脆放弃了当初千挑万选的工作。

新人往往会觉得这是企业对自己的歧视,然而事实并非如此。

蘑菇原理这一说法来自20世纪70年代一批年轻的电脑程序员的创意。由于当时许多年轻人不理解他们的工作,持怀疑和轻视的态度,所以年轻的电脑程序员就经常自嘲"像蘑菇一样的生活"。

蘑菇原理是许多组织对待初出茅庐者的一种管理方法。初学者被置于阴暗的角落,比如不受重视的部门,或让他们干些打杂跑腿的工作;经常被领导无端批评,甚至会代人受过;任其自生自灭,得不到领导的指导和提携……

这段毫无光彩的"蘑菇期"对企业和个人都大有好处,可以使企业和新员工之间进行最大限度的磨合和适应。充当一只默默无闻的"蘑菇",是绝大多数职场新人走向成熟的必经之路。

对员工来说,一些简单的、没有技术含量的基础工作,是了解企业的生产经营状况和客户的基础。对企业来说,管理者可以从一件小事、一个细节中发掘人才,充分发挥他们的优势,更有利于促进企业的发展、壮大。

刚进入企业的大学生专业水平不相上下,人格特质却迥然不同,企业更愿意选择踏实肯干、责任感强、积极主动并善于思考的新人。持之以恒地完成简单任务、做好"小事",会让你在周围的人中脱颖而出,领导才会放心地委以重任。而那些急功近利、心浮气躁的人,连芝麻绿豆大的事都

做不好，又怎么可能担当重任呢？换个角度去思考，如果你是领导，你也会做出同样的选择。

但是从职场新人的角度来看，当踌躇满志的理想遭遇"暗淡无光"的现实，自信心必然会受到重大打击，从而丧失工作的热情，产生敷衍应付的态度。因此，如何快速、高效地度过职业生涯中那段最痛苦难熬的"蘑菇期"，积累工作经验和人生阅历，是每个职场新人必须解决的问题。

积极认真的工作态度，是你脱颖而出的先决条件。认真对待你所从事的工作，不放过任何鸡毛蒜皮的小事和看似微不足道的细节，竭尽所能把它们做到最好，为你的发展之路奠定坚实的基础。正如一位作家所言："无论做什么事情，都应该尽心尽力，一丝不苟。也许，在我们眼里微不足道的细节，实际上却可能生死攸关。"

要想改变环境，就要先适应环境，知己知彼才能百战百胜。对职场新人来说，进入一个并不满意的公司，被安排到一个毫不起眼的岗位，做着无聊的工作时，适应环境是第一要务。能很快适应并融入环境的人，才能更好地完成自己的工作，反之只会将自己置于痛苦的深渊。从这个角度来说，"蘑菇期"对新人至关重要，直接决定了他日后的工作，甚至一生。

低调做人能让你得到更多的关注。年轻人在做完工作、取得成绩后，总是渴望得到上司和同事的赞赏。但是，并不是你的每一点成绩都会引起别人的注意，并且这也不能完全证明你的真实水平。只有脚踏实地做事，取得更大的成绩时，才能一举成名，成为上司和同事关注的焦点。

"蘑菇期"不仅是对一个人专业知识的考量，还对一个人的职业道德、耐心、毅力等多方面能力提出了更高的要求。这时，很多年轻人选择逃避，但这解决不了任何问题。就算你侥幸绕过了这个难关，还会遇到千万个相似的难关，你总不能当一辈子的"逃兵"吧？

锁定一个目标，然后持之以恒地努力，只有这样才能帮助你更快地度过"蘑菇期"。厚积薄发，方能游刃有余。只有在这个艰难的过程中不断积累宝贵经验，提高自己的工作能力和个人素质，才能为自己锻造出更强的竞争力，走上通往成功的道路。

6.吉格定理——没有任何才能不需要后天的锻炼

除了生命本身,没有任何才能不需要后天的锻炼。

美国培训专家吉格·吉格勒指出:"没有人能只依靠天分成功。上帝给予了天分,勤奋将天分变为天才。"

中国近代史上的风云人物曾国藩建立了自己的不朽功业,但他的天赋却不高。在取得功名之前,有一天曾国藩在家读书,一篇文章重复不知道多少遍了,还是背不下来。这时候他家来了一个小偷,潜伏在他家的屋檐下,希望等曾国藩睡觉之后再行动。可是等啊等,就是不见他睡觉,还是翻来覆去地读那篇文章。小偷大怒,跳下梁来说:"这种水平还读什么书?"然后将那文章背诵一遍,扬长而去!

小偷是很聪明,至少比曾先生要聪明,但是他只能成为小偷,而曾国藩经过自己的勤奋苦读,成就了自己在中国历史上的丰功伟业。毛泽东主席曾不无感慨地说:"近人吾独服曾文正!"古语云:勤能补拙是良训,一分辛苦一分才。那小偷的记忆力真好,听过几遍的文章都能背下来,而且很勇敢,见别人不睡觉居然也敢跳出来发怒。可惜,他的天赋没有加上勤奋,所以惘然无所得。伟大的成功和辛勤的劳动是成正比的,有一分付出才会有一分收获,日积月累,从少到多,奇迹也可以创造出来。

对一个人来说,才能的养成需要后天的勤奋学习。对一个企业来说,它的竞争力和优势同样在于不断地学习。通用电气公司(GE)能成长为一家世界顶级企业,靠的就是不断学习,不断地以全球公司为师。

在韦尔奇执掌GE的20年里,GE的发展达到了很高的高度,但韦尔奇却一直强调GE是一个无边界的学习型组织,一直坚持以全球的公司为师。他经常强调说:"很多年前,丰田公司教我们学会了资产管理;摩托罗

拉推动了我们学习六西格玛管理；思科和Trioloy帮助我们学会了数字化。这样，世界上商业精华和管理才智就都在我们手中，而且，面对未来，我们也要这样不断追寻世界上最新最好的东西，为我所用。"

GE之所以能成为赫赫有名的"经理人摇篮"、"商界的西点军校"，甚至超过三分之一的CEO都是从这家公司中走出，除了严格的人才淘汰体制，最重要的就是这种无边界的学习型组织体制。在这样的组织下，每一个经理人无时无刻不在自觉地精心雕刻自己，从专业知识到职业技能，从管理手段到说话方式，从画好一张表格到接好一个电话、写好一个电子邮件，到日常生活的一点一滴，目的是随时能够接受更高的挑战。正是因为坚持不断的学习，才使GE能以最好的姿态和实力去迎接市场的挑战，从而创下了连续20年盈利的辉煌。韦尔奇的这些管理原则，不但使GE成为强大而备受尊敬的公司，也为管理界留下了很好的典范。

7.奥格威法则——善于用人，才能成就伟业

奥格威法则来源于这样的一个故事：

奥美广告公司的创始人奥格威在一次董事会时，在每位与会者的桌上都放了一个玩具娃娃。"大家都打开看看吧，那就是你们自己！"奥格威说。董事们很吃惊，疑惑地打开了眼前的玩具包装，展现在眼前的是一个更小的同类型玩具。接下来还是如此。当他们打开最后一层时，发现了玩具娃娃身上有一张纸条，那是奥格威留给他们的：你要是永远都只任用比自己水平差的人，那么我们的公司就会沦为侏儒；你要是敢于启用比自己水平高的人，我们就会成长为巨人公司！

奥格威法则强调的是人才的重要性。一个好的公司固然是因为它有好的产品,有好的硬件设施,有雄厚的财力作为支撑,但最重要的还是要有优秀的人才。光有财、物,并不能带来任何新的变化,只有具有大批的优秀人才才是最重要、最根本的。

美国的钢铁大王卡耐基的墓碑上刻着:"一位知道选用比他本人能力更强的人来为他工作的人安息在这里。"卡耐基之所以成为钢铁大王,并非单单因为他本人有什么了不起的能力,而是因为他敢用比自己强的人,能看到并发挥他们的长处。

齐瓦勃本来只是卡耐基钢铁公司下属布拉德钢铁厂的一位工程师,卡耐基在知道了齐瓦勃有超人的工作热情和杰出的管理才能后,马上提拔他当上了布拉德钢铁厂的厂长。正因为有了齐瓦勃管理下的这个工厂,卡耐基才敢说:"什么时候我想占领市场,市场就是我的。因为我能造出又便宜又好的钢材。"几年后,表现出众的齐瓦勃又被卡耐基任命为钢铁公司的董事长,成为了卡耐基钢铁公司的灵魂人物。

齐瓦勃担任董事长的第七年,当时控制着美国铁路命脉的大财阀摩根,提出与卡耐基联合经营钢铁。一天,卡耐基递给齐瓦勃一份清单说:"按上面的条件,你去与摩根谈联合的事宜。"齐瓦勃接过来看了看,对卡耐基说:"你有最后的决定权,但我想告诉你,按这些条件去谈,摩根肯定乐于接受,但你将损失一大笔钱。看来你对这件事没有我调查得详细。"经过分析,卡耐基承认自己过高地估计了摩根,于是全权委托齐瓦勃与摩根谈判,终于取得了对卡耐基有绝对优势的联合条件。

卡耐基曾说过:"把我的厂房、机器、资金全部拿走,只要留下我的人,4年以后又是一个钢铁大王。"靠什么,靠用人!到20世纪初,卡耐基钢铁公司已成为世界上最大的钢铁企业。它拥有2万多员工以及世界上最先进的设备,它的年产量超过了英国全国的钢铁产量,它的年收益额达4000万美元。卡耐基是公司最大的股东,但他并不担任董事长、总经理之类的职务。他的成功在很大程度上取决于他任用了一批懂技术、懂管理的人才。

华尔街的大富豪P. 摩根也是一位敢用强过自己的人作为左膀右臂

的典范。

比摩根小10岁的萨缪尔·斯宾塞是个土生土长的南方美国人,十分精明强干。大学毕业后,斯宾塞进入巴尔的摩—俄亥俄铁路。由于他非凡的才能,立即担任了总裁室的特别助理,此后平步青云,不久,便被提升为副总裁。恰巧此时,这条铁路由于赤字濒临破产,斯宾塞受命负责使这条铁路起死回生,他的卓越管理才能在这一过程中得到了最充分的发挥。

很快,作为公司财产主要接管人的摩根就发现了斯宾塞在经营与管理方面的过人之处,他觉得斯宾塞在某些方面甚至超过了自己。对于求才若渴的摩根来说,最大爱好便是发现人才、任用人才,因此他绝不会错失任何一个人才。由于很欣赏斯宾塞的才华,摩根擢升他为总裁,而斯宾塞也没有辜负摩根的一番期望,顺利地负责偿还了800万美元的债务。因此,更加受摩根的器重,最终成为了摩根的左膀右臂之一。

若想使公司充满生机活力,需要选贤任能,雇请一流人才,而不能武大郎开店,害怕对方超过自己。其实,敢用比自己强的能人不仅是一个肚量问题,也是一个信心与能力的问题。楚汉相争中,不会打仗的刘邦能得天下,是因为他有张良的谋略,萧何的内助,韩信的善战;卖草鞋的刘备能在三国鼎立中独占一席,是因为三顾茅庐请得诸葛亮出山相助。对一个企业领导者来说,即使不是一流人才,只要能知人善任,企业就不愁发展壮大。

8.弥补自身的"短板",消除限制自身发展的不利因素

众所周知,一只木桶盛水的多少,并不取决于桶壁上最高的那块木

板,而是取决于桶壁上最短的那块木板。人们把这一规律总结成为"木桶定律"或"木桶理论"。

根据这一核心内容,"木桶定律"还有三个推论:

其一,只有当木桶壁上的所有木板都足够高时,木桶才能盛满水;只要这个木桶里有一块木板不够高度,木桶里的水就不可能是满的;其二,比最低木板高的所有木板的高出部分都是没有意义的,高得越多,浪费就越大;其三,要想提高木桶的容量,应该设法加高最低木板的高度, 这是最有效也是唯一的途径。与木桶定律相似的还有一个链条定律:一根链条最薄弱的环节和其他环节一样承受着相同的强度,那么链条越长,就越薄弱。

木桶定律适合于所有的组织和个人。对一个组织来说,构成组织的各个部分往往是参差不齐的。"最短的木板"与"最弱的环节"都是组织中有用的一部分, 只不过比其他部分稍差一些, 你不能把它们当成烂苹果扔掉。然而正是这些薄弱环节使组织的许多资源闲置甚至浪费,发挥不了应有的作用,严重地影响并制约着组织的发展。为了发挥组织这个系统的整体作用,释放出它的潜力,就必须弥补组织的薄弱环节,想方设法让短板子达到长板子的高度,或者让所有的板子维持"足够高"的相等高度,使组织能够释放出潜在的能量,在市场竞争中处于不败之地。

对个人来说也是如此,制约个人发展的往往就是那么一两个方面,如个人的职业习惯、生活习惯。细节决定成败,习惯决定命运,每个人身上都有"短板"。为了能够获得更高层次的发展,就必须克服不良习惯,弥补自己的薄弱环节,掌握完整的知识结构,培养各方面的能力。只有这样,才可以使自己在以后的道路上走得更远。

为了使组织或个人无懈可击,就必须弥补自身的"短板",消除那些限制自身发展的因素。这里,介绍几种方法以供大家参考:

(1)获取必要的知识和技能;

(2)让自己变得不可替代;

(3)迅速提高职业竞争力;

(4)对员工进行必要的培训；

(5)给下属创造成长的机会；

(6)开发非明星员工；

(7)打造超级团队；

(8)培训自己的合作伙伴。

在木桶理论的经典论述中，强调了补齐短板的重要性。但是，我们中国企业执行起来往往理解成"削长补短"，这样就导致削足适履问题的出现。有很多企业间的并购或者企业内部部门之间的合并往往并没有产生预想的效果，反而导致原有优势的丧失，就是没有准确把握木桶定律的精髓所致。

木桶定律可以启发我们对构成系统的各个要素的思考，如一个生产流程、一种商业运作模式、一个组织系统中的各个要素。因此，在管理过程中要下功夫狠抓公司的薄弱环节，否则，公司的整体工作就会受到影响。人们常说"取长补短"，即取长的目的是为了补短，只取长而不补短，就很难发挥整体效应。倘若把企业的某个团队比作一个木桶，那么这个团队的每位员工就是组成这个木桶的某块木板。

在一个团队里，决定这个团队战斗力强弱的也许不是那个能力最强、表现最好的人，而恰恰是那个能力最弱、表现最差的落后者。因为"最短的木板"在对"最长的木板"起着限制和制约作用，决定了这个团队的战斗力，影响了这个团队的综合实力。团队要想成为一个结实耐用的木桶，首先要想方设法增高短板子的长度(均衡)。只有让所有的板子都维持"足够高"的高度，才能充分体现团队精神，完全发挥团队作用。在这个充满竞争的时代，只要团队里有一个员工的能力低弱，就足以影响整个团队达成预期的目标。

企业要想提高每一个员工的竞争力，并将他们的力量有效地凝聚起来，最好的办法就是对员工进行教育和培训。

加强对每一个员工的教育与培训，是一个企业成为一个结实耐用的木桶所不容忽视的环节。

169

9.刺猬理论——亲密要有间

刺猬在天冷时彼此靠拢取暖，但会保持一定距离，以免互相刺伤。

"刺猬"理论说的是这样一个故事：两只困倦的刺猬，由于寒冷而拥在一起。可因为各自身上都长着刺，刺得对方怎么也睡不舒服。于是它们分开了一段距离，但又冷得受不了。于是再次凑到一起。几经折腾，两只刺猬终于找到了一个合适的距离：既能互相取暖又不至于被对方刺伤。

刺猬理论强调的就是人际交往中的"心理距离效应"。运用到管理实践中，就是领导者如要想搞好工作，应该与下属保持亲密关系，但这是"亲密有间"的关系，是一种不远不近的恰当合作关系。与下属保持心理距离，可以避免下属的防备和紧张，也可以减少下属对自己的恭维、奉承、送礼、行贿等行为，还可以防止与下属称兄道弟、吃喝不分。这样做既能够得到下属的尊重，又能保证在工作中不丧失原则。一个优秀的领导者和管理者，要做到"疏者密之，密者疏之"，这才是成功之道。

法国总统戴高乐就是一个很会运用刺猬理论的人。他有一个座右铭："保持一定的距离！"这深刻地影响了他和顾问、智囊和参谋们的关系。在他十多年的总统生涯中，他的秘书处、办公厅和私人参谋部等顾问和智囊机构，没有什么人的工作年限能超过两年以上。他对新上任的办公厅主任总是这样说："我使用你两年，正如人们不能以参谋部的工作作为自己的职业，你也不能以办公厅主任作为自己的职业。"这就是戴高乐的规定。

这一规定出于两方面原因：一是在他看来，调动是正常的，而固定是不正常的。这是受部队做法的影响，因为军队是流动的，不会始终固定在一个地方。二是他不想让"这些人"变成他"离不开的人"。这表明戴高乐是个主要靠自己的思维和决断而生存的领袖，他不容许身边有永远离不开

的人。只有调动，才能更好地保持一定距离，而惟有保持一定的距离，才能保证顾问和参谋的思维、决断具有新鲜感和充满朝气，也就可以杜绝年长日久的顾问和参谋们利用总统及政府的名义营私舞弊。

戴高乐的做法值得我们深思和敬佩。没有距离感，领导决策过分依赖秘书或某几个人，很容易使智囊人员干政，进而假借领导名义，谋一己之私利，最后拉领导干部下水，后果是很严重的。两相比较，还是保持一定距离的好。

旅馆大王希尔顿为自己的王国创下了一条原则：最低的收费，最佳的服务。在提倡最佳的服务的原则时，希尔顿要求饭店的所有职员，包括各层次的管理者一定要做到和气为贵，顾客至上。希尔顿强调，谁违反了这一规定，谁就要受到严厉的惩罚。

有一次，希尔顿饭店一位经理在为客户提供服务时，与顾客发生了争执，最后居然还大吵了起来，造成了很坏的影响。这件事被报告给希尔顿后，希尔顿马上找来了这位经理，很严厉地对他说："你违背了我的原则，所以你必须离开！"这位经理在平时有很强的业务能力，为饭店作了不小的贡献。但希尔顿并没有因为这点就姑息他，因为他触犯的是与公司生存息息相关的经营理念原则。正是因为在对待"和气为贵，顾客至上"原则上的这种坚持，才使希尔顿饭店保持了对消费者的持久吸引力。由于这种理念事关公司的基本原则，希尔顿饭店的每个员工都一直自觉坚持着这个原则。做到这一点，与希尔顿在原则问题上的严要求是分不开的。

其实，在平时的工作中，希尔顿并不是板着面孔的，他很注重与员工们的交流，关心他们的生活，与员工的关系也十分融洽。但在原则问题上，他是绝不含糊的。这一点与通用电气公司的前总裁斯通倒很相像。斯通在工作中就很注意身体力行刺猬理论，尤其在对待中高层管理者上更是如此。在工作场合和待遇问题上，斯通从不吝啬对管理者们的关爱，但在工余时间，他从不邀请管理人员到家做客，也从不接受他们的邀约。正是这种保持适度距离的管理,使得通用的各项业务能够芝麻开花节节高。

与员工保持一定的距离,既不会使你高高在上,也不会使你与员工互相混淆身份。这是管理的一种最佳状态。距离的保持要靠一定的原则来维持,这种原则对所有人都一视同仁:既可以约束领导者自己,也可以约束员工。掌握了这个原则,也就掌握了成功管理的秘诀。

10.鲶鱼效应——生机在于竞争

鲶鱼效应来源于这样一个故事:挪威人爱吃沙丁鱼,不少渔民都以捕捞沙丁鱼为生。因为沙丁鱼只有活鱼才鲜嫩可口,所以渔民出海捕捞到的沙丁鱼,如果抵港时仍活着,卖价要比死鱼高出许多倍。但由于沙丁鱼不爱动,捕上来不一会儿就会死去。怎么办呢?

一次偶然的机会,一个渔民误将一条鲶鱼掉进了装沙丁鱼的鱼舱里。当他回到岸边打开船舱时,惊奇地发现以前都会死的沙丁鱼竟然都活蹦乱跳地活着。渔夫恍然大悟,这是先前掉进去的鲶鱼的功劳。原来鲶鱼进入鱼舱后由于环境陌生,自然会四处游动,到处挑起摩擦。而沙丁鱼呢,则因发现异己分子而紧张得四处逃窜,把整舱鱼扰得上下浮动,也使水面不断波动,从而氧气充分。如此这般,就保证了沙丁鱼被活蹦乱跳地运进了渔港。后来,渔夫受到启发,每次都会在沙丁鱼的鱼舱中放几条鲶鱼,这样每次都能把鱼鲜活地运回海岸。渔夫的这种做法后来被管理者们总结成了"鲶鱼效应",并将其作为一种竞争机制而引入人力资源管理中。

在自然界中,"鲶鱼效应"十分常见。科学家曾观察过大自然中的鹿群,他们发现,如果一个鹿群的活动区域里没有狼等天敌,它们缺少危机感,不再奔跑,身体素质就会下降,这个鹿群的整体繁衍就会大受影响。在

我们的生活中也常有这种现象,缺乏竞争的组织,其生命力远远不如在激烈竞争中磨练的组织。

如果一个组织内部缺乏活力,效率低下,那么不妨引入一些鲶鱼来,让它搅浑平静的水面,让"沙丁鱼"们都动起来。"鲶鱼效应"在组织人力资源管理上的有效运用,往往会带来出乎意料的效果。

本田汽车公司的总裁本田宗一郎就曾面临这样一个问题:公司里东游西荡、人浮于事的员工太多,严重拖企业的后腿。可是把他们全部开除也不妥当,一方面会受到工会方面的压力,另一方面企业也会蒙受损失。这让他大伤脑筋。他的得力助手、副总裁宫泽就给他讲了沙丁鱼的故事。

本田听完了宫泽的故事,豁然开朗,连声称赞:这是个好办法。宫泽最后补充说:"其实人也一样。一个公司如果人员长期固定不变,就会缺乏新鲜感和活力,容易养成惰性,缺乏竞争力,只有外有压力,内有竞争气氛,员工才会有紧迫感,才能激发进取心,企业才有活力。"本田深表赞同,他决定去找一些外来的"鲶鱼"加入公司的员工队伍,以制造一种紧张气氛,发挥出"鲶鱼效应"。

说到做到,本田马上着手进行人事方面的改革。特别是销售部经理的观念离公司的精神相距太远,而且他的守旧思想已经严重影响了他的下属,因此,必须找一条"鲶鱼"来,尽早打破销售部只懂得维持现状的沉闷气氛,否则公司的发展将会受到严重影响。经周密的计划和努力,终于把松和公司的销售部副经理,年仅35岁的武太郎挖了过来。武太郎接任本田公司销售部经理后,首先制定了本田公司的营销法则,对原有市场进行分类研究,制定了开拓新市场的详细计划和明确的奖惩办法,并对销售部的组织结构进行了调整,使其更符合现代市场的要求。上任一段时间后,武太郎凭着自己丰富的市场营销经验和过人的学识,以及惊人的毅力和工作热情,受到了销售部全体员工的好评,员工的工作热情被极大地调动起来,活力大为增强。公司的销售出现了转机,月销售额直线上升,公司在欧美及亚洲市场的知名度也不断提高。

本田深为自己有效地利用"鲶鱼效应"的作用而得意。从此,本田公司每年都重点从外部"中途聘用"一些精干利落、思维敏捷的30岁左右的生力军,有时甚至聘请常务董事一级的"大鲶鱼",这样一来,公司上下的"沙丁鱼"都有了触电式的感觉。

当压力存在时,为了更好地生存发展下去,承受压力的人必然会比其他人更为用功,而越用功,跑得就越快。适当的竞争犹如催化剂,可以最大限度地激发人们体内的潜力。

"鲶鱼"虽然人数不多,却是强势团体,其能量不亚于爱国者导弹。当鲶鱼效应作为一种管理手段引入到人力资源管理上时,对鲶鱼的领导艺术如何,即把握对鲶鱼管理的度,将成为鲶鱼效应能否充分发挥作用的关键。管理过紧,会限制鲶鱼的活动能力,起不到鲶鱼的作用;管理过松,则会导致自由主义泛滥。水能载舟亦能覆舟,稍微处理不当,就会引起组织内部矛盾重重,严重影响组织的正常运行,所以,在运用上,领导者还要颇费思量才行。

11.南风法则——温暖胜于严寒,得人心才能得天下

北风和南风比威力,看谁能把行人身上的大衣脱掉。北风首先来了一个冷风凛冽寒冷刺骨,结果行人为了抵御北风的侵袭,便把大衣裹得紧紧的。南风则徐徐吹动,顿时风和日丽,行人因为觉得春暖上身,始而解开纽扣,继而脱掉大衣,南风获得了胜利。

"南风"法则也叫做"温暖"法则,它来源于法国作家拉·封丹写的这则寓言。它告诉我们:温暖胜于严寒。运用到管理实践中,南风法则要求管理

者要尊重和关心下属,时刻以下属为本,多点"人情味",多注意解决下属日常生活中的实际困难,使下属真正感受到管理者给予的温暖。这样,下属出于感激就会更加努力积极地为企业工作,维护企业利益。

在南风法则的使用上,日本企业的做法最为引人关注。在日本,几乎所有的公司都很注重人情味和感情的投入,给予员工家庭般的情感抚慰。

在《日本工业的秘密》一书中,作者总结日本企业高经济效益的原因时指出,日本的企业仿佛就是一个大家庭,是一个娱乐场所。这也正是日本企业所追求的境界。

日本著名企业家岛川三部曾自豪地说,我经营管理的最大本领就是把工作家庭化和娱乐化。索尼公司董事长盛田昭夫也说:"一个日本公司最主要的使命,是培养它同雇员之间的关系,在公司创造一种家庭式情感,即经理人员和所有雇员同甘苦、共命运的情感。"日本企业内部管理制度非常严格,但日本企业家深谙刚柔相济的道理。他们在严格执行管理制度的同时,又会最大限度地尊重员工、善待员工、关心体贴员工的生活。如记住员工的生日,关心他们的婚丧嫁娶,促进他们成长和人格完善。这种抚慰不仅针对员工本人,有时还惠及员工的家属,使家属也感受到企业这个大家庭的温暖。此外,日本大企业普遍实行内部福利制,让员工享受尽可能多的福利和服务,使其感受到企业对家庭所给予的温情和照顾。在日本员工看来,企业不仅是靠劳动领取工资的场所,还是满足自己各种需要的温暖大家庭。企业和员工结成的不仅仅是利益共同体,还是情感共同体。正是通过这种方式,日本公司的员工都保持了对公司的高度忠诚。

在诸多的日本公司中,松下公司的做法极富典型性。

与其他日本公司一样,松下尊重职工,处处考虑职工利益,还给予职工工作的欢乐和精神上的安定感,与职工同甘共苦。1930年年初,世界经济不景气,日本经济大混乱,绝大多数厂家都裁员,降低工资,减产自保,百姓失业严重,生活毫无保障。松下公司也受到了极大伤害,销售额锐减,商品积压如山,资金周转不灵。有的管理人员便提出要裁员,缩小业务规模。这时,因病在家休养的松下幸之助并没有这样做,而是毅然决定采取与其他厂家完全不同的做法:工人一个不减,生产实行半日制,工资按全天支付。与此同时,他要求全体员工利用闲暇时间去推销库存商品。松下公司的这一做法获得了全体员工的一致拥护,大家千方百计地推销商品,只用了不到3个月的时间就把积压商品推销一空,使松下公司顺利渡过了难关。在松下的经营史上,曾有几次危机,但松下幸之助在困难中依然坚守信念,坚持不忘民众的经营思想,使公司的凝聚力和抵御困难的能力大大增强,每次危机都在全体员工的奋力拼搏、共同努力下安全度过,松下幸之助也赢得了员工们的一致称颂。

松下以员工为企业之本的做法在获得了员工们大力欢迎的同时,也为松下公司培养起了一个无坚不摧的团队。二战结束以后的很长一段时间内,松下公司都十分困难。而在这种情况下,占领军出台了要惩罚为战争出过力的财阀的政令,松下幸之助也被列入了受打击的财阀名单。眼看松下就要被消灭了,这时,意想不到的局面出现了:松下电器公司的工会以及代理店联合组织起来,掀起了解除松下财阀指定的请愿活动,参加人数多达几万。在当时的日本,许多被指定为财阀的企业基本上都是被工会接管和占领了。工会起来维护企业的事还是头一遭。面对游行队伍,占领军当局不得不重新考虑对松下的处理。到第二年五月,占领当局解除了对松下财阀的指定,从而使松下摆脱了一场厄运。正是因为松下幸之助始终贯彻以人为本,尊重职工,爱护职工的企业经营理念,才保证了自己的绝处逢生。

古语云:得人心者得天下! 只有真正俘获了员工的心,员工才会为企业的发展死心塌地工作。

12.艾森豪威尔定律——想让他表现得更好,就给他正面激励

艾森豪威尔说:"激励是使别人积极主动地做你希望他们做的事的艺术。"词典中将"激励"解释为"向别人提供或者影响别人的动机"。而"动机"则指代促使一个人做事情或者以某种方式行事的内心的动力、意愿。从这一点上讲,不难看出,激励他人是触动对方心灵并激发其行动的最有效措施。的确,直到如今,人们还是不停地用激励的办法影响他人做各种各样的事情,公司中的领导管理下属、下属影响领导,家庭中的夫妻相处、孩子教育,谈判桌上的斗智斗勇、分毫之争……

有人说:"能力会在批评中萎缩,而在赞扬、鼓励等正面激励中发芽、生长、茁壮。"事实就是如此。人与人之间的影响力,就是靠着这样的法则不断推进的。所以,生活中做一个懂得激励他人的人,会更易于影响他人向着你所设想的发展,进而为你服务。对此,大家可以一起看看知名化妆品董事玫琳凯,是如何有效地运用正面激励效应鼓励员工的。

在玫琳凯公司工作的所有员工,在她们来公司的第一个月内,都会受到玫琳凯的亲自接待;每到她们生日的时候,都能收到玫琳凯的生日祝福卡;此外,每当员工取得比上次优秀的成绩时,员工所在的分公司都会给员工颁发一条缎带作为纪念;在公司总部,每年还会举行一次"年度讨论会",能够参加此次讨论会的员工,都是从公司中选拔出来的业绩优异的突出代表;在每次公司例会中,还会派请公司中有资历的人员上台发表演说,介绍她们自己的成功之道,以供其他员工学习。

当有人询问实行此模式的原因时,身为美国玫琳凯公司总裁的玫琳凯女士认为:"赞美是激励下属最有效的方式,也是上下沟通中最有效果

的手段,因为每个人都需要赞美。只要你认真寻找就会发现,许多运用赞美的机会就在你面前。"玫琳凯公司正确而科学的做法,给人们留下了这样的启示——想让他人表现得更好,就对他人进行正面激励。

这样讲是因为正面激励属于正确而积极的期盼。从心理学上讲,人们在充满信任、赞赏、鼓励等正面因素影响的环境中生活成长,内心深处更易受到启发和鼓励,行为也会趋向于向着更好的方向不断发展。当这种正面激励影响越大时,心态表现也越积极,从而使行动表现也越来越积极,最终获得更好的成绩。

心理学上认为,这种对他人进行正面激励的方法,同样也属于"期待效应"。此方法主要告诉人们,生活中要想有效地影响对方,就要学会向他人传递你所期望的信息,这会更易于使对方向着你所设想的方向发展。例如,如果你希望你的孩子听话,不要批评他,也不要斥责他,只需鼓励、引导他做一个乖孩子,在以后的生活中他便会逐渐地表现得更加听话。

为了进一步解释正面激励与影响他人为自己做事情的关系,心理专家曾打过一个形象的比喻:这好比汽车和汽油一样,汽车能够跑起来依靠的正是汽油给发动机的冲力作用,当油箱中的汽油用完了,汽车便会马上失去动力。但如果汽车中的油箱时刻注满汽油,那车里面的发动机便会一直工作,汽车也会一直继续前进。所以,影响人的时候,如果你想让对方做某件事情或者向着某个方向发展,就要给与汽油功效相似的正面激励,时刻让人心中蓄满正面的"汽油"。如果没有这种激励,心理便没有发展的动力,当然也就谈不上行动了。

在一项成功影响他人的调查中,70%的心理学家将正面激励列为其中最重要的一项。戴尔·卡耐基所说:"当我们想影响他人的时候,可以用赞美代替责备。纵然部属只是进步一点点,我们也应该赞美他,只有这样才能激励别人,不断改进自己。"所以,如果你想有效地影响他人,必须学会激励,用正面激励的方法,将尘封在他人心底里的积极性、主动性充分地调动出来。

首先要学会肯定。因为肯定会在他人的内心深处产生强大的动力,驱使对方拥有积极向上的力量之源。

其次,还要让别人在内心和你有同样的感受、同样的心理状态,进而做出同样的行动。如何才能培养对方和你有着同样的感受与心态呢?这就需要表扬、鼓励、支持、信任等正面激励的话语或者行为的主动参与。

安德鲁·卡耐基说:"凡事自己单干,或独揽全部功劳的人,是当不了杰出领导人的。"安德鲁·卡耐基的话进一步向人们发出这样的警示——如果你不懂得激励对方,你便不能领导对方;当你不能领导对方的时候,那么你便不能有效地影响对方,又何谈他人为自己服务呢?

13.阿罗不可能性定理———有时候需要"多数服从少数"

"少数服从多数"、"投票决定"的结果,并不能令所有人都满意(至少还有反对者存在),这一现象很早就为经济学家们所关注。1972年度诺贝尔经济学奖获得者、美国人肯尼思·阿罗将这一研究应用到社会更广阔的范围,提出了著名的"阿罗不可能性定理"。它的基本内容是:如果众多的社会成员有着不同的偏向,同时又要在多种方案之间作出选择,那么仅仅依靠民主制度,将不会得到让所有人都满意的结果。

以下这个事例就形象地说明了这个问题。

五个年轻人合伙投资开了一家鲜花礼品店,各自的投资金额也大体相当。那么,他们对礼品店是如何管理的呢?

他们当中没有"大股东",按照股份比例决定话语权是不可能的。那么,在做出某项决策时,实行"少数服从多数"的原则举手来表决,可不可

以呢？表面看来，这种方法是可行的，因为不会出现支持方和反对方人数相等的局面，最多也就是三比二。然而，这几个股东的实际做法却并非如此，恰恰相反，他们采取的是："只要有一人反对，便不能通过。"

为什么在企业管理中，"少数服从多数"原则有时会被搁置呢？仍以上面的鲜花店为例。作为企业，管理者的决策将直接影响企业的发展，如果此时采用投票方法，少数服从多数，将很可能使企业陷入巨大的风险之中。企业运作，关键是每一个环节都能顺利完成，这样才能达到最终的目的。

试想，假设在其中至少有一个投资人不同意的情况下执行决策，这个反对者就成了鲜花店最危险的环节。不难想象，一个认为决策不可能成功的人，一个投反对票的人，在执行时的干劲、做法将会如何。

实际上，有着中国"犹太人"之称的温州人，以及频出商业巨子的潮汕人在管理过程中，"多数服从少数"的哲学得到了非常普遍和坚决的执行。当然，这里的"少数"是指洞悉市场、有着远见卓识的少数。

然而，在企业决策中也会出现"多数"和"少数"都是智者的情况。这时应该如何决断呢？

首先，必须关注反对意见，对其进行充分的分析判断。

其次，如果条件允许，应适当延迟决策，只要决策层中有人持反对意见，就暂缓实施，进一步论断。

许多时候，如果拿不出让所有决策者都满意的计划，就宁愿停止实施，等到时机成熟时再来决定方案也不迟。

"少数服从多数"是一种大众思维。而有时，"多数服从少数"更是一种经济的智慧。我们要既重视"多数"，又不忽视"少数"，在两者之间寻找到一种平衡，这是运用经济学参与现代企业管理的一大艺术。

任何时候，要提高决策制定和方案实施的效率，都应尽可能让所有参与者"一致同意"，多留意不同的声音，而不是只维护少数人的利益。

第八章

生命诚可贵,爱情价更高,
而婚姻则是理性的投资

　　许多人认为,爱情是无私的,根本就不应该同讲究功利的经济学牵扯到一起。不可否认,爱情的出现,将在一定时间、一定程度上影响甚至改变人们的某些偏好（或许只是一种"移情偏好"),但是它并非免费的午餐,而是"有价"的。

　　当然,经济学家揭示出爱情的这一特征,是为了更好地维护爱情。如果我们不知道爱情"有价"的特性,那么,当爱情的神秘面纱被揭开,往往它就不容易持久。

1.互补效用:爱情须"你情我愿"才能实现

在经济学家的眼中,爱情是一种具有互补效用的非耐用消费品,是实现人们幸福感的众多消费品之一。

所谓互补效用,是说某一产品单独存在,价值不会太高,甚至无价值。当另一产品出现时,彼此的价值会同时提升。即是说爱情须"你情我愿"才能实现。至于非耐用消费品,意指爱情具有脆弱性、暂时性。

以笔为例,如果只有笔而没有纸,没有人会用笔。有了纸后,笔和纸的价值都提升了。那么,就爱情而言,男女双方从中获得的效用,是互相依存的。

也就是说,爱情是一种稀缺的经济品,每个人都想得到,但又不见得能得到,况且,这是要"你情我愿"才能实现的事,不是单方面想得到就能得到的。

大家都知道,新鲜的草莓,它的消费具有极强的时效性,如果短期内不吃掉,就很可能会腐烂变质。又如,圣诞树、鲜花等,都是不能经久的。这些必须在短期内消费掉或者容易损耗的消费品,就是非耐用品。相反,耐用品保存的时间较长,不容易磨损,使用三五年甚至数十年,也不会发生大的变化或损耗,例如书籍。

从经济学角度看,获取一种消费品所费的代价越高,一般情况下,人们从此种产品的消费中获得的效用也越大。由此,坠入爱河的男女,从爱情中获得的效用(或者说美好的感觉)是趋向极大化的。

所以,实证资料显示出两种不同的情况:一方面多数人对爱情充满期待。另一方面,调查数据也表明,爱情是短暂的。美国的调查显示,男女之间的爱情最长只能维持18个月,而意大利科学家认为,浪漫的爱情最多只会维持一年时间。虽然各方调研出来的爱情生存的时间有差异,但都认为

爱情只能存续一段时间。

也许，很多人会说，经过社会风气浸染过的爱情大多带着功利色彩，从而无法牢固。这一观点不符合实际。在大学中，爱情应该是相对纯洁而神圣的。但是，即便是爱得死去活来，当毕业"大限"来临时，无非是执手相看泪眼，尔后各奔东西，寻找新的生活！

当然，经济学家揭示出爱情"短暂"的特性，是为了更好的维护爱情。如果我们不知道爱情的"非耐用品"的特性，从而顺其自然，那么，当爱情的神秘面纱被揭开，也就只剩下风干了的世俗生活，它就更不会持久；相反，当我们明白了爱情是"非耐用品"、会"短命"的这一特点，对症下药，爱情是可以从非耐用品转化为耐用品的。

这一点，张爱玲在《半生缘》一书中表述得十分清楚："所谓真正的爱，不是真正轰轰烈烈的爱情，只是年深岁久之后，成为生活的一部分。"张爱玲所说的"真正的爱"，其实是"转型"了的"爱情"。这一点，也有科学依据。美国医学家发现，能够持久的爱，是因为大脑组织分泌了另外的荷尔蒙维持关系，大部分是亲情和友谊荷尔蒙。

2.焦大绝对不会爱上林妹妹——爱情是"有价"的

许多人认为，爱情是无私的，根本就不应该跟讲究功利的经济学牵扯到一起。他们认为，爱情能够让绝望的人焕发希望，让灰姑娘变成白天鹅，让人愿意为爱人上刀山、下火海……

不可否认，爱情的出现，将在一定时段、一定程度上影响甚至改变人们的某些偏好（或许只是一种"移情偏好"），但是它并非免费的午餐，而是自利的、"有价"的。

19世纪的匈牙利诗人裴多菲·山多尔，很多人认为他是一个真正懂得

爱情的人,他说了一句名言相信大家都很熟悉,那就是:"生命诚可贵,爱情价更高,若为自由故,两者皆可抛。"从裴多菲·山多尔这段话看来,至少他把爱情和生命拿来比较,爱情的价格高过生命;而把自由放进来,则是两者都可以抛却了,因为自由无价!

在经济学上,"价格"是供给与需求相互作用的结果。爱情的供给与需求,就是你的爱的付出(供给),对方的爱的获得(需求),但是对方是否会感到"爱的获得",关键在于她有没有爱情的"需求",不然"落花有意,流水无情"。有"价格"的东西,大家自然会去竞争。你想想看,现实生活中,争风吃醋的现象是不是很普遍?

爱情之所以是"有价"的,是因为它是"易碎品"。在一些情况下,为了各种各样的"利益最大化",人们将抛弃爱情而选择其他——譬如说,你同一个家庭条件很一般的女子恋爱了,如火如荼。突然之间,一位亿万富翁的女儿喜欢上你了,你选择哪一个女孩子结婚?你可能说,爱情是神圣的,我怎么可能为了金钱而出卖良心? 可是,种种案例显示,很多人难逃移情别恋之劫。

当然,校园里的爱情相对纯情,但同样比较脆弱。大学毕业之时,很多平日爱得死去活来的同学们,执手相看泪眼,然后擦干眼泪,各奔东西。有些恋人为了表示对爱情的坚贞,不辞辛苦地爬上泰山,将"爱情锁"锁在山顶的铁索上。可毕业之后,由于无法到同一地区工作,只好分手。多年以后,泰山顶上的"爱情锁"还在,那份海枯石烂的爱情却一去不复还了!

爱情之所以是"有价"的,还因为爱情并非共用品,它是"私用品",最大的特点就是"排他"。俗话说"情人眼里容不下沙子",坠入爱河之中的情人之间无论哪一方,不论对原配偶或者其他异性有任何温情的表示,必定会破坏那种"爱的感觉",也必然会让另外一方受到刻骨的伤害。虽然有的人会用所谓的游戏规则来克制自己,但是那也仅仅是饮鸩止渴,最后总会引起情人关系的崩溃。这种崩溃无外乎两种:一是企图走向婚姻,要求名分,这也是种种家庭悲剧的开端;二是情人关系破裂,受伤的一方离开。无论哪种都会给双方造成巨大的痛苦。

爱情之所以是"有价"的，更因为爱情同样遵循边际效用递减规律。没有经历爱情的时候，人们对爱情存在很多美好的幻觉。邂逅爱情之后，热恋中的人感觉自己是天下最幸福的人，觉得每天都有使不完的力气，恨不得分分秒秒都跟恋人在一起，一日不见，如隔三秋。然而，随着时间的流逝，这种感觉逐渐消退，甚至觉得握着女孩子的手跟握自己的手没有什么两样。结婚之后，这种感觉更甚。所以才会有很多女子抱怨说，丈夫婚前婚后大变样。

爱情，是在人们追求自身利益最大化的基础上，自由选择而后才产生的。你试着想一想，你爱上某个人，是否是为了他(她)的外貌、气质、才干或者家庭背景中的一项或多项条件？或者爱对方的诚实和专一，或者爱对方的长相，或者爱对方才华横溢……总之，一定是因为对方有着某项能够吸引你的长处，早就有人说过，《红楼梦》中的焦大绝对不会爱上林妹妹，反之亦然！

只有获得爱情的满足之后，才能表现出利他，也就是人们通常所说的爱情的伟大之处。从现实中可以观察到这种现象——恋爱中的人们，比平日更博爱，更多地为别人着想，喜欢帮助别人，甚至连以前那些不良的小毛病都没有了。这无非都是因为他们获得了爱情的满足。

3.契可尼效应——不成功的初恋总是让人刻骨铭心

在心理学家看来，不成功的初恋之所以让人刻骨铭心，是因为存在"契可尼效应"。

例如，你在数学考试中要答100题，其中99题都完成得很好，就是剩下

的那一道题把你难住了，没完成，未得出答案。下课铃响了，你交卷后走出考场，与同学们对答案，那99题都有正确的结果，而那未完成的一题，同学告诉了你答案。从此以后，那未完成的一题被你深刻而长久地记住了，而那99题却被你抛到九霄云外。

未获成果的初恋是一种"未能完成的"事件。因而未果性是我们对初恋念念不忘的一个重要原因。

"契可尼效应"相当于经济学中的需求定律或者边际效用递减律的一个应用。前文已经指出，初恋的边际效用是趋向最大的。进一步的分析可见，如果初恋有了结果，二人成了眷属，那么，初恋的边际效用也仅仅是约束条件下的最大化；如果初恋只是开花，没有结果，那么，由于没有得到所期望的，其边际效用就趋向无穷大了。

更何况，对于校园恋情而言，男女双方并没有对结婚乃至婚后生活的合理预期，也不知道毕业之后的艰难——就业的艰难、提职加薪的困难、买房的困难等等。校园中的恋爱，男孩与自己心仪的女孩，或花前月下，或漫步河边。他们的恋情，没有社会上的那种功利色彩。他们不愁吃穿，除了考试，没有其他的忧虑。这种条件下的爱情，怎么能够不纯真？

相比较而言，社会上的人大不相同，多数经历过校园爱情的"洗礼"。经历过的东西，边际效用自然就减少了。就如同你在饥饿的时候，吃第一口东西，感觉好极了；吃第二口，感觉就没有那么美妙了。再次产生的爱情，不可能如初恋那样的轰轰烈烈。这是其一。

其二，社会上的人们面临着各种各样的压力，譬如工作中的竞争压力、生活中的购房压力，等等。这时候的爱情，在生活消费项目中所占的比重，远较上学时低，因而人们从其中获得的边际效用，也相对减少。所以，社会上的爱情，即使偶尔产生一些浪漫的波澜，也只是如同平静的湖水上投下的一颗小小的石子，泛起的是微微的波纹，很难产生巨浪。如果事业得意，一帆风顺，不为"五斗米"发愁，也许能在爱情上潇洒一些。但无论如何，也很难找到最初的感觉了。

4.恋爱中的沉没成本——该分就分

先看个故事。

她大学毕业时，拒绝了一位青梅竹马男士的求婚，去了一个陌生城市，开始闯荡生涯。几年后，她回到家乡创办公司，自己做了老板。在她离开不久，那位男士结婚了。但是，没多久，夫人不幸病逝，他遭受了沉重的打击，到另一城市攻读博士学位。她以前的同学于是希望他们能走到一起。她没了主意，并认为自己年龄偏大，人生最美好的阶段已经过去，难找意中人。她打算去男士所在城市，找他谈婚事。但是她对他并没有"爱"的感觉。

这是个典型的爱情故事，但是按照经济学家的眼光来分析如下：

第一，天下没有免费的午餐，所有的选择都有代价。20多岁的时候，她选择了事业，而以青春美貌为机会成本。而今，她收获了事业，没有什么可以抱怨的。

第二，以女孩子的年轻美貌作为首要条件考虑的男人，未必真心。道理很简单，年轻美貌是非耐用消费品，就如草莓那样，消费的时间短暂，上午不消费掉，到下午可能就变质了。年轻美貌也是这样的短暂。当你具备姣好容颜的时候，他爱你，但你老去的时候，他还会那么爱你么？如果草率结婚，很可能会饱尝婚后的"痛苦"。

第三，如果那位男士真心爱她，为什么在分别不久就结婚了？这说明，他对她的感情很难持久，经不住时间的考验。而且，他有失去另一半的阴影，难道她要同他一起承受？

人是自利的，也就是说，人在做决策时，从个人的感受出发。正如亚

187

当·斯密所说：如果人不自利，社会就会混乱。面包师尽可能提高面包的质量，并不是出于仁慈的考虑，而是为了拉拢顾客，打击竞争对手，自己可以赚更多的钱。如果大家都像《镜花缘》中的君子国那样，卖方减价，买方加价，交易能够达成吗？对一个"没有爱情成分"的人，值得强迫自己去爱他？同自己不爱的人结婚，这样的婚姻会幸福吗？

第四，按照经济学的基本假设，人都是在约束条件下进行最大化选择。她事业有成，交往的圈子广，选择面其实在日益扩大。那么，在扩大了的选择空间里，她可选择的人更多。通过比较分析，她可以找到更加合适的男友，所取得的收益要比在原来的选择空间里能够取得的收益大。

第五，周围朋友的意见，只可以作为参考。由于他们考虑的是别人的问题，在信息不对称的前提下，他们提出建议的时候，很难把你的比较优势、你的真实需求等因素合理纳入成本—收益分析之中，再加上他们并不承担你的决策的结果，这些建议难免存在偏差！完全听信他人，风险太大。

第六，美丽的花样年华流逝了，再也回不来了。这的确让人遗憾。但是，怎能忘记经济学中"沉没成本"？

举例来说，如果你预订了一张演唱会的门票，已经付了票款且不能退票。这时，你付的价钱已经不能收回，不论你是否观看，钱都是收不回来的，票价就是沉没成本。

如果你是理性的，那就不该在做决策时考虑沉没成本。比如演唱会门票的例子中，会有两种可能结果：付钱后发觉演唱会不好，但忍受着看完；付钱后发觉演唱会不好，退场去做其他的事情。

这两种情况下，你都已经付钱，所以应该不考虑这件事情。如果你后悔买票了，那么你当前的决定应该是基于你是否想继续看这场演唱会，而不是你为它付了多少钱。此时的决定不应该考虑到买票的事，而应该以看免费演唱会的心态来作判断。经济学家往往建议选择后者，这样你只是花了点冤枉钱，而选择前者你还要继续受冤枉罪。

爱情也是这样。一个人选择别人，不能老是想着以前曾经有过多好的机会，而应该考虑在现实情况下，怎么样才能找到最满意的爱人。所谓"逝者不可追"就是这个道理，如果你把这个道理忘记了，很可能错过许多新的机会。

如果你坚持考虑已经沉没的成本，让其影响你现在的决策，你可能只会越赔越大。例如，某位房地产商，购入某块地的时候，正值房地产业高峰，预算是按照当时的市场价格做的，等到拆迁安置、三通一平，不幸赶上宏观调控，房地产业行情急剧下滑，他也知继续动工肯定亏损。但是，前期已经投入数千万元，就此停手，他觉得太亏，不忍停手。结果，工程尚未完工就负债上亿元，终因资不抵债，宣布破产。

所以，明智的人，做爱情选择的时候，往往更注重对未来的预期。更多地用经济学的理论去分析一下——过去的事情就让它过去，如果因懊悔而做错决定，那么我们塑造命运的能力就会受到损害。

5.影响力定理——如果你不走近，就无法感受温暖

无论是时间上的距离还是空间上的距离，都会让彼此间找不到共同语言，也不容易明白对方的心思、苦衷、意见、见解。当你对对方的近况什么都不了解的时候，便不能更好地施加影响。

孩子哭的时候，如果你想让他停止哭泣，任你在远处再怎么劝说，他还会继续哭。但如果你走到他的面前，抱起他并逗逗他，他往往会很快止住哭声。

当你有事情向老板请假的时候，如果你只是打个电话请假，老板在电话中通常会表现出不情愿，甚至不给你假。但如果你提前直接向他请假，通常他会表现得无所谓。

当你和女朋友闹矛盾的时候,你们越是不联系,矛盾往往越会加剧。但如果闹完矛盾不久后;你主动向女朋友道歉,你会发现,你们之间的感情会比之前更加深厚。

谈判时,如果你一直绕弯子不切入正题,对方则会认为你没有诚意,进而表现出不愿意与你进一步交谈。但如果你直截了当地和对方交谈,那么对方则会表现得更加积极。

……

生活中的很多事情都是如此,距离太远便会失去一定的吸引力。对人的影响更是如此。如果你想影响对方接受你的观点、意见,以及为你做事情,那么就要拉近彼此间的距离,因为距离太远便无法实施影响了。

小罗是一个外企公司董事长的助理。在此之前,尽管公司提供的工资待遇以及各方面福利都很好,但董事长先后聘请了几个助理,不是他将对方解雇了,便是对方主动辞职,公司中一度没人敢介绍人过来坐该职位。后来小罗应聘到该职位,不仅没有辞职,而且从应聘到现在已经有一年多了一直稳坐该职位,中间不但涨了一次工资,而且还深受董事长喜爱。这是因为,他的积极不仅仅表现在工作中,只要是老板有事情找他,他都会准时到达,而且私下里和老板的关系也很好,逢年过节经常会去老板家坐坐。后来,老板外出度假、旅游的时候偶尔也会带上他。正是这些私下里的交情,才让他对老板更加了解,也让老板更加重用他,使得他有效地影响了老板,在工作中表现得游刃有余,进而能更加顺利地在老板身边工作。

通常情况下接近不会受到他人的拒绝,反而会拉近彼此间的距离,进而有利于实施影响。小罗便是一个在生活中懂得接近老板的人。正是他在私下生活中与老板的适当接近,才有效地影响了老板,让工作变得游刃有余。

心理学上认为,任何一个欲向他人施加影响的人,都要学会拉关系、套近乎,这是一种靠近他人的微妙法则。拉关系、套近乎并不是简单地完

全附和他人的想法、意见，同意他人的请求，而是在你的引导下，让对方主动地与你接近，接受你的意见、观点，进而受你影响。同样也不是谄媚，因为谄媚往往会失去客观性以及自我，正如有人说过的那样："拉关系、套近乎是把自己的脚放到别人的鞋子中，而谄媚是把别人的鞋子穿在自己的脚上，鞋子不合脚还要忍受着夹脚的痛苦。"

王华和李强的恋爱便进一步验证了此观点。

李强和王华是高中同学，李强一直暗恋王华。高考时他们考到了同一所大学，从上大学开始李强便一直追王华。大一下学期，他们相恋了，并且两个人的感情非常好，经常一起上自习，一起出去玩，一起回家，一起做彼此喜欢做的事情。大学四年的生活很快结束了，毕业找工作时，他们本想在同一个城市工作，但是好景不长，没过多久王华的家里便要求她出国发展，并给她办了出国手续。王华在父母的强迫下无奈地出国了，但两人都坚信双方的感情，不会因为距离而疏远。

王华刚出国的时候，两个人经常打电话，发信息，并且感觉两个人分开后，没有小的摩擦也没有大的矛盾，感情反而更加亲切。但渐渐地他们发现彼此的感情淡了，也不像以前那样将身边的事情和自己心中的想法彼此分享，两人之间的信息越来越少，电话越来越少，最后连邮件也没有了。两年后他们几乎失去了联系，两人在电话中沉默地分手了。

虽然中国一直有"距离产生美"之说，但在情感上，距离有时并不能产生美，在影响人的过程中更是如此，反而多数时候，会因为相对较远的距离，使美渐渐地消失。王华和李强分居两地后，虽然在开始的时候会觉得彼此间更加亲密，但是在时间与空间的距离面前，口头上的感情，显得那样苍白无力。渐渐地，彼此间没有了当初的默契与心灵相惜，更无法向对方施加影响。

遥远的距离，会让人与人之间感到陌生、孤独，而影响人是需要通过不断地交流和沟通，才能发挥效力的。如同感情一样，有时就需要一个深

情的眼神、一个温暖的拥抱、一份温情的关心，这不是用几句言语就能代替的。无论是时间上的距离还是空间上的距离，都会让彼此间找不到共同的语言，也无法明白对方的心思、苦衷。当你对对方的近况什么都不知道的时候，你又拿什么去影响对方呢？

6.不值得定律——选择你所爱的，爱你所选择的

不值得定律最直观的表达为：不值得做的事情，就不值得做好。这个定律反映出了人们的一种心理：一个人如果从事的是一份自认为不值得的事情，往往会持冷嘲热讽、敷衍了事的态度。不仅成功率小，即使成功，也不会觉得有多大的成就感。

伦纳德·伯恩斯坦是世界著名的指挥家，但他最倾心的事却是作曲。伯恩斯坦年轻时跟美国最有名的作曲家和音乐理论家柯普兰学习作曲，附带学习指挥技巧。他很有创作天赋，曾写出一系列不同凡响的作品，他几乎成了美洲大陆的又一位作曲大师。

可就在伯恩斯坦在作曲方面崭露头角的时候，他的指挥才能被当时的纽约爱乐乐团指挥发现，力荐伯恩斯坦担任纽约爱乐乐团常任指挥。伯恩斯坦一举成名，在近30年的指挥生涯中，伯恩斯坦几乎成了纽约爱乐乐团的名片。

但在伯恩斯坦的内心深处，他更热衷于作曲。闲暇时间他总要找一段时间把自己关在屋里作曲。虽然创作的欲望不时地撞击和折磨着伯恩斯坦，但作曲方面的活力和灵感再也回不到他的身边了，除了偶尔闪现的灵光外，伯恩斯坦得到最多的却是深深的失望与苦恼。他的乐思好像一下子枯竭了。

我喜欢创作，可我却在做指挥，这个矛盾一直在折磨着伯恩斯坦。当他在舞台上无数次接受掌声和鲜花时，有谁能明白他内心的隐痛和遗憾？

伯恩斯坦是出色的，但并不是快乐的，因为他的大半辈子都活在苦恼和矛盾之中，甚至最后还带着深深的遗憾告别了人世。

伯恩斯坦的经历告诉我们：选择你所爱的，爱你所选择的。只有这样才可能激发我们的奋斗精神，我们也才可以乐在其中。

在这方面，爱情领域中的不值得定律有着更显著的表现。让我们来看下面这个发人深省的故事。

女人结婚的时候，其父挥毫泼墨，写下一副对联送给了她。忙乱中，她把这副对联搁置在一边，随着时间的推移，这件事被她慢慢淡忘了。

女人的丈夫是一家工厂的司机，婚后，他始终一副懒懒散散的样子，所以，尽管夫妻俩不吵不闹，但日子一直过得平平淡淡，没有任何激情可言。

转眼间，他们的儿子快要高中毕业了。然而，就在这时，不幸降临了，女人的丈夫得了胃癌，发现时已近晚期。医生说，最后的一线希望就是手术，但手术成功的可能性极小。得知这种情形，绝望的丈夫坚决拒绝手术，他说他不想在临死的时候再挨上一刀。

这一天，准备参加高考的儿子让她帮忙查找一套复习资料。在柜子上的书堆中，女人发现了一个纸卷，打开一看，竟是已经过世的父亲在她新婚时写给她的那副对联。出于对父亲的思念，女人慢慢展开对联，读了起来，只见上联写：婚前，选择你所爱的；下联为：婚后，爱你所选择的。

读罢，女人立即陷入对往事的追忆之中，的确，当年因为爱而选择了他，可结婚至今，自己又何曾对他表示过什么？如今，他已身患危重之症，而一旦他离开这个世界，就意味着自己将永远不再有机会表达对他的爱了。

想到这儿，女人不顾一切冲出家门，来到了丈夫身边，紧紧握住丈夫

193

的手,含着眼泪,万般心痛地说道:"我希望你能接受手术治疗!我需要你!我和儿子都离不开你!我们不能没有你。"

婚后这么多年,丈夫从未听到妻子对自己说过如此深挚的话,也从未想到妻子会这样需要他,离不开他。一时间,丈夫百感交集,求生的欲望立时充溢了整个身心。那一刻,望着妻子无比愧疚、无比哀伤的脸,他十分坚决地抱定了一个信念:我得活下去!两个人紧紧地拥抱在了一起,禁不住泪雨滂沱。

丈夫接受了手术治疗,很幸运,手术很成功。不久,在女人的精心照料下,丈夫恢复了健康,重新操起了方向盘。几年过去了,值得欣慰的是,丈夫已完全摆脱了病魔。

人们发现,在他的方向盘右边摆放的一块木牌上,有这样一行字:选择你所爱的,爱你所选择的。

7.利益的最大化———人为什么要结婚?

人为什么要结婚,说起来很简单,但又很繁杂,认真地回答这个问题并不是那么容易。人们对"结婚"这个字眼太熟悉了,连不懂事的孩子有时也会说出这个词来。"人为什么要结婚?"实质是要人们回答结婚的动机是什么,人结婚的目的是什么,结婚的意义何在?

其实,不同的社会、不同的阶级、不同阶层的人,其结婚的目的也往往相差甚远。趋炎附势、攀龙附凤者有之,为脱贫致富、享受荣华富贵者也有之……但总体来说,结婚是出于人的生物属性和社会属性的需要,是为了男女双方从中获得肉体和精神上的满足及人类社会繁衍的需要。

人要结婚的基本动机之一是满足性的要求,实际上对这个命题无需大惊小怪。性要求同其他生理要求(如吃饭、排便等)一样,并没什么

本质的不同，所不同的是性要求是伴随性发育和性成熟才出现的。随着年龄的增长、性的发育成熟，渐渐出现了性的要求。这是两性接触的原动力。

人要结婚的另一个基本动机是为了种族延续。种族已有上万年历史，人类得以延续完全是婚姻关系存在的直接结果。传宗接代的思想一直都是明确的。如果每一对夫妻都不要孩子，那么用不了若干年，人类就要自行消亡。因而人要结婚不仅仅是两个人之间的事，也是整个社会的事，是人类进化、社会发展和科学技术发展的保证与原动力。

我们都知道的一点是，人是群居动物，群居的内部资源共享，使整个力量增强，然后就出现文明、人类社会，出现社会分工等等。当然，人在性和种族的延续方面不应单凭生物本能行事，而是还应具有更高尚、更完美和更丰富的社会内容。人的思想、情感、社会意识和道德诸因素在人类两性结合中占有不容忽视的重要位置。因此，人要结婚除了以上两个基本动机外，另一动机就是为了满足爱情的需要。爱情是性和种族延续动机所不能包括的，也是人区别于动物的根本标志。人是有感情、有思想的。男女未婚青年在工作中、在共同接触中会产生爱情，爱情是人类情感中更高一层、更深一步的东西。没有爱情就很难成为夫妻。当爱情发展到男女约会已不能满足感情需要时，就会产生天天生活在一起的欲望，从而就自然要求以结婚的方式予以满足。

总之，人要结婚是男女未婚青年的自身精神、情感和肉体的需要，也是社会发展、种族延续的需要。

做过管理的人知道，一个团队，并不是人越多，带来的效益就越大，而要看是什么样的组合。婚姻，是人类社会最小的构成单位。在这个有效的单位中，它能带给单位内的成员以最大化的利益。当然，这种利益可能是精神的，也可能是物质的，也可能是全方位的。

婚姻存在的前提就是为了寻求彼此保护，协同工作生活，取得好好生存下去的更大机会。有人做饭，有人打扫房间，有人修马桶，有人装饰屋子……彼此相得益彰。更重要的是，心里有了依靠。

如果恋爱是漂亮豪华的包装,婚姻就是打开包装后的耐用品。经济实惠,没有过多装饰。"桃之夭夭,灼灼其华;之子于归,宜其室家"是婚姻的真正目的。两个人成了一个利益共同体,各尽所长。资源的合理配置,实现了效率最大化。

家庭是社会的细胞,它属于微观经济的范畴。微观经济是宏观经济得以运行的基础。婚姻,则是满足人类本性需求的初始条件,而非充分条件。婚姻,是在法律范畴之内的。法律只具有保护家庭成员所拥有共同财产的分配与分割的功能;而对于成员之间的吃饱、睡好是无能为力的。其功能仅限于经济层面,即作用于最低层面。一张结婚证书,决不是美满婚姻的"博士文凭"。

从经济学的角度来看,婚姻是人们为了满足于自身需要并降低交易费用而实现效用最大化的一种组合形式,类似于企业的存在是为了要比市场交易节约交易成本。

人的本能行为:食、色,几乎时时发生在我们身边。如果此类行为都要通过市场交易才能完成的话(假设市场是充分开放而能提供所有此类物品的),那么,这些满足于人之本性的活动就会时时刻刻地在市场上发生。不难想象,其交易费用或成本要远远大于在家庭内部完成。

在古代社会,家庭是一个最基本的生产单位。男耕女织,是一种生产劳动的分工协作,更是一种最佳的人力资源配置。食、色二者,均可得以满足,一举两得。成本低而效用大,何乐而不为?现代社会人们组成一个家庭,像是在经营一家股份公司:其主要成员本着有钱出钱、有力出力的原则,共同合作经营。其理想境界应是:分配合理,利益均沾。其存在的边界,取决于边际投入与边际收益。任何一方感到其边际投入与边际收益不相称时,便会撤资散伙,分道扬镳,婚姻危机,也就随之而来。

从人的需求来说,男女之间各取所需,各得其所,无不在追求自身效用的最大化,可谓天经地义。此外,如今社会呈多元化发展的趋势,存在着太多抵挡不住的诱惑。钱钟书先生说:"忠实的是没有机会,有机会就不忠实了。"这不无道理。喜新厌旧,也符合效用递减法则。古之所谓"妻不如

妾,妾不如偷,偷得着不如偷不着"云云,以及今人对偷鸡摸狗之徒的所谓"三贼"(贼心、贼胆、贼钱),无不说明:经济实力,乃是男欢女爱、婚姻家庭的重要基础。

从社会学的角度来分析,婚姻是人类得以延续的必然,结婚组成的家庭是社会的基本单元。每个人有相应明确的权利和义务,社会才能得以稳定有序地发展,于是形成了一套社会婚姻规则,每个人都必须遵守这套游戏规则。当然人们也有选择不结婚或不生育的权利,如果是自愿的选择在此就不做分析了。

爱情是婚姻的核心元素之一,因此结婚不仅是共同生活的需要,更是情感交流、关怀的需要。社会以家庭为组成单元,于是就有了亲人与其他人的区别,在当今这种社会制度下自然会产生信任危机,其他人并不是那么可信。私有制使人类的私利性得以滋生,高科技的普及无奈地使人与人之间的距离越来越远,社会似乎变得越来越冷漠。于是亲人就成为最值得信任,同时能得到最多真诚的爱的对象,尤其是夫妻之间,这种情感的需求越来越强烈。

因此,因爱结婚的想法是婚姻思想的主流,至少爱是人们潜意识里最深的渴望。年轻的时候为之而兴奋,为之而追逐,精神恋爱成为爱的核心,所谓"为爱可以不要面包"就是最好的语言诠释。随着年龄的增长,人的社会属性增多,个人属性减少(有人说:年龄的增大就是精神自由的减少,年龄越大会越不自由),即所谓人变得现实了,面包是前提,爱是滋养品,前提不能缺少,滋养品是需要的,即便没有日子还得凑合着过。到了一定的年龄必须结婚了就结吧,这也是生活的一种需要。据有关统计,这种婚姻的比重越来越大,我们称之为"现实的婚姻"。

8.“门当户对”暗合经济规律,得到家长支持的婚姻幸福指数更高

在古代中国,结婚必须经过"父母之命,媒妁之言",讲究"门当户对";而当前,自由恋爱、婚姻自由,早已成为社会风气。但是,不少父母在子女的婚姻问题上仍坚持"出主意",甚至起着决定性的作用。

那么,这种"封建礼教"还有无存在的必要呢?

人与人结合组织家庭的方式,从指腹为婚、媒妁之言到自由恋爱等不同的方式都曾被用来决定一个人与另一个人(或几个人)组成一个家庭。显然,其直接原因与合作能否产生效率有关。如果两人见了面就要发生争执,他们的家庭只会是梦魇。家庭是两人选择的合作方式,为了避免这些梦魇的发生,在组成家庭之前,双方需要先寻找可以合作的对象。寻找可以合作的对象是两个人合作的第一项交易成本。那么,用什么方式去降低这项交易成本?换句话说,社会是否已发展出一些能方便个人寻找到合适的对象的制度设计?

让我们先从个人的择偶问题开始分析。

假设王丽丽认识学校内三位男同学(张三、李四、王五),她打算在这些男同学中找一个合适的男孩发展感情。再假设王丽丽充分了解自己的喜好(偏好),如男孩的外貌、身材、气度、性格、成绩、家世等,并将它们归类成两点:

(1)与谁在一起较能开创出富裕的未来生活?

(2)与谁在一起较能培养出共同的喜好与默契?让我们以富裕和默契分别代表上述两项考虑。

假设按照家庭富裕程度从高到低排列为:张三、李四、王五。

如果按照默契程度从高到低排列为：王五、李四、张三。

假设王丽丽偏好财富大于默契，则她将选择张三；如果王丽丽偏好默契，则她将选择王五；如果王丽丽的偏好介于财富与默契之间，则她可能选择李四。

如果王丽丽所考虑的配偶的特性不仅仅是富裕与默契，我们也可以依上述方法比较分析而了解她的最后决定。如果王丽丽并不满足于这三位同学所提供的机会，她则会扩大选择机会并使自己得到最高的幸福。王丽丽若想扩大选择范围，她就必须多参加一些活动，多认识一些男孩。

以上的择偶决策仅限于王丽丽的考虑。难道只有王丽丽可以挑选男孩，而男孩不能选择其他的女孩吗？在现实生活中，男孩与女孩都在选择伴侣。这种选择是双向的。

选择爱人就如选鞋一样，你是看鞋子的精美、高贵，还是看它是否合脚？如果这双鞋既合脚又精美高贵，那么，你不必犹豫，立即选定；如果这双鞋精美高贵，却不合脚，那么，你应该退而求其次，即选择合脚的鞋子。如果男孩认可贤惠与默契，则男孩的择偶选择正如王丽丽的例子所显示的，而无须重复讨论。但我们应记住这一点：只有双方的选择契合时，两人才有可能组成家庭。

实践中，广泛存在信息不对称，富裕、默契与贤惠等特性并没有写在人们的脸上；有时它们还被刻意伪装出来。这表明，李四并不是很容易就能为王丽丽所认可。除非她能完全知道每一位所交往的男孩的特性。经由约会交往，男孩与女孩可以逐渐了解对方的特性与习性。

当约会能够给双方带来快乐时，他们会继续交往下去。相反，在约会中不断出现沟通不良或合作失调时，沮丧、失望的心情会使人产生二心。这种挫折感产生后，任何一方都会考虑是否应该尝试更换交往对象。然而，如前所述，交往的后果可能是令人愉悦的，也可能是令人感到痛苦的。更重要的是，交往的本身就必须付出时间、精力与感情。更浅白地说，谈恋爱并不是没有成本的。学生时代的恋爱可能要付出一些学业上的代价；就

业后的约会可能要付出一些事业发展上的损失。在谈恋爱以前，个人就会将这些因素考虑进来，以决定是否要谈恋爱、愿意付出多少代价来约会等等问题。如果多约会的成本太大，则个人将不再多约会；如果多约会一次徒费力气，则会选择分手。如果每个月多约会一次，会造成成绩落后太多，就不会增加约会次数。

再进一步，尽管对方富裕与默契的特性并不完全符合自己的要求，在约会成本的权衡下，个人会作出一个使自己满意的决定。换句话说，约会、择偶并非完全出于浪漫而不需要理智来权衡。当主观的约会成本很高时，个人将减少约会。对于初恋的人们而言，克服害羞、脸红是必须付出很大的成本的。因此，腼腆的青少年迟迟不敢接触异性。同理，自以为不需要异性合作或事业心较强的人也较少参与择偶活动。相反，对于约会的主观成本较低的人，他就可能尝试与不同的人约会。约会需要双方共同参与，只有双方的主观判断较为接近，才能使情侣关系持续下去。当个人考虑包括当前的约会及日后的家庭生活时，个人对时间偏好的差异，便决定了他是否会在约会时先付出较高成本，还是在未来的家庭生活中再承担较高的成本。

然而，并不是所有时代里的男女都享有择偶、恋爱的自由。假设王丽丽就是卓文君，出生在有钱的家庭，她的偏好是默契（大于富裕），于是选了司马相如。未来的一生，卓文君可能生活在不富裕的环境中，但夫妻感情非常好。卓文君喜欢这样过一生，但卓王孙可不这样想。卓王孙希望卓文君未来的经济环境必须有一定的水准，于是排除了司马相如。在父权较高的古代社会中，像这类强调门当户对而拆散鸳鸯的故事不胜枚举。

我们无法断定在富裕环境中长大的千金小姐选择嫁给穷小子是否正确，也无法断言穷小子将来能否让爱他的千金小姐过上幸福快乐的日子。但这些故事却有几点值得我们讨论。

首先，女儿的幸福不完全取决于男方的财富，即使威权甚高的父亲也明白夫妻间默契的重要性。因此，当卓王孙把选择范围限于一定富裕线以上时，他是凭其经验、偏好，把一些他认为卓文君得花较大的交易成本才

能组成美好家庭的男子都先排除，然后再把选择的自由交还给她。

如此看来，门当户对的观念不能只视为阶级对立的象征。如果从经济分析角度看，它是父亲为降低女儿成立未来美好家庭的交易成本的一种制度。

那么，就当代而言，婚恋中，父母的意见是否重要呢？无疑重要，背后的道理与古代相仿。科技发达、文明进步的今天，即将步入婚姻殿堂的男女，多数年龄依然相对较小，不过20多岁，涉世未深，对婚后的艰辛等等未必能够有效预期。如果让他们自由选择婚配，难免做出错误的选择。而父母都是"过来人"，知识和经验丰富，能够大致做出理性的判断和选择，大大减少子女婚姻的风险。

如果说，以前的"门当户对"这些"礼教"，在当时是降低交易成本的举措。即便是当代，婚恋中，父母的意见仍然也是很必要的。

所以，如果本人自己决定婚姻，又能够得到家长的支持或者家庭的支持，这样的婚姻幸福比例将较高。

9.经济学博士的清单——婚姻到底需要多大的"交易成本"

恋爱是需要支付高额成本的。直接成本是寻找目标过程中所耗费的时间、金钱、财物。你要与对方见面，得牺牲一些时间，还要请对方吃饭喝茶，为了给对方留下一个好印象，你还要刻意修饰一番，比如买件体面的衣服等等，这些都是直接的成本。你为了追求对方，必然要放弃做一些别的事情，比如放弃对另一个目标的追逐。这是机会成本。

从寻找目标到谈恋爱到结婚，都是成本的耗费过程。为了降低交易成本，出现了婚姻介绍所、出现了电视速配。恋爱需要成本，很好理解，那么

婚姻需要什么成本呢?

一位经济学博士过了多年的单身生活,感到疲倦,于是想要结婚。但他又怕婚姻不如想象中的好,于是,按照经济学关于成本和收益的原则,他列了份清单。

先算收益:

第一:两个人贷款供房。

第二:两个人赚钱养家。

第三:遇事有人商量。

第四:下班回家有人做晚餐。

第五:下雨天有人送雨伞。

第六:病了有人陪着去医院。

第七:出差在外地,有人在家照看猫咪。

再算成本:

第一:不能随意带女人回家。

第二:不能送朋友贵重礼物。

第三:不能自己做决定。

第四:下班后不能太晚回家或不回家。

第五:家里至少要准备两把雨伞。

第六:如果她病了你也要陪她去医院。

第七:出差外地,回家前不能忘了买礼物。

结果发现,收益和成本相等。每一条收益,都需要等量的成本。博士有些不知所措。他想了又想,决定遵照粉线定律,在成本与收益相等的情况下,选择另一种未体验过的生活。不久,博士结婚了。

没有想到结婚的第三天,他就后悔了。那天,他们为了一件小事吵了起来。他一生气推了她一下,她扑了过来,双手对准他的胸打了无数下,还又哭又闹。博士费了九牛二虎之力,好不容易才把她哄好。虽然战争只用了一天,但接下来的一个星期,他都无法集中精力读书著文。这时候,他才

明白自己错了。他在计算成本和收益的时候，没有把感情计算进去。因为感情是无法量化的。"怎么办？离婚？"天哪！博士吓了一跳，觉得不行，已经付出了这么多成本，等平衡收益了再说。

现在，十年过去了，博士已经是两个孩子的父亲，事业上也是硕果累累，著作等身，成为业内知名人物，人们称他为经济学家。最近，他的又一本新作出版了。

有记者采访他，问他成功的经验。他耸耸肩，笑笑说："没什么，只不过为了平衡收益。"

到底是选择结婚，还是选择单身？

结婚是人生的一桩大事，一种双方的盟约。而盟约的缔结，除了赋予双方权利和义务外，不可避免地附加了成本与收益问题。其成本主要表现在以下几个方面：

青春成本——一结婚，往往意味着告别青春、告别父母的荫庇与宠爱。

失去爱上他人的机会成本——不管后来你遇到的人多让你心动，对你多呵护，多体贴，你都没有任何理由梅开二度。

道德成本——婚姻是有道德价值的，负载了许多的亲情和义务，因此，婚约也是一份道德合约。婚姻在形式上是两情相悦的个人行为，但在本质上却是一种社会行为，要接受社会道德标尺的丈量。

结婚的经济成本——购房、酒席、养家养子，哪样不需要经济支出？本来一人挣钱一人花，一人吃饱，全家不饿。现在要考虑家庭了……你的收入被分流了，那么你是否能换来等值的回报？

身份转变的成本——结婚后还面临孩子、婆媳之间的微妙关系以及身份的升级贬值。假设你是女人，结婚前你是女孩，婚后就是女人了，她们有不同的市场价。还有，结婚前是小姐，婚后是老婆、太太，而且被叠加了许多身份：妻子、母亲、儿媳妇、嫂子、弟媳、妯娌、连襟、姊姊……而这一切身份的获得，都需要相应的亲情以及行为规范作为回报。

自由成本——得到幸福家庭的同时,必须放弃很多自由的选择,包括与异性的亲密交往,与狐朋狗友的呼杯唤盏、吃五喝六……另外,选择婚姻必须放弃一部分个人爱好和兴趣。结婚前你有大把的时间无法消磨,结婚后天天是柴米油盐酱醋茶,天天围着孩子工作转……,为家忙为老婆孩子忙,会牺牲许多私人时间。

性的成本——婚内性看似最便宜,其实有时也是昂贵的。性是婚姻的附属品,属于买一赠一的范畴,似乎是平等交换,不需要太多投资。可是,性的贵在于它被框定在固定的范围内,你不能越雷池半步。如果婚内性得不到满足而有所僭越寻求外泄,则可能因违背道德合约而支付高昂的代价。

事业上的成本——如果你事业成功,结婚可能是锦上添花,但也可能一不小心就会被婚姻拖垮你的事业,或者驮着生活的重负,让你停止了追逐事业的脚步。

总之,结婚的成本是要以今后的生活作为回报的。付出这么多代价,能否获得期望的回报,这在选择婚姻时是一个未知数。无论如何,在结婚前,一定要把成本给弄清楚,婚姻成本的表现形式主要不是体现在现金上,而是体现在结婚后自身价值的贬值,以及权利的丧失。

10.两个相爱的人一定要算账,还要学会正确地算

有人说,真正相爱的人不算账,这句话其实隐藏着巨大的潜在危机。热恋还好,真正长期柴米油盐过日子,金钱将会成为横亘在两人中间一大障碍,这是付出与得到的跷跷板,充斥信任与不信任的博弈。所以两性关系中谈钱是必须,如何谈便成为一种智慧了。

处理"钱"问题,通常最容易陷入下面七个误区:

错误1：从来不谈

为什么这是错的？一旦热恋期度过，情侣们无可避免地遭遇现实问题，那时他们心中就开始算账了。如果其中的一方经常忘记主动付账，另一方或者提醒他，或者默默忍受，但终究会有爆发的一天，争吵不可避免。

最好的解决办法：

在金钱问题开始困扰日常生活之前就明确地谈论它，明确各项开支两人如何支付。为了避免出现一方认为自己付账更多的情况，两个人建立一个共同账户，用这个账户里的钱支付日常开销。

首先要坐在一起计算每月大致的生活费用，共同账户里保存这个数字即可。

错误2：收入不同，但实行AA制

为什么这是错的？因为即使是公平的AA制原则，也越来越难被收入少的一方所承受。其结果是在心中积累了怨恨。

最好的解决办法：

在收入有差距的情侣间，最佳方案是按照收入的比例来确定承担日常开销的比例，这样每个人都能存一些钱，买自己喜欢的东西，也能毫无芥蒂地给对方买礼物。无疑，这才是最公平的原则。

错误3：一个人负责还贷，另一个人负担日常开销

为什么这是错的？没有从经济上参与两个人的重大投资决定，一定会带来日后的遗憾。正如网友菲菲所说："我们本不该这样做的，如今我越来越别扭，我感觉这房子不是属于我的。"她感到了不公平，在房子问题上，她是依附于对方的，这种情绪和后果对情侣来说是十分严重的定时炸弹。

最好的解决办法：

三十岁以下的年轻人在共同投资的问题上经常犹犹豫豫，因为他们对自己的未来还不确定。但心理学家说，如果两个人想共同投资，房子是最好的选择：在一处各自拥有权利的房子里共同生活能带来精神上的平等感受。

错误4：我一个人管理两个人的钱

为什么这是错的？因为对金钱的管理会成为一种权利。心理学家告诉我们，如果在爱情关系中一方拥有绝对控制权利，长久下去会造成两人关系的不平衡。

最好的解决办法：

女性更细心，是更好的管理者，她们之中的大多数认为自己对家庭的理财状况负有责任。一个人管理两个人的钱，为什么不呢？但条件是尊重对方的自由，不加评论，毕竟每个人的价值观多少有些差异。

错误5：我一个人负担所有开销

为什么这是错的？如果长期独自承担经济压力，会使一方的心理变得沉重，非常不开心，焦虑暴躁，面对另一方的无忧无虑，他会感到很不公平。

最好的解决办法：

金钱的烦恼应该是由两个人来分担，即使你认为自己在这方面比他高明。你可以对另一方说："你的意见是什么？""帮我一起来解决这个问题。"参与感在爱情中是非常重要的。两个人共同想办法，不仅会找到更好的办法，也会找到心理的平衡。

错误6：我借给他钱

为什么这是错的？事情在一开始就不清不楚，对方答应你一定会还钱的，但你既不知道是什么时候也不知道他如何还，这种隐藏着不信任的关系在情侣间制造了压力。一方持续充当着消防队员的角色，时刻准备为另一方解围，也许认为这是爱的表示，但实际上是加重了两人之间的不平等和依附关系，这对爱情来说是非常有害的。

最好的解决办法：

在互相信任的情人之间，互相帮助是很正常的事，但保持透明度非常重要。不妨问这样的问题："你认为能够把钱还给我吗？""你认为这笔钱不需偿还吗？"心理学家说，不要开口向情人借钱，除非确定能够偿还的时候再开口。

错误7：缺钱的情侣没有好结果

为什么这是错的？金钱问题是影响感情的一大因素，它如同一个面具，背后隐藏着最深刻的危机。有一半的夫妻在离婚的时候为金钱问题大吵特吵。无可否认，我们都是自私的，分享和无私援助不是我们的信条。当两个人的感情出现危机的时候，拿金钱说事是最容易的，其实问题比这复杂得多。正如心理学家所说，金钱就像一个聚满猜想的地方，如果不交流，对方会由此产生最深的误解。

最好的解决办法：

了解对方的金钱观和价值观有助于你更好地理解对方的行为方式，进而确定自己和对方是不是一路人。

第九章

金钱力 ≠ 幸福力，
在经济学的思维中实现幸福

　　有首打油诗这样写道："他人开宝马，我独骑单车。回顾拉车人，顿觉好一些。"骑单车的人，看到有人开着宝马名车从身边威风而过，心里很不是滋味，但当他回头看到身后还有拉车卖煤球的人，心里顿时觉得豁然开朗。

　　马克思也说过："马有大有小。只要邻居家的马比较小，居民的一切社会要求就满足了。"显然，通过比较优势，个体的幸福感得到了极大满足，这就是经济学中蕴涵的奥秘——经济学中有比较优势的理论，而幸福的感觉可以从比较中获得。

1.弗里德曼公式:懂经济更容易抓住幸福的真谛

　　终年94岁的经济学家弗里德曼,有一次,让人帮他修剪草坪。弗里德曼觉得以普通方式来修剪草坪过于单调,于是特意吩咐工人在草坪上剪出"MV=PY"的货币数量论公式来。

　　第二天,邻居看到草坪上的图案,跑来问弗里德曼:"这些古怪的图案是不是外星人留下来的?"弗里德曼乐得哈哈大笑:"的确是来了外星人,你看,外星人都认为货币数量论是正确的。"

　　弗里德曼生活在快乐的世界中,他懂经济,能了解生活的本质,善于抓住幸福的真谛,始终生活在快乐之中。幸福、快乐的人,才会长寿。

　　经济学研究的是经济与市场,生活中处处都离不开经济学。经济市场中有交易,通过交易,人们的生活才会过得更美好。一个国家有石油没有粮食,另一个国家有粮食没有石油。怎样才能让两国的人民过上幸福的日子呢?为了实现利益最大化,经济学告诉我们需要交换。

　　交换意味着市场的开放,开放的市场才能带来国家的发展。中国开放了30年,也繁荣了30年。大到国家,小到个人,正是因为有了经济市场的存在,繁荣与幸福才得以实现。

　　世界各国的文化存在差异,经济发展也没有固定模式,但是免受饥饿、疾病及灾难的困扰是人类共同的愿望。我们都希望世界变得更美好一点,灾难更少一些。

　　然而,仅靠良好的愿望并不能消除饥饿或疾病。经济发展的最佳路径都有其客观规律,它不可能按照人们的一相情愿去运行。而经济学就是一门研究经济发展客观规律的科学,它更是一门研究如何使人类幸福的学问。

　　在《求求你,表扬我》中,关于"幸福是什么"时,做出了如下令人捧腹

的回答："我饿了看见别人手里拿个热肉包子，那他就比我幸福；我冷了，看见别人穿了一件厚棉袄，他就比我幸福；我想上茅房，就一个坑，你蹲那了，你就比我幸福。"

没有人能否认这种答案的正确性，即便是与心理学家商榷，这个答案也符合心理学对幸福的定义。心理学家通过对幸福的考察，认为它表现为三个不同的取向：生活质量意义上的幸福、心理健康意义上的幸福、自我价值感的认定。这三个方面虽有交叉，但从不同的维度对幸福的定义进行了确定，能够很好地帮助我们认知幸福到底是什么。

生活质量意义上的幸福感研究者，一般将幸福感界定为人们依据自己对生活物质的渴求标准来对幸福进行评定。在他们看来，一个人是否幸福，关键在于他对自己的生活是否满意以及满意的程度如何。这种观点的产生是受了经济学家关于生活质量考察的影响。

20世纪50年代以来，以美国为代表的西方发达国家的经济迅猛发展，人们的物质需求得到了极大满足。然而，在人们享受丰富物质的同时，心理体验的负面问题却突显出来。为此，经济学家提出了"生活质量"的概念，强调无形的精神生活水平对人们生活的影响。心理学研究者在此基础上提出了采用幸福感作为反映生活质量的指标，由此而发展了生活质量意义上的幸福感研究。

生活质量意义上的幸福感研究取向于生活满意度，认为人们获得幸福的关键在于对物质的满足程度。

这不禁让人想起一则经典故事。

有一天，富人碰到穷人，问："你知道什么是幸福吗？"

穷人对自己的生活很知足，回答说："我现在的生活就很幸福。"

富人不以为然，望着穷人漏风的茅舍、破旧的衣着，说："我的生活才是真正的幸福，豪宅百间，奴仆千名，锦衣玉食，荣华富贵，你现在的生活穷困潦倒，怎能称为幸福呢？"

谁知好景不长，没过几日，一场大火把富人的百间豪宅烧得片瓦不

留,奴仆们各奔东西,一夜之间,富人沦为乞丐。他路过穷人的茅舍,想讨口水喝。

穷人端来一大碗清凉的水,问:"你现在认为什么是幸福?"

富人眼巴巴地说:"幸福就是现在口渴时有这碗水。"

在这个故事中,富人从始至终都是物质主义者,从当初的豪宅、奴仆到后来的一碗清水,他一直用物质的富裕程度来评价幸福的程度,如果他有幸研习心理学,必定是个生活质量意义上的幸福研究者。

与富人相反,那个穷人摆脱了对物质生活的迷恋和膜拜,认为物质只是生活必备的基础,幸福来自于自己心灵上的感知,他是个典型的心理健康意义上的幸福感研究者。

心理是幸福感研究的另一个重要取向,这个取向与积极心理学的发展密切相关。理解心理学发展历史的人都知道,自诞生之日起,心理学在社会生活中产生影响的最重要方面,莫过于心理诊断与心理治疗。这使得很多人对心理学产生了很大偏见,认为心理学所关注的重点是非正常人的心理与行为和正常人不健康的心理与行为,而对正常人如何适应和应付生活、如何获得人生幸福关注不够。

应该说积极心理学的发展为心理学正了名,或者说延伸了心理学的研究范围,使心理学能够在人们正常生活的基础上帮助人们更好地适应与应对生活。积极心理学研究者的努力,被称之为心理健康意义上的幸福感研究。这项研究有一个重要假定:一个人是否幸福首先在于其是否拥有心理健康,而心理健康的重要标志之一则是能否获得情感上的平衡。

因此,如果一个人所体验的正向情绪(比如快乐)比负向情绪(比如痛苦)多,那他就会感到更幸福。也就是说,幸福感在很大程度上取决于人们在特定条件下所体验到的正向情绪。

以下几点是十分重要的:

第一,心理参照系。就社会层面而言,其成员的幸福感将受到他们心理参照系的重大影响,例如在一个封闭社会中,由于缺乏与其他社会之间

的比照,尽管这个社会的物质发展水平不高,但由于心理守常和习惯定势的作用,其成员便可能知足常乐,表现出不低的幸福感;而一个处在开放之初的社会,面对外来发达社会的各种冲击,开始了外在参照,因此,其成员的幸福感便可能呈现下降之势,因为此时他们原有的自尊受到了创伤。

第二,成就动机程度。人们的成就需要决定他们的成就动机程度,成就动机程度又决定其预期抱负目标。其中人们对于自身成就的意识是一个重要环节,因为如果人们意识到的自身成就水平高于他们的预期抱负目标,那么,便会产生强烈的幸福感;反之,如果人们意识到的自身成就水平低于他们的预期抱负目标,那么,则不会有幸福感可言。

第三,本体安全感。它指的是,个人对于自我认同的连续性、对于所生活其中的社会环境表现出的信心。这种源自人和物的可靠感,对于形成个体的信任感是极其重要的,而对于外在世界的信任感,既是个体安全感的基础,也是个体抵御焦虑并产生主观幸福感的基础。因此,人的幸福感有时与其经济状况或收入水平之间并未呈现出简单的正相关关系,在现实生活中,一些经济状况不佳的人,其幸福感却不低,而有些百万富翁却整日忧心忡忡。

心理学对幸福研究的第三种取向是人们自我价值感的认定。这种研究取向的确立,有着极其浓重的哲学意味。西方哲学史上对幸福感有着较为完善的认证,一些心理学研究者在生活质量意义上的幸福感研究基础上,创造性地吸收了哲学成果,对幸福的含义进行了新的阐释。他们认为,幸福不仅仅意味着因物质条件的满足而获得快乐,还包含了通过充分发挥自身潜能而达到的完美体验。

通过人们自我价值感的认定来研究幸福感,自我决定理论是其重要的理论研究基础。自我决定理论是由美国心理学家Edward L. Deci和Richard M. Ryan等人在20世纪80年代提出的。该理论是一种关于人类自我决定行为的动机过程理论,认为人是积极的有机体,具有先天的心理成长和发展潜能。

自我决定就是一种关于经验选择的潜能,是在充分认识个人需要和

环境信息的基础上，个体对行动所作出的自由选择。自我决定的潜能可以引导人们从事感兴趣的、有益于能力发展的活动。按照自我决定理论的解释，人们能否体验到幸福，取决于那些与人们的自我实现需要密切相关的基本需要的满足情况。因此，幸福感更多地表现为一种价值感，它从深层次体现了人们对人生目的与价值的追求。

2.卡尼曼定律：财富仅仅是能够带来幸福的小因素之一

与我们的生活密切相关的经济学，曾一度放弃对幸福概念的关注。原因有两点：一是因为"幸福"被理所当然地认为是非科学性的概念，因其主观性过大而几乎无法测量和讨论；二是"幸福"被很多经济学家认为不是本学科的内容，而是需要在心理学、社会学、政治学，甚至哲学等平台上进行综合讨论与研究，是一个可能永远无法获得定论的大命题。

幸运的是，还是有一些有见识的经济学家站出来为我们的幸福生活摇旗呐喊。

作为英国当代顶尖的经济学家之一，理查·莱亚德曾经是英国前首相布莱尔的顾问团成员，自2000年起还担任了英国上议院议员，倡导"幸福治疗国家"，被誉为英国的"首席幸福经济学家"。他在2005年出版的英文版《不幸福的经济学》中对"经济学对幸福的漠视"提出了严厉批评，他坚持认为，幸福无疑是社会唯一值得努力的目标，我们必须考虑现代文明如何让我们不幸福、即使有钱为什么还不幸福、要GDP还是要幸福等一系列问题。

与理查·莱亚德的研究领域接近的专家还有普林斯顿大学的心理学教授卡尼曼。2002年，卡尼曼和乔治梅森大学的史密斯共同获得诺贝尔经

济学奖。卡尼曼教授及合作者塔夫斯基的研究成果从很多方面证实了传统经济学的一些基础理论存在的错误。他们的新经济学涉及财富和广义的幸福。他们认为人们应该关心如何提高幸福本身，因为人们最终追求的是生活幸福，而不是单纯拥有更多的金钱；不是最大化财富，而是最大化的幸福。

应该说，卡尼曼纠正了我们一贯存在的错误认识——很多人曾经把财富看做是幸福的代名词。卡尼曼帮助我们回归到追求本源，他认为财富仅仅是能够带来幸福的因素之一，事实上幸福是由许多因素共同作用决定的。更多的金钱并不一定能带来更多的幸福，人们选的并不总是能使他们最高兴的，金钱甚至会为人们带来痛苦。

痛苦或是幸福，本来就是一种感觉。放在经济学研究平台上，经济学家只好把幸福或者痛苦的感觉与可以量化的财富放在一起。

研究发现，当人们收入水平较低时，随着收入增加，人们的幸福程度增加；但是当收入达到一定程度，人们的幸福感再也不随收入进一步增加而同步增加，而是随收入呈边际递减。

经济学对此的解释是幸福边际效用递减。也可以用心理学知识解读这种现象的发生。解释之一是"习以为常"因素作用，尽管经济改善和物质水平提高可以令人快乐一阵子，但不久感觉就会烟消云散，原来的奢侈享受都变成生活必需的一部分，失去了占有的满足感。解释之二是人们的攀比心理在起作用，当人们得知周围其他人的生活比自己好时，物质水平提高带来的快感会消失得很快。

萧伯纳说：经济学是一门使人幸福的艺术。经济学家们的一切努力其实应该都是为了幸福最大化，尽管很多经济学家把关注的目光放在了物质财富的增长上，但还是有人天才般的将经济学中的幸福精确地简化为效用。

3.萨缪尔森的幸福方程式：幸福=效用/欲望

美国经济学家萨缪尔森曾经给出一个幸福方程式：幸福=效用/欲望。这个公式告诉我们，幸福程度与效用成正比，与欲望成反比；当欲望既定时，效用越大，越幸福；当效用既定时，欲望越大，越痛苦。

如果效用作为一种实体存在，在一定时空中，它可以认为是一个既定的量或是一个既定范畴里的变量，如时间对于一个人而言只能从0岁到死亡等。而作为分母的欲望不同，它作为一个带有一些虚空特色的变量，其变动范畴宽泛得多：当欲望不断扩张，用数学语言来说就是当欲望趋于无穷大时，幸福就趋于零，这就是说对于无穷欲望者而言是没有幸福可言的；而当欲望无限变小，不断趋近于零时，其结果显然是没有意义的，也就是说，当一个人失去了任何欲望，幸福对他来说就不存在了。

如果把效用看做是一种心理感觉，欲望得到满足就是效用，那么，效用要消费物品或劳务才能得到，消费物品与劳务要有收入。从这种观点出发，没钱绝对不幸福，但有钱也并不一定幸福。

有些经济学家认为，在人的幸福中由金钱带来的幸福仅仅占20%，甚至更少。对低收入者而言，金钱与幸福的关系更为密切；但对于高收入者，金钱与幸福的关系就要淡得多。

我们的心理体验告诉我们，幸福不是简单地与财富或者别的某一方面产生的一元函数关系，而是一个有多种因素存在的多元函数。决定幸福的不仅仅有财富，还有其他因素，比如情感、兴趣、爱好、人际关系、尊重等。幸福是一种感觉，这种感觉是通过对比产生的，也就是说，一个人对幸福的主观判断往往与其用以比较的参照物有关。

萨缪尔森的幸福方程式为我们指出了获得幸福的途径：要想更幸福，必须增加效用，或降低欲望。经济学认为"天下没有免费的午餐"，增加效

215

用需要增加收入。这也是学校老师忙着兼职代课、白领忙着兼职的原因。但是,经济学又告诉我们,凡事都有边际,边际效用时时存在,在增加收入的过程中,要适可而止,恰到好处。如果我们过度追求财富而失去了闲暇时间,有可能收获的不是幸福而是痛苦。

相比增加效用,通过控制欲望获得幸福则更为简单。

有一个富人正在沙滩上享受阳光,他的左边躺着一个年轻的流浪汉。富人对流浪汉说:"你应该去外面的世界努力打拼。"流浪汉表示不解,反问:"我为什么要努力打拼啊?"富人说:"努力奋斗才能获得更多的财富。"年轻的流浪汉问:"获得财富又为了什么?"富人说:"获得财富你才能到海边度假。"年轻人反问道:"那么你认为我现在正在做什么呢?"

这个故事有趣地说明了欲望对人的幸福感的影响。在经济学家眼里,幸福生活的人必定不是欲望的奴隶。经济学家认为,在人的幸福中由金钱带来的幸福仅仅占20%。

4.马斯洛需求层次理论——因价值感而获得的幸福,最为珍贵

幸福的产生是建立在欲望的基础上的,如果一个人没有欲望,那他就不可能获得幸福。欲望,从某种意义上来说就是需求。换句话说,幸福的产生基础必然是需求的满足。谈到需求,就绕不开马斯洛需求层次理论。马斯洛理论把需求分成生理需求、安全需求、社交需求、尊重需求、自我实现需求五类,依次由较低层次到较高层次排列。各层次需要的基本含义如下:

(1)生理上的需要。这是人类维持生命运行的最基本要求,包括对以下事物的需求:呼吸、水、食物、睡眠、生理平衡、分泌、性。如果这些需要(除性以外)任何一项得不到满足,个人的生理机能的正常运转就会遭到破坏。换而言之,人类的生命就会因此而死亡。在这个意义上说,生理需要是推动人们各种行为最原始的动力。

(2)安全上的需要。这类需要包含以下几个方面的要求:人身安全、健康保障、资源所有性、财产所有性、道德保障、工作职位保障、家庭安全。马斯洛认为,人的身体机制是一个追求安全的机制,人的感受器官、效应器官、智能和其他能量主要是寻求安全的工具,甚至可以把科学和人生观都看成是满足安全需要的一部分。

(3)情感和归属的需要。这类需要包含的要求有:友情、爱情、性亲密。每个人都希望得到别人的关心和照顾。感情上的需要比生理上的需要更为细腻,不同的人有着不同的情感需要,它和一个人的生理特性、经历、教育、宗教信仰等有关系。

(4)尊重的需要。该层次包括:自我尊重、信心、成就、对他人尊重、被他人尊重。尊重的需要可分为两部分:内部尊重和外部尊重。内部尊重是指一个人希望在各种不同情境中有实力、能胜任、充满信心、能独立自主,有人的自尊;外部尊重是指一个人希望有地位、有威信,受到别人的尊重、信赖和高度评价。

(5)自我实现的需要。该层次包括:道德、创造力、自觉性、问题解决能力、公正度、接受现实能力。这是最高层次的需要,它是指实现个人理想、目标,发挥个人潜能到最大程度,达到自我实现的境界。

马斯洛认为,前三种需要都属于低一级的需要,尊重的需要、自我实现的需要属于高层次的需要。已经满足的需求,不再是激励因素。大多数人的需要结构很复杂,无论何时都有许多需求影响行为。一般来说,只有在较低层次的需求得到满足较高层次的需求才会有足够的活力驱动行为。

在追求各种需求满足的过程中,人们会产生不满足和满足感:需求获

得了供给,就会产生满足感;否则,就会有不满足或者不如意的感觉产生。满足感是人们获得幸福的第一要素,也就是说,幸福基本定义的第一个维度是满足感。许多人因为满足而幸福,比如某教师期望获得加薪,结果事如他愿,在得知这个消息的当晚,他会觉得很幸福。根据人类的生活经验,只要某种需求得到满足,人就会产生幸福感。

幸福基本定义的第二个维度是快乐感。快乐不等同于幸福,但快乐促进幸福的产生。就快乐与幸福的关系与区别而言,快乐是感官的享受,而幸福是一种状态;快乐易得,而幸福难求;幸福的人必能时常感受到快乐,不幸福的人也能偶尔感到快乐。许多事情都能为人带来快乐,比如有人因为去钓鱼而快乐一上午,有人因为看一场NBA球赛而快乐一天,有人因为蜜月而快乐一个月,有人因为孩子即将出生而快乐一年。

有些快乐很短暂,有些快乐相对长久一些,快乐的人容易获得幸福,而幸福的人容易品尝到快乐的滋味。幸福在于拥有,快乐在于使用。花钱也许买来快乐,却并不能买来幸福。有些人为得到短暂的快乐,而破坏已拥有的幸福。当人们没得到或失去幸福后,会期望、怀念一种天长地久的幸福。

所以,珍惜幸福是一种智慧。当你得到你想要的东西的时候,要珍惜你的拥有,如果贪心得到更多而不珍惜所拥有的,就会因失去而痛苦。

幸福基本定义的第三个维度是价值感。

所谓价值感,就是一个人因对他人和社会产生价值而获得的主观感受。结合马斯洛需求层次理论,产生价值感的需求主要集中在尊重的需要和自我实现的需要这两种高级需要的范围之内。价值感是幸福的最高表现,它是在满足感和快乐感同时具备的基础上,增加了个人价值的体现因素,比如获得重大成就、产生重大经济利益等,从而使个人获得长久、持续、极其难得的幸福感。因价值感而获得的幸福,是最为珍贵的幸福。

5.康德哲学——生气是拿别人的错误惩罚自己

哲学家康德曾说："生气是拿别人的错误惩罚自己。"

人生在世，免不了要和别人相处，由于每个人的文化水平、工作生活、性格爱好不同，相处久了，难免会发生磕磕碰碰和矛盾冲突，这时往往就会产生仇恨的心理，如兄弟反目、婆媳不和、同事争执等，严重破坏了人际关系，给生活增添了不少麻烦。其实，这些矛盾只是些小矛盾，只要有一方豁达一些，大度一些，该宽容的宽容，该忘记的忘记，问题就会迎刃而解，干戈就会化为玉帛。

然而，在现实生活中，总有那么一些人，心胸狭隘，小肚鸡肠，处事总是持"宁可我负人，不可人负我"的态度，对别人的不是，甚至并非不是之事也斤斤计较，毫发必争，往往使一丁点矛盾进一步恶化。事实上，锱铢必较，最终只会使自己失去了快乐。

从前有一个穷秀才在集市上卖字画。有一天，他看见不远处前呼后拥地走来一位大臣的小少爷。秀才知道这位大臣在年轻时曾经把自己的父亲欺辱、迫害得忧郁而死，秀才的心底不由涌起一阵仇恨的情绪，但这位小少爷并不了解这一切。

这孩子被秀才的一幅花鸟画深深吸引住了，他在这幅画前流连忘返，不忍离去，想要买这幅画，秀才却将这幅画收卷起来，并声称不卖给他。这位小少爷是位痴情任性的人，对那幅画始终难以割舍，不能忘怀。从此以后，这孩子因为想得到这幅画而得了心病，日渐憔悴。

最后，他父亲出面了，表示愿意为这幅画付一笔高价。可是秀才宁愿把这幅画挂在他家堂屋的墙上，也不愿意卖给这个大臣。他阴沉着脸坐在画前，自言自语地说："这就是我的报复，父债子偿。"大臣没有买到画失望

地回去了，没过几天，大臣的儿子就死了。

可是秀才却没有得到报复后的快感，他连日梦见小少爷天真的笑脸，这使他的良心受到了谴责，终日痛苦不已。有一天，他应人要求画一幅佛像。可是，他画着画着就觉得佛像与自己以往画的佛像有很大的差异。这使他苦恼不已，他费尽心思地找原因，突然他惊恐地丢下手中的画笔，跳了起来：他刚画好的佛像的眼睛，竟然是那位大臣的眼睛，连嘴唇也是那么相似。他把画撕碎，高喊道："我的报复已经又回报到我的头上来了！"

就像家鸽总会回家，报复也总会落到自己的头上。生活就是这样，面对别人的伤害，刻意的报复往往结局并不乐观，最后的结果与其说是报复了自己的敌人，不如说是更深地伤害了自己。

报复是把双刃剑，在伤害别人的同时，也会划伤自己。因此不要对别人的伤害耿耿于怀，用别人犯下的错来惩罚自己，使自己痛苦，实在是太不明智了。

有一位哲人说过："世界上没跨越不了的事，只有无法逾越的心。"这个心一旦被自己封闭起来就变成了"心域"，它不但会限制我们的潜能，更影响了我们对幸福的体悟。所以，要想获得幸福，最关键的是要开放自己的心。

6.齐加尼克效应——有些压力很正常，不必为此太紧张

齐加尼克效应是指：因工作压力导致心理上的紧张状态。它源于法国心理学家齐加尼克曾经作过的一次很有意义的实验。

　　1888年，美国第23届总统竞选之日，候选人本杰明·哈里森（1833～1901年）很平静地在等候最终的结果。他的主要票仓在印第安那州。印第安那州的竞选结果宣布时已经是晚上11点钟了，一个朋友给他打电话祝贺，却被告知哈里森在此之前早已上床睡觉了。

　　第二天上午，那位朋友问他为什么睡这么早。哈里森解释说："熬夜并不能改变结果。如果我当选，我知道我前面的路会很难走。所以不管怎么说，休息好不失为是明智的选择。"

　　休息是明智的选择，因为工作会带来压力。哈里森明白这一点，但他也许不知道自己所要克服的，实际上是因工作压力所致的心理上的紧张状态。在心理学上，这种状态被称为"齐加尼克效应"。

　　齐加尼克效应告诉我们：一个人在接受一项工作时，就会产生一定的紧张心理，只有任务完成，紧张才会解除。如果任务没有完成，则紧张持续不变。

　　随着当代科学技术的飞速发展和知识信息量的增加，作为"白领"阶层的脑力劳动者，其工作节奏日趋紧张，心理负荷亦日益加重。特别是脑力劳动是以大脑的积极思维为主的活动，一般不受时间和空间的限制，是持续而不间断的活动，所以紧张也往往是持续存在的。

　　脑力劳动者更容易产生齐加尼克效应。随着当代科学技术的飞速发展、知识信息量的快速增长，脑力劳动者的工作量亦相应增加，工作节奏随之加快。

　　由于脑力劳动是以大脑的积极思维为主的活动，其特殊性在于大脑的积极思维是持续而不间断地活动，所以紧张也往往是持续存在的。诸如报刊的编辑人员在出刊之前，"八小时以外"亦仍然会考虑组稿、编排等情况；搞攻关项目的科研人员，研究课题经常连绵不断地呈现在眼前……有时，那些尚未解决的问题或未完成的工作，会像影子一样困扰着你。医务人员、工程师、作家等都有此体会。

　　紧张的工作节奏和各种竞争，使脑力劳动者易于产生紧迫感、压力感

和焦虑感,若处理不当或不能适应,则对很多身心疾病的发生发展起着推波助澜的作用。因此,脑力劳动者必须学会自我心理调适,缓解精神上的紧张状态。

一、缩短工作时期,提高八小时内工作效率

每完成一项工作任务可谓是一个周期,当你攻克了某个难关,或完成了一件重要工作,达到"柳暗花明又一村"的境地时,心情会豁然开朗,愉悦之情油然而生,这种完成任务后的欢愉对缓解心理紧张、促进身心健康是极其有益的。

二、在高度紧张之时,应力求降低应激的阈值,给自己以"减压政策"

无论工作多么繁忙,每天都应留出一定的休息、"喘气"的时间,抽空散散步,活动活动筋骨,尽量让精神上绷紧的弦有松弛的机会。

要科学地安排工作、学习和生活,实事求是地制定工作计划或目标,并适当留有余地。对待事业上的挫折不必耿耿于怀,亦不要为自己根本无法实现的"宏伟目标"而白白地耗尽心血,弄得精疲力尽。

三、"精神胜利法"

鲁迅笔下的阿Q常用"精神胜利法"自我解嘲,对现代人亦不无裨益。这种"精神胜利法"实质上是一种自我暗示。自我暗示是由本人的认知、言语、思维等心理活动来调节和改变身心状态的心理过程。运用积极乐观的自我暗示法能化被动局面为主动局面,收到特殊的调节效果。

四、养成体育锻炼的习惯

每天可安排一小时, 根据自己的情况灵活掌握。锻炼项目可选择跑步、快走、太极拳、广播体操、球类等等。体育锻炼对于脑力劳动者来说,既可放松身心,又能增强体质。

五、培养一项以上业余爱好

脑力劳动者的业余爱好可作为转移大脑"兴奋灶"的一种积极的休息方式,有效地调节大脑的兴奋与抑制过程,进而消除疲劳,改善情绪,从紧张、乏味、无聊的小圈子中走出来,进入一个生机盎然的境界,业余爱好的内容是广泛的,诸如琴棋书画、养鸟养鱼、花卉盆景、写作、旅游、垂钓等

等。可根据自己的兴趣选择,适当"投资",最好培养成为一种习惯。

六、讲究心理调节

既然压力是客观存在的,就应以积极的态度去面对它。将焦虑、烦恼等劣性情绪强行积郁在胸显然不妥。心情不好时,应尽量想办法"宣泄"或转移,如找知心朋友倾诉,一吐为快;或出去走走,看电影电视等。困难时要看到光明面,失败时要多看自己的成绩,要有自信心。这样有利于理清思路,克服困难,走出逆境。

7.毕达哥拉斯定律——愤怒从愚蠢开始,以后悔告终

古希腊哲学家毕达哥拉斯认为人在盛怒下常常会做出不理性的行为,他说:"愤怒从愚蠢开始,以后悔告终。"培根则告诫道:"无论你怎么地表示愤怒,都不要做出任何无法挽回的事来。"在现实生活中,一时愤怒,酿成大错或大祸的事,绝非少见。

有时候一个人感到心烦意乱时, 会觉得周围的一切都与自己的想法或做法是相悖的,更奇怪的是有时还会自己生自己的气,看什么都不顺。可往往就是这一时之气,害了自己的一生。

从前,有一只骆驼在沙漠中无力地向前走着。中午的太阳简直就是一个大火球,像要把整个沙漠吞没一样,把骆驼晒得又饿又渴,焦急万分。骆驼装了一肚子的火,不知该往哪儿发。

这时正好有一块小小的玻璃片把它的脚掌硌了一下, 气呼呼的骆驼顿时火冒三丈,抬起脚狠狠地将碎玻璃片踢了出去。却不小心将脚掌划开了一道深深的口子,鲜红的血液立刻把沙粒给染红了。

223

生气的骆驼因为疼痛一瘸一拐地向前走着，身后留下了一串血迹，血迹引来了空中的秃鹫。它们叫着在骆驼上方的天空中盘旋着。骆驼心里一惊，不顾伤势狂奔起来，在沙漠上留下一条长长的血痕。跑到沙漠边缘时，浓重的血腥味儿引来了附近的沙漠狼，疲惫加之流血过多，无力的骆驼只得像一只"无头苍蝇"一样东奔西突，仓皇中跑到一处食人蚁的巢穴附近。鲜血的腥味儿惹得食人蚁倾巢而出，黑压压地向骆驼扑过去。就在一刹那，食人蚁就像一块黑毛毯，把骆驼裹了个严严实实。一会儿工夫，那只可怜的骆驼就满身是血地倒在了地上。

临死前，这个庞然大物追悔莫及地叹道："我为什么跟一块小小的碎玻璃片生气呢？"

临死前才明白不应该动不动就生气，这只骆驼显然明白得太晚了。其实人和骆驼是一样的，人在生气的时候也会乱发脾气，有时候也会做一些对自己有害的事，等到真正面临严重后果时才发现，自己的所作所为都是因为一时之气，却造成了可能是永远无法挽回的过错。

在世界台球冠军争夺赛上，路易斯·福克斯胸有成竹，十分得意，因为他的成绩远远领先于对手，只要发挥正常再得几分便可登上冠军宝座。然而，正当他准备全力以赴拿下比赛时，发生了一件令他意料不到的小事：一只苍蝇落在了主球上。

路易斯没有在意，挥了挥手赶走苍蝇，然后俯下身准备击球。可当他的目光落到主球上时，这只可恶的苍蝇也落到了主球上，他又挥了挥手赶跑了它。然而这只苍蝇好像故意要和路易斯作对，正当路易斯再次俯身时，苍蝇再次落在了主球上。观众席上发出了笑声，而路易斯的情绪显然恶劣到了极点，当那只苍蝇又落在主球上时，路易斯终于失去了冷静和理智，愤怒地用球杆去击打苍蝇，一不小心球杆碰动了主球，裁判判他击球，他因此失去了一轮机会。

这时本以为败局已定的竞争对手约翰·迪瑞见状勇气大增，信心十

足,连连过关;而路易斯则在极度愤怒与失控情绪的驱使下,接连失利,最终错失冠军宝座。路易斯沮丧地离开赛场,第二天早上有人在河里发现了他的尸体。他投河自杀了。

一只小小的苍蝇却击败了一个攻城略地的世界冠军!不禁令人扼腕长叹,更令人震惊深思。可以说,路易斯并不是没有能力拿世界冠军,可他的能力却被他的情绪所左右,在对待影响自己情绪的小事时不够冷静和理智,没能控制和调节好这种负面情绪,最终失掉了冠军乃至自己的生命。

生活中,我们经常见到有人发脾气,也经常看到有人因为发了脾气,而把事情搞得一团糟,其原因不是这个人的能力不够,更不是这个人缺乏沟通的能力,而是因为这个人1%的坏情绪,导致了最后100%的失败。

芝加哥第一国家银行董事会会长维特·摩亚说过:"如果某人情绪不稳,甚至怒不可遏,我总觉得对于我自己来说不但没有坏处,更会对我的地位产生帮助。"

因此,不要因为别人发怒,你便怒不可遏,要知道那正是你应当平和的时候。当然,每个人都是有感情的,不可能像木头人一样没有情绪,也不可能永远保持冷静的头脑。不过当你想发怒的时候,先想想这种爆发会产生什么影响,是否会有损于你自己的利益,那么你也许就会好好约束自己,控制自己的情绪了。

如果人们在事业长跑中没有保持一种健康的情绪,最终将无法触摸到成功的终点线。并非他们才智平庸,也不是时运不济,与其说他们是在与别人的竞争中失利,不如说他们输给了自己不成熟的情绪。

然而,控制坏情绪也并不是说要压制一个人的情感,情绪波动和产生负面情绪都是很正常的,重要的是要将这种情绪合理化,正确地释放和转化,才不至于影响我们的正常生活和工作。

当坏情绪来袭时,我们应以理性克服情感上的冲动,选择在一个在恰当的场合以一种恰当的方式发泄出来,或是转移自己的注意力,去参加适当的体育运动,或到远处去走走放松自己的心情。

放开那些无谓的束缚,让自己的心灵解放,自在地飞翔。

8.破窗效应——人们的行为总是受某种暗示的潜在影响

美国斯坦福大学心理学家菲利普·辛巴杜曾做过一个关于破窗效应的实验:

他买来两辆一模一样的汽车,把其中的一辆停在加州帕洛阿尔托的中产阶级社区,这个社区相对整洁繁华。把另一辆停在纽约布朗克斯区,这个地方相对杂乱,没有秩序性。他把停在布朗克斯的那辆车的车牌摘掉,然后让顶棚保持打开着,结果当天晚上就被偷走了。但放在帕洛阿尔托的那一辆,过了一个星期还好端端地放在那。可是当辛巴杜用锤子把那辆车的玻璃打碎了之后,不到几个小时,那辆车就不见了。

这一实验告诉人们任何一种不良现象的存在,都在传递着一种信息,这种信息会导致不良现象的无限扩展。"千里之堤,溃于蚁穴",人们应高度警觉那些不易察觉的微小的过错,以便及时矫正,避免恶果发生。

受到破窗效应的启示,日本发明了一种叫做"红牌作战"的质量管理活动。他们将沾满油污、不清洁的设备贴上具有警示意义的"红牌",将藏污纳垢的办公室和车间死角也贴上"红牌",这样人们就会尽快收拾整齐,使其迅速改观,从而营造一个清洁整齐、舒爽有序的工作环境。

其实在日常生活中也是如此,人们的行为总是受某种暗示的潜在影响。比如某人本来并不贪心,但是粗心的路人把钱露出衣袋少半部分,这时,那个人就有可能贪念顿起,顺手牵羊做了小偷。

我们每个人都随身携带一种看不见的法宝"积极心态",而它的另一

面写着"消极心态"。一个积极心态的人并不否认消极因素的存在，他只是学会了不让自己沉溺其中。一个积极心态者常能心存光明远景，即使身陷困境，也能以愉悦和创造的态度走出困境，迎向光明。在人的本性中，有一种倾向：我们把自己想象成什么样子，就真的会成为什么样子。

在我们碰到棘手的问题时，必须先静下来，勿冲动行事。既然木已成舟，请以美好的姿态去面对一切。当不能立竿见影地解决问题时，请试着改变你面对问题的心情。

我们常常以为是一件事情引发了我们的某种情绪，但美国心理学家埃利斯认为，是我们内心的想法或者说心态决定了我们的情绪。

所以，不要把你的一切情绪都归于现在的事件、现在的人、现在的关系。表面上是这些因素决定了你的爱恨情仇以及种种情绪，事实上，导致你负面情绪的罪魁祸首是你内心对事情的想法和观点，而这是完全可以用积极的心态去改变的。从这个意义上说，我们完全有能力左右自己的心情。

如果你因为失败而灰心丧气，其实那是成功女神对你毅力的一次考验；总结经验和教训，重拾勇气和自信一定会垫起你未来成功的高度。郁闷的心情只会让你更加失败，而坦然的心情则能让你接近成功。

如果你因为失去而黯然神伤，那是因为你一直习惯拥有、害怕失去。的确，失去会带来疼痛，但更多的时候，正是因为失去，才让你得到更多。而有所得必有所失，同样有所失也必有所得，所谓"失之东隅，收之桑榆"。人生本无所谓得失，你心情的好与坏，全在于你自己内心的想法。

有人说："人生如打牌，而不似下棋。"下棋是公平的，棋子一样多，棋盘共同用，条件相同，起跑线一致，机会均等，就看谁的棋艺高。而打牌是不公平的，除了抓牌的数量一样，牌的好坏却有着千差万别。人生也是这样，我们不能控制自己的牌是好还是坏，但是我们可以控制自己打牌时的心情。好心情会让你的牌技发挥得更好，结果也许是你拿了一手烂牌却赢了这一局！

227

9.比伦定律——失败也是一种机会

美国考皮尔公司前总裁F.比伦提出："失败也是一种机会。若是你在一年中不曾有过失败的记载，你就未曾勇于尝试各种应该把握的机会。"

古埃及国王有一次举行盛大的国宴，厨工在厨房里忙得不可开交。一名小厨工不慎将一盆羊油打翻，吓得他急忙用手把混有羊油的炭灰捧起来往外扔。扔完后去洗手，他发现手滑溜溜的，特别干净。小厨工发现这个秘密后，悄悄地把扔掉的炭灰捡回来，供大家使用。后来，国王发现厨工们的手和脸都变得洁白干净，便好奇地询问原因。小厨工便把自己的事情告诉了国王。国王试了试，效果非常好。很快，这个发现便在全国推广开来，并且传到希腊、罗马。没多久，有人根据这个原理研制出流行世界的肥皂。

我们谁都不愿意失败，因为失败意味着以前的努力将付诸东流，意味着一次机会的丧失。不过，一生平顺，没遇到失败的人，恐怕少之又少。所有人都存在谈败色变的心理，然而，若从不同的角度来看，失败其实是一种必要的过程，而且也是一种必要的投资。数学家习惯称失败为"或然率"，科学家则称之为"实验"，如果没有前面一次又一次的"失败"，哪里有后面所谓的"成功"？

全世界著名的快递公司DHL创办人之一的李奇先生，对曾经有过失败经历的员工则是情有独钟。每次李奇在面试即将走进公司的人时，必定会先问对方过去是否有失败的例子，如果对方回答"不曾失败过"，李奇直觉认为对方不是在说谎，就是不愿意冒险尝试挑战。李奇说："失败是人之常情，而且我深信它是成功的一部分，有很多的成功都是由于失败的累积

而产生的。"

李奇深信，人不犯点错，就永远不会有机会，从错误中学到的东西，远比在成功中学到的多得多。

另一家被誉为全美最有革新精神的3M公司，也非常赞成并鼓励员工冒险，只要有任何新的创意都可以尝试，即使在尝试后是失败的，每次失败的发生率是预料中的60%，3M公司仍视此为员工不断尝试与学习的最佳机会。

3M坚持的理由很简单，失败可以帮助人再思考、再判断与重新修正计划，而且经验显示，通常重新检讨过的意见会比原来的更好。

美国人做过一个有趣的调查，发现在所有企业家中平均有三次破产的记录。即使是世界顶尖的一流选手，失败的次数毫不比成功的次数"逊色"。例如，著名的全垒打王贝比路斯，同时也是被三振最多的纪录保持人。

其实，失败并不可耻，重要的是面对失败的态度，是能反败为胜，还是就此一蹶不振？杰出的企业领导者，绝不会因为失败而怀忧丧志，而是回过头来分析、检讨、改正，并从中发掘重生的契机。

沮特·菲力说："失败，是走上更高地位的开始。"许多人之所以获得最后的胜利，只是受惠于他们的屡败屡战。对于没有遇见过大失败的人，他有时反而不知道什么是大胜利。其实，若能把失败当成人生必修的功课，你会发现，大部分的失败都会给你带来一些意想不到的收获。

人生总免不了要遭遇这样或者那样的失败。确切地说，我们每天都在经受和体验各种失败。有时候，我们甚至会在毫不经意和不知不觉之间与失败不期而遇。面对失败，我们又往往会采取习惯的对待失败的措施和办法——或以紧急救火的方式扑救失败，或以被动补漏的办法延缓失败，或以收拾残局的方法对待失败，或以引以为戒的思维总结失败……条条道路通罗马。当我们失败时，如果能够静下心来，坦然面对，换一个角度去思考，那么在我们从另一个出口走出去时，就有可能看到另一番天地。

　　李铁是一个很有事业心的人,他在一家销售公司跟着老板一干就是5年,从一个刚毕业的大学生一直做到了分公司的总经理的位置。在这5年里,公司逐渐成为同行业中的佼佼者,李铁也为公司付出了许多,他很希望通过自己的努力将企业带入一个更成功的境地。然而就在他兢兢业业拼命工作的时候,李铁发现老板变了,变得不思进取、"牛"气十足,对自己渐渐地不再信任,许多做法都让人难以理解。而李铁自己再也找不到昔日干事业的感觉。

　　同样,老板也看李铁不顺眼,说李铁的举动使公司的工作进展不顺利,有点碍手碍脚。不久,老板把李铁解雇了。

　　从公司出来后,李铁并没有气馁,他对自己的工作能力还是充满了信心。不久,李铁发现有一家大型企业正在招聘一名业务经理,于是将自己的简历寄给了这家企业,没过几天他就接到面试通知,然后便是和老总面谈,最终顺利得到这份工作。工作大约一个月时间,李铁觉得自己十分欣赏该公司总经理的气魄和工作能力。同时,他也感到总经理同样十分赏识他的才华与能力。在工作之余,总经理经常约他一起去游泳、打保龄球或者参加一些商务酒会。

　　在工作中,李铁发现公司的企业图标设计相当繁琐,虽然有美感,但却缺乏应有的视觉冲击力,便大胆地向总经理提出更换图标的建议。没想到其实总经理也早有此意,总经理把这件事安排给他去完成。为了把这项工作做好,李铁亲自求助于图标设计方面的专业人士,从他们设计的作品中选出了比较满意的一件。当他把设计方案交给总经理的时候,总经理大加赞赏,立马升李铁为公司副总,薪水增加了一倍。

　　是的,被解雇并不是一件坏事,李铁面对无情的解雇,凭借着才能找到了更适合自己的工作,而且得到了一位真正"伯乐"的赏识。

　　其实路就在脚下,走过坎坷与不如意,也许前面有更光明的一片天空在等着我们。

　　要相信,上帝在关上一扇门的同时会打开另一扇窗户,机遇的诞生可能就在这一切发生之时。

10.甜柠檬心理——接纳自己,找到自身优势

　　"甜柠檬"心理就是说相信自己的柠檬就是甜的,指的是自己所有而摆脱不掉的东西就是好的,要学会接纳自己。每个人都有自身的优点,都有自己的优势,也都有自己的特点,千万不要轻易说自己这里不好,那里不如人,不妨试试"甜柠檬"心理,学会接纳自己,逐渐增强自信。

　　爱迪生小时候曾被学校教师认为愚笨而失去了在正规学校受教育的机会。可是,他在母亲的帮助下,经过独特的心脑潜能开发,成为世界上最著名的发明大王,一生完成2000多种发明创造。他在留声机、电灯、电话、有声电影等许多项目上进行了开创性的发明, 从根本上改善了人类生活的质量。这是人的潜能得到较好开发的一个典型。

　　事实上,世界本来属于我们,我们只要抹去身上的灰尘,无限的潜能就会像原子反应堆里的原子那样充分发挥出来, 我们就一定可以有所作为,创造奇迹。

　　也许你想成为太阳,可你却只是一颗星辰;也许你想成为大树,可你却只是一株小草;也许你想成为江河,可你却只是一泓山溪……于是,你很自卑,总认为命运在捉弄自己。

　　其实,平凡无需自卑,关键是要扮演好自己的角色。

　　有个小男孩头戴球帽,手拿球棒与棒球,全副武装地走到自家后院。

　　"我是世上最伟大的击球手。"他自信地说完后,便将球往空中一扔,然后用力挥棒,却没打中。他毫不气馁,继续将球拾起,又往空中一扔,然

231

后大喊一声："我是最厉害的击球手。"他再次挥棒，可惜仍是落空。他愣了半晌，然后仔仔细细地将球棒与棒球检查了一番之后，他又试了一次，这次他仍告诉自己："我是最杰出的击球手。"然而他第三次的尝试还是挥棒落空。

"哇！"他突然跳了起来，"我真是一流的投手。"

男孩勇于尝试，能不断给自己打气、加油，时刻充满信心，虽然结果仍然失败，但是，他并没有自暴自弃，也没有任何抱怨，反而能从另一种角度"欣赏自己"。

生活中大多数人都习惯自怜自艾、自我批判，他们最常说的是"我身材难看"，"我能力太差"，"我总是做错事"……他们总是学不会像那个小男孩一样，换个角度欣赏自己，这都是由于自卑心理在作祟。

自卑心理所造成的最大问题是：你总是在斤斤计较你的平凡，你总是在想方设法证明你的失败，每一天你都在为自己的想法找证据，结果你越来越觉得自己平凡、渺小，处处不如人。一个值得思考的问题是：为什么你明明知道这样做会使人生更灰暗、负面的感觉更多，更不知道珍惜人生的天赋美好，却还是执迷不悟。我们都是芸芸众生中的一员，都是平凡的小人物，但我们也有比别人美好的地方，所以千万不要自贬身价。

如果一个人对自己都不欣赏，连自己都看不起，那么，这个人怎么还会自强、自信、自爱、自省呢？你也许曾埋怨过自己不是名门出身，你也许曾苦恼过自己命运中的波折，你也许曾惋叹过自己行程中的坎坷。可是，你有没有正视过自己？对于一个生活的强者而言，出身只是一种符号，它和成功没有丝毫瓜葛，你又何必为此而斤斤计较？人生变动不居，又岂能无忧无虑、平静无波？生命的行程如果没有顽石的阻挡，又怎能激起美丽的浪花朵朵？

11.真正的幸福，不需要给别人看

幸福不是做给别人看的，也与别人怎么说没有关系，重要的是我们自己知道自己到底要什么，也就是说幸福掌握在自己的手中，而不是在别人眼中所展现出来的幸福，是自己真正感受到的那种愉悦、甜蜜和快乐。

而女人可能更在意别人如何看待自己，所以女人们要知道，当你穿上一件漂亮的衣服，是为了让自己舒服，而不是为了让别人夸自己好看；你买了辆新车是为了让自己出入方便，而不是要看别人羡慕的眼神；你做了件好事是为了让自己心情舒畅，而不是为了得到别人的赞扬；你夸奖别人是为了让别人开心，而不是为了让别人也夸赞自己。

女人对幸福的追求应该比男人更执著，自然对于有关幸福的探讨，也更为深刻。每个女人的内心深处都渴望拥有幸福的生活，但是，问题在于，你是真正在享受幸福，还是别人看到的幸福呢？

小青大学一毕业就嫁给了一个事业有成的成熟男人，有车，有别墅，还有保姆侍候着。刚新婚的时候，让她真正感受到了公主般的待遇，她的同学都很羡慕她的生活，每天可以睡到自然醒才起来，然后去做做美容，打打牌，购购物，这应该是每个女人都向往的生活吧！

没过多久，她的老公就开始越来越晚回家，而且大多时候回到家都是筋疲力尽了，以前从来没有发生过的争吵也就有了第一次、第二次……后来，小青生下了一个女儿，让盼子心切的老公很失望，本来他自己已经有两个女儿了。从此，他总是找很多借口不回来，让她自己带着幼小的女儿独自面对着庞大的空房。

同在一个城市的几个大学姐妹时常会聚聚，小青一直是大家羡慕的对象，虽然有了女儿后她在家里的地位每况愈下，但是她不愿意让姐

妹看到自己的窘迫，每次见面都强装笑颜，只为了维持在外人看来的所谓幸福。姐妹们感叹工作的劳累和压力，都说小青吊到了金龟婿，享尽清福，小青打碎了牙只能往肚子里咽。她不愿被别人嘲笑，尽管她知道姐妹们会给她安慰，但是与怜悯相比，她宁愿接受羡慕，哪怕仅仅是表面的。

她想过出去找工作，可是毫无工作经验又有孩子拖累，谈何容易。婚后第五年，她终于无法再忍受这种名存实亡的婚姻，选择了离婚，也选择了抛弃强撑的华丽。

人一生的时光是有限的，人的一生到底能拥有多少幸福的体验？关键在于我们能不能把生命的存在当成一种幸福，尔后好好珍惜；在于我们能不能把自己该负的责任当成一种幸福，尔后坦然承担；在于我们能不能把超越自我当成一种幸福，尔后不言放弃；在于我们能不能把物质上与人的差距当成一种幸福，尔后洁净心灵；幸福不是索取，不是攀比，不是逃避，更不是占据物质财富的多少，而是付出和给予，这样我们才能感知到自己生命的存在是有意义的、有价值的，这样我们就会感受到幸福。

幸福是人与生俱来的一种体验，它和悲伤、痛苦、失落等一样，只是我们在生命中诸多体验中的一种而已。人的一生中到底是幸福多一些，还是失意多一些，取决于我们如何解读"幸福"，幸福和其他的生命体验关系并不是加减法的关系，所以不是幸福体验多了，其他体验就会减少。人的一生是应该在丰富的生命体验中度过的，当我们成年以后，我们的生命体验不能再停留在他人、他物对"我"的施为上，而更多的应该是自己主动去思考、去选择、去取得幸福的体验，只有这样当生命结束之时才会无悔！

当初张杰与太太结婚时，就有很多风言风语，说他看中的是女方的钱。因为在他认识他太太的时候，她已经自己开公司做老板了。一开始，他

对和她谈朋友也很犹豫，男人嘛，都喜欢温柔些的女人，能满足自己的成就感和虚荣心。但随着交往的深入，他发现他们两个人挺合拍的：她大大咧咧，他没心没肺；她喜欢川菜，他爱吃麻辣；她爱看DVD，他爱搜罗影碟；她有一大群朋友，他也好呼朋唤友……共同的爱好培养了他们的爱情，一年后，他们就结婚了。关于他的选择，不同人有不同版本的猜测。最普遍的想法就是他看上了太太的几百万家产。

他是这样说的："说我完全不是为了钱，那是我虚伪，没人会和好的生活过不去。但钱在我的选择中占的比重非常小，我真正看重的是两人在一起的和谐和默契。"婚后，张杰继续做着自己的采购员。他的朋友总喜欢问他一个问题："娶了个那么能干的老婆，你不觉得有压力吗？"

他说："我没感到有压力，我们之间挺和谐的。"可能是因为他不是个强势男人吧，在婚姻里，他没有太大的好胜心，从没想过非要在家里占据统治地位，或者非要如何如何地去显示男子汉的强势。他觉得那些都是形式，是做给外人看的，完全没有必要。两口子好不好，只有自己心里明白。他很享受自己现在的生活，不用操心，没有压力，衣食无忧，轻松快乐。至于有人说他"窝囊"，说他是"靠着老婆的小男人"，他都不往心里去。过自己的日子，让别人说去吧。

平淡是福，平安是富。有钱有权不一定会幸福。幸福一定与选择与追求有关。比如，和亲爱的人分享生活的喜悦，把生活的每一天当作阳光的一天，把细节做到近乎完美，取得事业的小小的进步，沉浸在家庭的恶作剧的偷笑间，和小孩子一起玩猫捉老鼠的游戏，踢一场足球赛，看精彩的演唱会，逛街并喝点小酒，你或许会感到满足。这些都可以是你认为的幸福，也许不一定是大众所认为的，但须知，真正的幸福是看不见的独一无二。

对于幸福，每个人都应该有一个比较直观的感性的认知。你自己认为的和别人想的可能有着很大的区别，不要胡乱对比和艳羡，对号入座是原始人的文明。有个性的发展，有了梦想和追逐梦想，都是件很幸福的事情。

须以你的发展为依据,别人只是参考,不应该当作人生全部的追逐,只需保持向上的姿态即可。

所以,永远不要去羡慕别人的生活,即使那个人看起来快乐富足。永远不要去评价别人是否幸福,即使那个人看起来孤独无助。幸福就是这样,如人饮水,冷暖自知。"你不是我,怎知我走过的路,心中的苦与乐"。

坦然接受独一无二的自己,真心真意地爱自己,保持自己的本色,无需顾虑别人对你的看法,用心感受幸福的呼吸,无论何时请记住,你的幸福不是给别人看的。

第十章

小数字、大秘密
——看懂"经济规律"背后的含义

可以说,"经济规律"是一只看不见的手,它在默默地指挥着经济的运行和变化。我们可以不是经济学专家,但是不能不懂经济学常识,更不能不了解与我们日常生活息息相关的经济规律。

1. 要努力捕捉到那些有益的"蝴蝶",从而为自己赢得一个更好的未来

"一只蝴蝶在热带轻轻扇动一下翅膀,就能给一个遥远的国家造成一场飓风。"这个非常有名的论断,来自美国气象学家爱德华·罗伦兹于1963年发表的一篇科学论文。在论文中,他指出"一只蝴蝶在巴西轻拍翅膀,可以导致一个月后得克萨斯州的一场龙卷风"。通过这篇论文,"蝴蝶效应"一词开始为世界关注。

蝴蝶效应所描述的其实是一种混沌现象。它指出在一个动力系统中,初始条件下微小的变化能给整个系统带来长期的、巨大的连锁反应。

当初,罗伦兹为了预报天气,采用计算机模拟地球大气的变化。他采取了十几个方程式,希望借助计算机的高速运算来提高长期天气预报的准确性。在一次试验中,为了提高计算精度,他把一个数值0.506提高精度到0.506127,然后再输入电脑。但是,当他离开计算机喝了杯咖啡以后,回来再看时却大吃一惊。他发现本来很小的初始误差(数值仅仅增加了0.000127),却让结果偏离了十万八千里!再次验算发现计算机并没有毛病,罗伦兹由此意识到,由于误差会以指数形式增长,在这种情况下,一个微小的误差随着不断推移也会造成巨大的后果。

于是,他将这种现象称之为"蝴蝶效应"。

这个发现非同小可,以致最初科学家都不理解,几家科学杂志也都拒登他的文章,认为违背常理——相近的初值代入确定方程,结果也应相近才对,怎么会大大远离呢!但是,随着大量事实的不断印证,"蝴蝶效应"迅速在社会各个领域推广开来。

要准确地理解"蝴蝶效应",还需了解"非线性"的概念。简单说来,线性是指量与量之间成比例关系,形象理解,就是一种直线关系,这种关系有着明确的规则;而非线性则指不按比例、不成直线的关系,代表不规则的运动和突变。

比如,两个眼睛一起工作时,其视觉灵敏度是一个眼睛的几倍?一般人很容易想到两倍,然而实际情况却是6~10倍!

这就是一种典型的非线性关系,在这里,1+1不等于2。实际上,非线性无处不在,无时不在,比如:激光的生成就是非线性的,当外加电压较小时,激光器犹如普通电灯,光向四面八方散射。而当外加电压达到某一定值时,受激原子会突然发射出相位和方向都一致的单色光,这就是激光。健康人的脑电图和心脏跳动并不是规则的,而是混沌的,混沌在此时化作生命力的表现。相比之下,混沌系统对外界的刺激反应,要比非混沌系统更快。而蝴蝶效应,便是典型的非线性,典型的混沌。

在今天,蝴蝶效应运用更多的,还是天气、股票市场等在一定时段内难于预测的复杂系统。

这一效应说明,事物发展的结果,对初始条件具有极为敏感的依赖性,初始条件的极小偏差,将会引起结果的极大差异。当蝴蝶效应运用到社会学界时,说明了一个有着瑕疵的机制,不管它有多么微小,如果不加以及时地引导、调节,最后都很可能会给社会带来非常大的危害,甚至带来一场"龙卷风"或"风暴";相反,一个有着优点的机制,不管它有多么微小,只要正确指引,经过一段时间的努力,最后都很可能会产生轰动效应,甚至引发革命性的进展。

在西方,有一个广为流传的民谣,就说明了在混沌系统中,初始条件的微小变化经过不断放大,对未来造成的巨大影响。

丢了一个钉子,坏了一只蹄铁;

坏了一只蹄铁,折了一匹战马;

折了一匹战马,伤了一位骑士;

伤了一位骑士,输了一场战斗;

输了一场战斗，亡了一个帝国。

马蹄铁上一个钉子是否会丢失，本是初始条件的十分微小的变化，但其"长期"效应却是一个帝国存与亡的根本差别。这就是军事和政治领域中所谓的"蝴蝶效应"。初看起来似乎有些不可思议，但是细细思考，它给人们的启发却是深刻的。在经济全球化的今天，面对复杂变幻的经济形势，任何一个国家都应尽力做到防微杜渐，警惕看似极微小的事情，它有可能最终会造成整个系统的分崩离析，如2008年，席卷全球的金融危机，就是蝴蝶效应的一个很好的实例。

2007年，次贷危机在美国爆发，接着到了2008年9月，金融危机便在全球范围内掀起波澜。当美国次贷危机刚刚发生的时候，在相当长的时间里，并没有多少人相信，美国金融动荡会对亚洲经济产生如此重大的影响。这是因为，在经历亚洲金融危机的打击、磨炼和洗礼后，亚洲国家和地区的经济体系有了显著改进，当次贷危机爆发时，亚洲的许多人还乐观认为，只要亚洲区内贸易可以持续，美欧经济好坏与亚洲经济的关系就不大。然而，事实证明，美国次贷危机就像那只扇动翅膀的蝴蝶，它带来的恶劣影响被不断地、迅速地放大，时隔不久，便对亚洲经济产生了巨大冲击。

其实，简要梳理一下金融危机的内在关联，我们就会对蝴蝶效应的本质有一个更深刻的认识。在金融、贸易日益全球化的今天，世界各国都存在着千丝万缕的经济联系，处于一个相互关联的极其复杂的系统中。一个微小的初始事件，就很有可能引起系统性的整体灾难。作为世界金融中心的美国，当其内部发生次贷危机时，这种影响便不断地借助蝴蝶效应加以放大，通过与世界的种种复杂经济关系传递给各个国家，最后，亚洲经济也不可避免地遭受了重大损失。亚洲地区的一些典型的外贸出口企业对此有着切肤之痛。原有的外贸出口订单在极短的时间内就消失了。仅以2009年1月份为例，中国台湾出口下滑超过了40%。韩国与日本达到了30%，而情况相对较好的中国内地出口情况，也下滑了17%。在这场金融危机中，蝴蝶效应的巨大影响显现无遗。

蝴蝶效应同样会作用于一个企业以及个人。在现代企业管理中，一名管理者格外需要注意"蝴蝶效应"的作用。一个企业的发展是复杂的，受方方面面因素的作用，可以视作一个复杂的系统。今天的消费者越来越相信感觉，品牌消费、购物环境、服务态度……这些无形的、难以量化的价值都将成为他们选择的因素。而这些因素，无论其有多么微小，它们造成的影响，都有可能被累加、成倍放大，对企业的未来产生巨大的影响。

只要稍加留意，我们不难看到一些管理规范、运作良好的公司在理念中出现这样的句子：

"在你的统计中，对待100名客户，只有一位不满意，对你而言，你只有1%的不合格，但是对于该客户而言，他却是100%的不满意。"

"在客户眼里，你代表公司。"

"你一次对客户不友好，公司需要用10倍甚至更多的努力去补救。"

所有这些企业的管理箴言，都立足于防微杜渐，从小事做起，从细节抓起。应用蝴蝶效应加以理解，便是注意一个个微小事件的影响，将不利因素消除，避免它们对企业的未来产生恶劣的冲击；将有利的因素强化，使它们对企业未来起到重要的推动作用。实际上，不仅企业如此，对于个人，也同样需要注意"蝴蝶效应"。每个人都应该捕捉到对生命有益的"蝴蝶"，从而为自己赢得一个更好的未来。

2.我们能保证百分之百就业吗——自然失业率

针对失业，美国总统杜鲁门说过这样一句话："邻居失业，意味着经济萧条；自己失业，意味着意志消沉。"的确，失业是很痛苦的一件事情，每个人都不想面对。失业的社会影响虽然难以准确地估计和衡量，但

是,它却最容易被人们所感觉到。失业意味着失去收入,缩减消费,对经济也会有一定的影响。一个国家的失业率居高不下,表明经济不景气、经济受阻。因而失业对一个家庭、社会乃至一个国家而言都是最为重要的问题。

既然失业带来这么多问题,那政府应该确保百分百就业,这样就没有这么多社会问题了。这时我们就要谈及经济学上一个重要的概念——自然失业率。

顾名思义,自然失业率就是指在一定时期内,某一水平上的失业率是自然的,无须经济实体的干预。从整个经济发展的趋势看来,任何时候都会有一些正在寻找工作的人,经济学家把在这种情况下的失业称为自然失业率,所以,经济学家对自然失业率的定义,有时被称作"充分就业状态下的失业率",有时也被称作无加速通货膨胀下的失业率。

要说自然失业率,就要先搞清楚失业率,我们所说的失业率指的是劳动大军中没有工作而又在寻找工作的人所占的比例,它的波动也就反映了就业的波动情况。一直以来,失业率数字被视为一个反映整体经济状况的指标,而它又是每个月最先发表的经济数据,因此,失业率指标被称为所有经济指标的"皇冠上的明珠",它是市场上最为敏感的月度经济指标。一般说来,失业率下降,代表整体国民经济健康发展;而失业率上升,则代表着国民经济发展开始出现衰退。

在经济学里,经济学家通常将失业分为三种类型,即摩擦性失业、结构性失业以及周期性失业,让我们分而论之。

摩擦性失业

摩擦性失业指的是在生产过程中难以避免的由于转换职业等原因而造成的短期、局部失业,这种失业是短期或者是过渡性的,一般由劳动力的供给方造成的。

举个例子,你的一个学金融的同学现在在一家银行上班,但是他对目前的工资福利待遇不太满意,觉得去证券公司待遇也许会更好。于是,他辞掉银行的工作去证券公司找工作,但是也许一开始工作并不是马上就

能找到,于是这段时间的失业就是摩擦性失业。

结构性失业

结构性失业是指劳动力的供给和需求不匹配所造成的失业,其特点是既有失业又有职位的空缺,失业者或者没有合适的技能,或者居住地点不当,因此无法填补现有职位空缺,比如,细观应届大学毕业生,其中有一部分并不是真的就业难,而是他们在择业时期望值过高,想留在大城市,进大公司,并且薪水要优厚,否则宁愿失业。实际上,中国高学历人才在总量上是需求大于供给的,在许多偏远的、经济落后贫困地区和一些小城镇,高学历人才非常紧缺。这说明目前中国存在的高学历人才失业大多属于结构性失业。

周期性失业

周期性失业是指经济周期中的衰退或萧条时,因为需求下降而造成的失业,这种失业是由整个经济的支出和产出下降造成的。在过去的全球性经济危机中,中国的许多中小企业纷纷破产倒闭,这样造成的失业就是周期性失业。

由于摩擦性失业和结构性失业在任何经济社会、任何发展时期都存在,因而经济学家们认为,失业现象是不可能自然消失的。1976年的诺贝尔经济学奖获得者弗里德曼对此深有研究,他强调,虽然我们讨论的是自然失业率,但是它并非由自然规律所决定,而是由社会制度决定的。自然失业率为经济社会在正常情况下的失业率,它是劳动市场处于供求稳定状态时的失业率,自然失业率在社会正常时期是很稳定的。

由于摩擦性失业和结构性失业的普遍性和不可避免性,因而经济学家们认为,任何经济社会在任何时期都会存在一定比率的失业人口。

3.温饱、小康和富裕之间的分水岭——恩格尔系数

民以食为天,这是中国的一句老话,意思很浅显,老百姓只需要能够填饱肚子就已经很满足了,由此可见"吃"在当时人们生活中占有非常重要的地位。随着中国经济的迅猛发展,中国人的物质文化生活水平极大提高,人们已经不再仅仅满足于吃饱饭,这是因为"吃"对于大多数中国人来说已经不再是最重要的事情,很少有人为填不饱肚子而发愁,人们将更多的钱用于教育、健身、旅游、娱乐等事情上,而吃的比重已经大大下降。食物支出在人们的消费总量中所占比重下降的现象在经济中叫做"恩格尔系数"降低。

让我们来看一下钱先生的家庭消费结构,也许有助于我们更好地理解恩格尔系数。

钱先生的一家有三口人,他们家庭的年收入是10万元。在年终对自己家庭的开支情况作总结时,他发现在家庭的消费开支中,排在第一位的是教育,包括了孩子的学费和夫妻俩的成人教育费用,大约数额为3万元;排在第二位的是健身、旅游等支出,也将近3万元;而排在倒数第一位的是食品的支出。钱先生的母亲对这种支出比例非常不理解,她拿着小孙子的一双3000多元的旱冰鞋说:"真不知道这有什么用处,这样花钱实在是太离谱了!"

吃饱饭是人们获得生存的首要条件,只有这一层次获得满足后,消费才会向其他方面扩展。因此,食品支出的比重从一个侧面反映了生活水平的高低。钱先生一家的家庭消费中食品占很低的比例,即恩格尔系数很

低,这说明钱先生的生活水平比较高。

恩格尔系数是德国经济学家和统计学家恩格尔(1821～1896年)提出的衡量居民生活水平高低的计算方法。这个方法表明,随着居民收入的增加,耗费在食品上的支出比例就会减少。耗费在食品上的支出越少、数值越小,生活富裕程度就越高。这个系数的数值越小,表明在食品上的支出越少,生活水平越高。

根据联合国粮农组织提出的标准,恩格尔系数超过59%为贫困,50%~59%为温饱,40%~50%为小康,30%~40%为富裕,低于30%为最富裕。

恩格尔系数一经提出,就得到西方经济学界的广泛接受和认同,认为它具有普遍的适用性,在中国也较早地就被应用在统计工作中。计算恩格尔系数一般是采用各地的城乡住户调查资料。如北京市统计局2007年4月10日发布调查数据:2006年北京市恩格尔系数为30.8%, 比2005年下降1%,比1978年下降了27.9%。这个数据与30%的"最富裕系数标准"还差0.8%。恩格尔系数一路走低,表明北京城市居民的生活质量在不断提高,正在由小康向富裕迈进。

但是,恩格尔系数这个衡量指标并不是万能的,它有时会制造一些假象,出现失灵的情况,在中国,尤其是贫穷地区,人们长期以来形成了"勒紧腰带过日子"的习惯。这种习惯会降低恩格尔系数,但人们的生活水平并没有提高。众所周知,在家庭收入不增加或增加十分有限时,家庭总支出规模基本不变,但由于诸如学费、电费、水费、医药费、燃气费等刚性支出的急剧增加,一个现实的选择就只能是压缩食品支出。

这种情况在中国特别是西部落后地区尤其普遍, 为了应付急速增长的学费、药费和房费等刚性开支,"省吃俭用"成为中国百姓的通常选择,与其说这是中国人的一种美德,不如说是一种无奈。正是出于这种无奈,直接导致收入与恩格尔系数"双低"现象的产生。

此外,不同地区的消费习惯也影响恩格尔系数。"穿在上海、吃在广东",是对上海和广东两地消费习惯的高度概括。广东的恩格尔系数较高,说明广东人喜欢吃,也懂得吃,这与历史上形成的饮食习惯不无关系。恩

格尔系数恰恰忽略了消费习惯的差异。

总之,恩格尔系数是衡量人们生活水平的重要指标。它越小,说明人们的生活越富裕;它越大,说明人们生活越贫穷,当然,我们也应当留心恩格尔系数失灵的特殊情况。

4.经济大师们能预测股票价格吗?

对未来充满好奇、渴望预知未来似乎是人类的本性。

孩提时,我们渴望知道"长大以后会成为什么样的人";高中时代,渴望知道"能否考入理想的大学";再长大一些,我们又会对"和什么样的人结婚"充满好奇。不过,对于预知未来股票价格走向的渴望,就不仅是源于单纯的好奇心了。如果能够在今天了解到明天的股票价格,获得的将不仅是好奇心的满足,更重要的还有巨大的财富。在低价时买进股票,等到高价时卖出,将得到巨额利润。

如同为了满足那些渴望了解未来的人的好奇心而存在的算命先生一样,为了满足那些渴望预知股票价格走向的人,股票分析师应运而生。股票分析师研究分析各个公司的财务报表,与各公司的经营层交谈,有时还会进行市场分析;以此为基础,对未来股票价格的行情做出预测。

把股票分析师比喻成算命先生虽然失礼,但同属预测未来的职业,二者之间的的确确存在着共同点。不同的是,算命先生对未来的预测多是基于荒诞不经的迷信,而股票分析师对股票的预期则是基于科学的方法。

然而,股票价格预测并非都是基于科学的方法。股份公司与股票交易诞生于18世纪初期,那时,人们对股票的了解还很不全面,围绕着股票市场的流言四起、群魔乱舞,操纵股价的情况更是屡见不鲜,客观上无法科学地预测股票价格。

对股票价格进行科学分析和预测的尝试始于阿尔弗雷德·考尔斯。考尔斯是美国科罗拉多州的一个大财阀,1929年的股市暴跌让他蒙受了巨大的经济损失。一时之间,他纠结于"怎么没早点卖股票。几天前卖出的话,能大赚一笔"的悔恨之中。后来的某一天,他偶然看到了书房角落的一份《华尔街日报》。就在这份股市暴跌前几天发行的报纸上,刊登了一篇《股票不日即将大跌,现在应该马上卖出》的社论。

阅读了这篇社论之后,考尔斯更是悔不当初:"为什么我前几天没有用心阅读这篇社论啊!""如果按照这篇社论的内容卖出股票,能省下多少钱啊!"经过几天的后悔和自责,考尔斯沮丧的心情有所缓解,但是脑子里的一个疑问却一直挥之不去:"难道就没有什么科学预测股票价格的方法吗?如果能够科学地预测股票价格,就能赚大钱了啊。"据说,这就是考尔斯投入股票价格预测领域的经过。

后来,考尔斯设立公司,开始提供预测股票价格的服务。当然,考尔斯并非这一领域的先驱者,当时专业的股票分析师可以说不计其数。而考尔斯与众不同的地方,一方面在于他想"科学"地预测股价,另一方面在于他比对手卓越的资金筹措能力。依靠雄厚的财力,考尔斯将全美著名的经济学家、数学家以及统计学家集结到一起,要求他们找到科学预测股票价格的方法。为了支援学者的研究,还专门成立了"考尔斯财团"。在考尔斯的全力支援之下,考尔斯财团的学者们终于发布了关于科学预测股票价格的研究报告,结论如下:"科学地预测股票价格是不可能的。"

学者们为什么会得出这么"奇怪"的结论呢?

下面的故事将有助于您的理解。

一天,一位经济学教授正在街头散步,发现不远处的地上有一张100美元的钞票。教授正想把钱捡起来,突然想到:"100美元的钞票这么明显

地躺在地上，怎么会没有人捡呢？这条街道每天来来往往会有几千人路过，难道只有我看到了这张钞票？"

教授想了一会儿，得出了这样的结论："如果现在地上真的有百元大钞的话，早被每天路过的几千名行人中的某人捡走了。既然这张钞票到现在还没有被捡走，那一定是我看错了！"最后，教授决定对眼前的百元大钞视而不见，继续前行。

这个故事说明了"有效市场假设"的理论。有效市场假设是指"因为市场是有效的，所以不可能轻易赚钱"的理论。市场上活动着不计其数的人，这些人参与市场活动的目的就是低价买进、高价卖出，从而将利益最大化。但是，市场上有如此多的人都在全神贯注地紧盯赚钱的机会，那么容易赚钱的机会一旦出现马上就会被抢走。上面故事中提到的教授所走的路就是指市场，而地上的百元大钞指轻易赚钱的机会。来往数千名的行人都是市场活动的参与者，教授不过是不计其数的市场参与者中的一名而已。

如果像故事中的教授那样极端地推敲市场有效理论的话，那市场有效论也就成为诡辩了。实际上，大部分经济学者如果看到地上掉落的钞票，都会毫不犹豫地捡起来。但是，若被问起"股票市场上有没有如同在地上捡钱那样容易的赚钱机会"，大部分经济学家的回答都是否定的。因为他们坚信，股票市场是世界上最有效的市场。

股票市场之所以最有效，是因为人们贪欲无限，永不知足。贪欲无限大的人们一旦发现获取利益的机会，就会期望独占所有的利益。假设有人独自得到了三星电子将会把股价提升到100元的利好消息，那么，在股票价格还没有涨到100元的时候，即使借高利贷，他也会买尽市场上所有的三星电子股票，而三星电子的股价也会因此而快速上涨到100元。正是基于投资者的这种行为，即使短期内能轻易大赚的机会只被一个人掌握，这个机会也会稍纵即逝，股票市场也因此而成为了极度有效的市场。

股票市场上的利益机会一旦出现，相应的股票马上就会被抢购一空。在这种情况下，预测股票价格只能是天方夜谭。预先掌握股票价格变化方向意味着获取利益的机会，因而影响股价变动的因素一旦出现，马上就会体现在价格上。因为利好消息被任何人掌握后都会马上体现在价格上，所以，预测股票价格的唯一方法就是拥有任何人都不可能知道的信息。也就是说，可以预期的所有信息都已经体现在股票价格上，而没有体现在价格上的信息自然不可能预期，因此，预测股票价格也就成为了不可能。

5.全球变暖背景下的挑战和机遇

近年来以地球灾难为题材的好莱坞大片一经上演就产生轰动效应，一个声音在我们耳边响了起来：地球资源正在枯竭，传统能源污染严重，全球气候正在变暖，你们这样一种以消耗能源为代价的粗放式经济增长方式不可持续。

这个声音来自联合国。其实可持续发展的概念不是这几年才出现的，早在1972年联合国人类环境研讨会上这个概念就已经正式被提出，只不过到今天形式变得日益严峻，因此联合国呼吁可持续发展的声音一浪高过一浪而已。

你也许认为联合国是不是在杞人忧天？地球已经存在了46亿多年了，人类也已经存在了50多万年，哪有什么事啊？

可那是过去，过去多少年我们的祖先过的都是日出而作日落而息的刀耕火种的生活，这种原始的生活所消耗的能源是非常有限的，可是自从1776年工业革命以来，人类对煤炭石油等不可再生能源的消耗达到了疯狂的地步以至于全球气温骤然上升，我们看看以下两个资料就知道情况

有多么严重了。

先看看能源消耗。据世界银行统计，如以20世纪整整100年作为第一次工业革命的典型代表，那么在这100年当中，人类共消耗煤炭2650亿吨（世界上的煤炭总储量共有107539亿吨），消耗石油1420亿吨，同时排放出大量的温室气体，使大气中二氧化碳浓度在20世纪初不到300ppm（体积浓度单位，指的是每立方米的大气中含有污染物的体积数/立方厘米）上升到目前接近400ppm的水平，明显地威胁到全球的生态平衡。

再看看气候变化。根据世界银行提供的资料，在工业化之前的1000多年里，全球平均温度变化是相当有限的；而在过去一百多年的时间里，人类由于传统的工业革命，二氧化碳的排放迅速增加，使得全球的平均温度比工业化革命之前提高了将近1℃；更重要的是进入21世纪，如果还按照目前的这个模式发展下去的话，有可能在2100年全世界的温度比工业化革命前升高5℃，最新的估计认为会达到7℃。这会导致冰川溶化、海平面上升、大片陆地淹没、成百上千座城市消失，其灾难将是惨重的。

所以，人类发展到了今天这个地步是应该停下来思考下一步应怎么走了。这就是我们当前所面临的挑战，即既要考虑经济进一步增长，又要考虑为子孙后代留下一个空气清新温度适宜的地球。因此我们适时提出了转变经济增长方式、改变经济结构的号召，而改变经济结构的主要内容之一就是大力发展包括太阳能和风能在内的清洁能源。

事实上，各国政府首脑都已经意识到了问题的严重性并积极地采取措施。奥巴马在竞选总统期间就表示，一旦主政就大力提倡对清洁能源的开发和利用，让美国摆脱对石油等不可再生能源的依赖。他上台后立即颁布了美国首个全国性轿车和轻型卡车能效和排放标准的联邦法规，规定从2012年起，汽车节能标准平均每年提高5%以上，2016年实现预定目标。奥巴马表示，这一计划将使美国在2012年至2016年间减少使用原油18亿桶，相应的温室气体排放量将减低30%，约9亿吨。同时使美国轿车和轻型卡车的燃油经济性在2020年前提高到35英里/加仑。虽然节能减排是一条减少化石能源需求的路径,但2010年4月份以来源源不断喷涌入墨西哥湾的石油加大了奥巴马开发新能源的决心,他在白宫演讲时强调,墨西哥湾漏油事件给美国以警示,美国应该放弃存在潜在危险、污染环境的化石能源,转而向清洁能源求助。

就节能减排技术而言,目前全球核心关键技术有60多种,包括能源的生产、供给、使用等范畴,而这60多种技术中有40多种不掌握在中国企业的手里,需要国际合作、发达国家的转让。

不过一份由美国世界资源学会发表的报告中说,受益于中国政府政策的鼓励和大量研发的投入,中国正从一个清洁能源技术进口国跃升为一个主要的创造国,目前已掌握了风能、太阳能等许多清洁能源的核心技术。

总之,在像煤炭石油这样的稀缺资源越来越少且对环境不利的情况下,可以想象得到,谁能够驾驭这两样东西,谁就能够把握未来、领先世界。

6.30年后到底需要多少钱养老,真的是1000万吗?

北京师范大学的年轻经济学教授钟伟,关于中国现在年轻人的养老,也算了一个数字。他没有披露具体的计算细节。但是,他也给出了一个概念——以北京等一线城市的年轻人为例,1000万元不够养老!

钟伟曾经在某财经类媒体上发布了他的看法,核心内容是:为退休后的生活积攒存活25年的钱财是必要的。

1987年,一个准备退休的职工,可能认为3万元足够养老了。当时,居民消费水平为每年565元,其中城镇为998元,维持25年的消费有2.5万元就足够了。可参考的数字是,1987年城镇居民家庭人均可支配收入为每年

251

1002元,城镇职工平均工资每年才1459元。也就是说,这个估算者每月工资不过百元,每月消费则更少。

如果是2007年退休,则情况完全改变。居民消费水平已经从1987年的565元,上升到2007年的7031元。如此看来,城镇居民25年的消费,可以估计为30万。可参考的数字是,城镇职工平均工资,已经从1987年的1459元,上升到2007年的24932元;城镇家庭人均可支配收入,从1987年的1002元,上升到2007年的13785元。2007年,绝大多数人都会认为,积攒下接近100万元,足以在退休后安享晚年。

可是,如果中国的经济增长、居民货币收入增长以及官方的发钞节奏都没有根本改变,在2027年退休的职工,则需要一笔约为300万至500万元的积蓄,才能度过余生。更令人遗憾的是,这只是城镇人口的大致水准,类似京、沪、广、深这样的一线城市,预备1000万元养老也未必够。

根本原因在于币值不稳定。从1987年至2007年间,M2(广义货币)和M1(狭义货币)年均增速分别高达19.8%和17%。1990年,M2、M1和M0(流通中现金)的余额分别为1.53万亿、6950亿和2644亿,到了2007年,则分别为40万亿、15.2万亿和3.1万亿。不到20年,分别增长了26、22和12倍。一个人少壮时攒的钱,老来根本不值钱,是一生劳碌、晚年难安的重要原因。

1000万!当然,他说的也是人民币,没说欧元美元。

但即便如此,也是招来非议声一片。

有外企的白领网友算了一笔账:现在一年工资大约在10万元左右,由于升职的竞争太激烈,该因素暂时不作考虑,那么,每月收入1万元,基本就到天花板了。12万乘以20年,是240万;乘以30年,也不过360万。这还有个前提,就是不吃不喝不消费。怎么可能?如果一个中高收入的白领都不能在养老上具有安全感,遑论还不如他们的收入人群?这位网友的结论是:危言耸听!

话说回来,没有人能确切地预测经济生活的未来,包括最厉害的经济学家。具体到你,一个实实在在的个体,30年后到底需要多少钱养老,真的

1000万吗？或者是我们计算出的"双人700万"？

当然，完全可以小于这些数字，也完全可以大于这些数字。这都是无数种因素，也包括你个人取舍导致的结果。

仍以我们计算的数字为基础，虽然"双人700万元"不是确数，但是，"双人700万元养老"的概念却特别重要——这个数字的价值在哪里呢？

它是一个参照，一个在基本可知因素下给出的参照。作为人，在所有领域的探索，有一个基本的假设，那就是，世界是可知的，甚至在某种程度上，必须是可控的。没有这个基本假设，那全世界进入混乱状态、坐等末日降临就可以了。可是没有人会那么做，因为对安全感和把控感的需求不允许我们那么做。

所以我们才说，关于30年后的未来，有一个数字作为养老成本的参照，是必要和必须的。

7.打工不如自己开个小店？

很多时候都看到这样的话："打工不如自己开个小店。"尤其是在网络发达的今天。那么，打工真的不如自己"创业"吗？

毫无疑问，我们都想着1可以变成10、100、1000……问题是，作为财富增长第一桶金的"1"从哪里来？不是所有的钱都可以用来"钱生钱"的。你要留出一部分钱来用于日常开支，至少打出一两年的结余，因为大部分创业或理财计划，可能不会迅速暴富。此外，还要留出应急费用或者购买基本保险、商业保险的钱，子女的抚养资金，父母的健康资金，其他的个性化开支储备……剩下的那部分，才是你的"1"。

关于工作，我们经常听到的是：

"一分钱一分货，老板开什么价，我就做什么标准的工作。"

"工作都是为老板干的,只要不亏心,大致过得去就可以了。"

"不开心我就辞职,花完了再找,反正工作到处都是。"

对类似的观点,我们不做评论。如果可以清晰地发现工作对自己的真正价值,这些观点的正误就会不言自明。

经济学认为,工作是一棵树,你要聪明地摘到上面的果子。

第一个果子——工作可以为你提供最基础的生活保障。

这将使你有尊严地保持中等的生活水准和业余时间。并且,在特别充足的钱为你"换出自由身"之前,一份工作可以使你的理财计划不受干扰和中断。

第二个果子——工作不但是低风险的收入渠道,还可以为你积累第一桶金。

工作需要你要付出的主要是时间。而其他收入方式,除了要付出时间,更可能承担个人安全、本金损失等诸多高风险。

综观成功的企业领袖或理财大师,其第一桶金绝大部分是通过平淡甚至辛苦的工作获得的。不要期待空手套白狼,那不是没有成功的可能,但都是一些低概率的事件。在积累财富的前期,还是要尽量采取高成功概率、低风险的方式。因为这个时期,还是抗风险能力很差、"赢得起、输不起"的阶段。未经收益,先想到风险和退路,这才是成熟、理性的做法。不到迫不得已,不可孤注一掷。

有个真实的故事。

一位刚刚毕业不久的大学生A,受到世界最前排商业领袖的故事的激励,宁可付出大笔违约金,也要辞掉工作,广泛举债,孤注一掷,声称要抓住"瞬间即逝的商机",和一位地产商合作,组织人马做起了承接地产项目外墙刷的生意。不料想,正当A已经把大笔资金投入其中,拿着计算器把盈利算得心满意足时,地产行业突然遭遇调控,那位地产商因为资金链断裂,消失得无影无踪。一时间,A陷入了双面被动:这边资金已经投入,工人还嚷着要工资;那边债主们一拥而上,堵门讨债,逼得A跳窗逃走。从

此，A谨小慎微地打工，虽经七八年之久，仍然没有从那次债务危机中彻底脱身。这种教训是令人惋惜的。

　　第三个果子——工作是积累阅历的重要方式。

　　要聚财，仅仅投入资金显然是不够的。阅历，也就是丰富的人生体验，将使你无论采取哪一种聚财方式，都要具有准确的判断力、严密的纪律性、坚实的实践力。而这些，都是在学校里学不到的，工作是获得它们的主要途径。阅历就像人的气质，它无法量化，却时时影响着你和周围的人。

　　第四个果子——工作也是积累和拓展牢固人脉的重要方式。

　　人脉即财脉。打工不是没面子的事，相反，一个聪明的打工者，懂得利用工作机会，积极建立聚财可用的人脉。企图单枪匹马、无须朋友提供任何决策参考或实际支持，就能接住从天上掉下来的钱，概率是极小的。我们还是要重申，必须选择高概率的聚财手段。

　　频繁更换工作，是伤害人脉关系的不二选择。所谓"人脉"，并非你认识了别人，那人就进了你的人脉库了。只有通过长期交往，确立了良好甚至亲密的信任关系，这才算。如果工作更迭过于频繁，看似通讯录变得越来越厚，但绝大部分交往都是蜻蜓点水，这些所谓"人脉资源"，又有多少可为你提供实际帮助呢？

　　如果你问，是否可以停止"打工"？那至少先问问上面几个果子，你都摘到了没有，摘到了多少，是否足够了。

　　如果没有一个可以无限制为你进行"资金输血"的富爸爸，在做好如上充分准备之前，有一份稳定的工作仍然很重要。它是你为养老准备结余资金和启动持续理财计划的"最最基础"。

8.月有阴晴圆缺,经济也有盈亏涨跌

大家对经济危机的概念一定不会陌生,因为它已经改变或者正在改变我们的生活。中小企业家们因为经济危机而不得不面对资金链短缺的周转困难;工薪族们不得不暂时放弃跳槽计划而想方设法保住手中的饭碗;大学毕业生们突然发现原来就业形势如此严峻,等等。无法否认,经济大气候的变化对百姓生活产生了十分深远的影响,那么经济大气候是如何变化的? 经济学对此又有怎样的解释呢?

经济学上把经济大气候的变化称作经济周期,是指经济运行中周期性出现的经济扩张与经济紧缩交替更迭、循环往复的一种现象,是国民总产出、总收入和总就业的波动,是国民收入或总体经济活动扩张与紧缩的交替或周期性波动变化。

对经济周期的阶段划分,过去分为繁荣、衰退、萧条和复苏四个阶段,现在一般叫做衰退、谷底、扩张和顶峰四个阶段。

经济的周期波动以经济中的许多成分普遍而同期地扩张和收缩为特征,持续时间通常为2年到10年。每一个经济周期都可以粗略地分为上升和下降两个阶段。上升阶段也称为繁荣,最高点称为顶峰。经济到顶峰时,也是经济由盛转衰的转折点,此后经济就进入下降阶段,即衰退。衰退严重则经济进入萧条,衰退最低点称为谷底。当然,谷底也是经济由衰转盛的一个转折点,此后经济又将进入下一个上升阶段。一次完整的经济周期就是经济从一个顶峰到另一个顶峰,或者从一个谷底到另一个谷底。

经济周期处于扩张阶段,市场需求旺盛,订货饱满,商品畅销,生产趋升,资金周转灵便。企业的供、产、销和人、财、物都比较好安排。企业处于较为宽松有利的外部环境中。

经济周期处于收缩阶段,市场需求疲软,订货不足,商品滞销,生产下降,资金周转不畅。企业在供、产、销和人、财、物方面都会遇到很多困难。企业处于较恶劣的外部环境中。

经济周期,上升下降,循环往复,既有破坏作用,又有"自动调节"作用。在经济衰退中,一些企业破产,退出商海;一些企业亏损,陷入困境,寻求新的出路;一些企业顶住恶劣的气候,在逆境中站稳脚跟,并求得新的生存和发展,这就是市场经济的"优胜劣汰"。经过多轮这样的演变,市场上生存下来的都是优秀的企业和产品。

总之,现在还没有统一的理论来解释和预测经济周期,唯一能够肯定的是,经济周期总是在不断循环往复,萧条过去后有繁荣,顶峰过去后有谷底。迄今为止,没有任何一种经济能够始终维持繁荣,每种经济都要品尝复苏的甘甜与衰退的苦涩。这种经济从繁荣走向衰退、再从衰退中复苏而反复出现的现象称为——经济周期。经济周期一般反映在GDP增长的波动上,而对于普通百姓的生活也会产生十分深远的影响。正是因为经济周期性地陷入低谷,我们暂时放缓了高档奢侈品的消费计划,原本计划好的旅游出行也不得不搁浅,甚至于买东西时开始打听哪个卖场又打折了,哪个卖场在搞积分酬宾活动,等等。